Women Zheyang
ZUOJIAOYU

教育

我们这样做教育

青白江名校（园）长办学思想与主张

易娜 ◎ 主编

中国出版集团　现代出版社

U0695469

图书在版编目（CIP）数据

我们这样做教育：青白江名校（园）长办学思路与
主张 / 易娜主编. -- 北京：现代出版社，2024.4
ISBN 978-7-5231-0854-3

Ⅰ. ①我… Ⅱ. ①易… Ⅲ. ①中小学-办学经验-成
都 Ⅳ. ①G637

中国国家版本馆CIP数据核字（2024）第080958号

主　　编　易　娜
责任编辑　袁　涛

出 版 人　乔先彪
出版发行　现代出版社
地　　址　北京市安定门外安华里504号
邮政编码　100011
电　　话　（010）64267325
传　　真　（010）64245264
网　　址　www.1980xd.com
印　　刷　成都现代印务有限公司
开　　本　787mm×1092mm　1/16
印　　张　15
字　　数　285千字
版　　次　2024年5月第1版　2024年5月第1次印刷
书　　号　ISBN　978-7-5231-0854-3
定　　价　69.00元

《我们这样做教育》编委会

前　言

　　校长的办学思想是学校发展的核心和灵魂，凝练与确立办学思想是学校教育高质量发展的需要，也是校长专业发展的内在需求。青白江区"三名"工程建设中，"名校（园）长"培养项目的实施得到各级领导的关怀、专家的指导，校（园）长在办学思想凝练中高屋建瓴、高瞻远瞩，效果令人鼓舞。他们深刻领会教育的本质，了解当今教育发展的趋势和走向，把有理想、有本领、有担当的时代新人培养要求转化为自己的工作行为；他们在规划学校发展、营造育人环境、领导课程教学、引领教师发展、优化内部管理、调试外部环境的顶层设计中，努力构建教育生态，让教育回归自然和本性；他们用符合教育规律、具有哲理性的语言概括出一句话来表达自己的办学主张和核心价值观点，将自己多年的办学经验与学习思考成果显性化、明确化，主动回答了培养什么人、怎样培养人、为谁培养人这个根本问题。观览他们对办学思想与主张的提炼，无不展示出他们的教育智慧与教育情怀，他们抛出自己的观点与专家学者进行碰撞、交流、分享、转化，寻求新时代教育家型校（园）长的路径和方法，在行动中思考、反思、内化、更新，彰显了青白江名校（园）长的学术魅力和专业领导能力。

　　赵泽高校长的"循道尽性、化育成人"；陈露校长的"守真立德　化育树人"；吴国林校长的"追求真善美，培养有教养的人，让每一个家庭的子女都成功"；刘清太校长的"重德强技　自信成才"；吴红丽校长的"尚善尚美、成人成才"；陈兵校长的"崇德、笃学、强体、创新"；胡德宏校长的"青出于南，德成于通"；魏林校长的"培养新时代真善、真美的好少年"；巫开金校长的"润泽生命、实现价值"；钟德强校长的"勤奋自强，厚德载物"；徐磊校长的"以爱立人，以文化人"；张盛林校长的"姚梦致远　竞渡同美"；程辉校长的"实验创新，通达未来"；肖洪校长的"学真知、练真才、求真理、做真人"；阳铁桥校长的"做更美的自己"；高原校长的"尊重生命，尊重差异，因材施教"；廖茂校长的"以和润心·以美育人"；晏世明校长的培育"体健、德美、智高"的幸福少年；陈周民校长的"适性扬长多元共生"；李昌华校长的"立德成慧　求新力行"；温国驰校长的"蒙以养正，辉光日新"；张宝图校长的"差异发展　健康成长"；李虹校长的"为每一个孩子未来发展提供成长路径"；薛原校长的"让孩子回归天真无邪的快乐 "；杨果校长的"为孩子提供有营养的教育"；罗玲园长的"以巨人之心，树幸福未来"；钟倩园长的"爱如清泉　润泽童年"；康成凤园长的"顺天致性，行知合一"；刘波园长的"童蒙养正　知行合一"；等等。这些思想与主张，凝聚着校（园）长的心血，他们将学校多年的办学经验和潜在特质清晰化、明确化、概念化地表达出来，从而更好地引领学校发展。学校必将成为学生仰慕、教师倾慕、世人羡慕的能触摸、能聆听、能感受、能欣赏、能品味的育人殿堂，必将成为区域文化、文明、智慧和茁壮的窗口，必将在为党育人、为国育才的历史担当中展现出潮涌教坛、人才辈出的波涛，随青白江永恒的涛声自信永远、势不可当地流向逐梦民族伟业的大海，以不负青白江数十万人民拭目以待的重托和期待！

编委会

2023年9月

目录 CONTENTS ▶▶▶ *01*

目录 CONTENTS ►►► *02*

循道尽性　化育成人

□ 成都市大弯中学　赵泽高　何晓虹

教育是国之大计、党之大计，是民族振兴、社会进步、国家强盛的重要基石。随着经济化、信息化社会的高速发展，人民群众对教育的要求越来越高，办人民满意的教育是所有学校的追求。虽然学校发展有不同的模式和路径，但优质教育的实现有赖于教育文化自觉，因此，文化是学校建设的灵魂。

文化是社会组织的内在属性，社会组织的建筑环境、设施陈设、规章制度、人际关系等都是其内在文化的体现。而社会组织的优秀文化是在其发展过程中通过不断的价值选择形成的，品牌学校的品牌正是这所学校优秀文化的外在表现。这种优秀文化表现在学校的诸多方面，如科学的办学理念、优质的办学质量、丰富的教学课程、良好的学校管理、优美的校园环境、悠久的办学历史等。

成都市大弯中学就是这样一所创建了优秀校园文化的品牌学校。学校起航于1957年，发轫于金堂县第三初级中学。在66年办学历程中，历代大弯人攻坚克难、埋头苦干、勇为人先，书写了华丽篇章。1978年创建为"成都市重点中学"，1990年被评为"四川省重点中学"，2001年被评为首批"（四川省）国家级示范性普通高中"，2014年被评为首批"四川省一级示范性普通高中"，2016年被确定为"成都市领航高中"培育学校，2023年被省教育厅确定为"四川省一级示范性普通高中（引领型）"和成都市首批新课程新教材实施引领校，实现了大弯中学的跨越式发展和高品质发展，总体办学水平居四川名校前列，成为西部教育的一张亮丽名片。

在66年办学历史中，大弯中学始终坚持党的教育方针，始终坚持社会主义办学方向，以立德树人为根本任务，培育了一大批优秀的社会主义建设者和接班人。同时，大弯中学与时俱进，特别是党的十八大以来，认真学习贯彻习近平同志重要教育思想，结合本校、本地区的教育实情，构建了以"适佳"为核心的文化品牌，以"生态教育"为抓手的文化措施，以"至高至佳、立善立美"为目标的文化追求，以新时代"中国梦"、文化自觉引领校园文化体系建设，形成了优秀的校园文化品牌——"适佳文化"。优秀的"适佳文化"在潜移默化中影响了全体师生的思想观念、成才追求和道德规范，形成了"循道尽性、化育成人"的办学理念。

一、文化核心：适佳文化

社会组织的优秀文化是在其发展过程中通过不断的价值选择形成的。在66年的办学历程中，智慧、进取的大弯人，经过不断的实践与探索，孕育了学校的文化核心：适佳——适天则达，适地则生，适人则和，因适至佳。"适佳"承载着大弯中学的智慧与精神。"适"是达到目标的路径和方法，"佳"是大弯中学孜孜以求的目标。"适"有两层含义，一是符合规律，恰到好处；二是顺势变通，变中求进。佳，"善也"（《说文》）；"大学之道，在明明德，在亲民，在止于至善"（《大学》），即学习的目的，首先要求"明德"，然后要求"亲民"，最后达到至善的最高境界。

"适佳文化"的核心思想是以尊重规律、主动适应、创新发展为路径，以最高最好为目标。新时代的"适佳文化"还包括适于时（适应新时代的育人要求），适于欲（适应人自身的发展需求），同时要以佳德为首，健康第一。

二、办学理念：循道尽性　化育成人

优秀的学校文化包括学校管理者和全体教职工的文化内涵，表现为对教育本质、教育行为等的基本文化理解和文化修养，即"内化于心的教育文化"。

要构建"适佳文化"就必须有全校师生共同追求的校园文化理解，这种内在的文化理解外化为办学理念——"循道尽性、化育成人"。

循道：出自《荀子·尧问》，释义为遵循正道，在中国哲学思想中，"道"至高无上，如"得道多助、失道寡助"，"道可道、非常道"等。本处的"道"既包含传统文化中的优秀之道，更是指今天的治国之道。这个"道"，从大的方面来说，是指党和国家的教育政策方针，这是必须遵循的；从具体方面来说，是指教育的客观规律，如表1所示。

（一）核心价值指标体系

表1　核心价值指标体系

一级指标	二级指标
政治立场和思想观念	理想信念
	爱国情怀
	以人民为中心的思想
	法治意识
世界观和方法论	正确的世界观和方法论
道德品质和综合素质	品德修养
	奋斗精神
	责任担当
	健康情感
	劳动精神

（二）学科素养指标体系

学科素养指标体系见图1。

图1　学科素养指标体系

尽性：出自《中庸》，尽性知天，思孟学派关于人与自然关系的学说。孟子强调，只要"尽其心"，充分发挥心的作用，就能"知其性"（了解人的天性）；了解人的天性，就能"知天"（了解天道）。思孟学派将"天道"与"人道"统一起来，亦被称为"天人合一"。

通俗地说，就是以人为本（注意，这里是指人，也就是包括校园内的全体师生员工），即是在学校的教育教学活动中，要尊重人、爱护人、包容人，要充分发挥每一个人的能力特长，让每一个人在大弯都得到发展、享受成功、身心健康、尽性成长。

化育：《礼记·中庸》："能尽物之性，则可以赞天地之化育，可以赞天地之化育，则可以与天地参矣。"释义为"化生长育、教化培育"。

"化育"既是指"它化"，也就是学生在教师的教育引导下，培育优点、克服缺点、增长能力、发挥潜力的成长过程。同时也应该是指"自化"，也就是学生自我反省、自我纠偏、自我发展的成长过程。

成人："成人"包含两种意思。其一是年龄上的成人；其二是德才兼备的人，国之栋梁。

遵循规律，因材施教，激发师生最大潜能，促进学生最好发展，顺性而为，顺势而成，让每一个孩子在大弯得到最好、最大的发展，将来成为各个领域的领军人才，从而培养心善行雅、体健能达、目光远大、勇于担当的时代英才。

三、学校精神：唯实唯勤　贵诚贵新

66年来，大弯中学从一所初级中学成长为四川省重点中学、四川省国家级示范高中、四川省一级示范高中，靠的就是"唯实唯勤、贵诚贵新"的学校精神，靠的就是历代大弯人脚踏实地、勤奋努力、精诚团结、不断创新的教育精神。

敢为人先，开启学校结构工资改革，激发教职员工工作热情，各地新闻媒体纷纷报道，一举提升学校的知名度。

敢为人先，首先举债迁校、两次扩建建设的新大弯中学，规划超前、设施先进、环境优美，全省校长赴校参观，成为重点高中的校园样本。

敢为人先，新建大弯中学初中开启课程改革、学校特色发展，一项项科研课题、一面面荣誉锦旗、一张张获奖证书、一封封名校录取通知书，彰显了大弯"实、勤、诚、新"的学校精神。

站在新的起点，大弯人与时俱进，以习近平新时代关于教育的论述为指导，依据中共中央、国务院《深化新时代教育评价改革总体方案》《国务院办公厅关于新时代推进普通高中育人方式改革的指导意见》《教育部普通高中学校办学质量评价指南》《关于全面加强新时代大中小学劳动教育的意见》等系列文件精神，不断丰富学校精神内涵，以立德树人为根本任务，坚持五育并举，实现为党育人，为国育才。

四、一训三风，落实办学理念

（一）校训：至高至佳　立善立美

"办学要有高的境界，教师要有高的品位；学生要有高的素质，质量要有高的标准；育人要有最佳效果，教学要有最佳业绩；管理要有最佳效率，校园要有最佳环境"，从善如流，以善立人；唯真为美，以美育人。从校长办学到教师育人，从教学质量到教师发展，从学校管理到校园环境，从五育并举到学生成才。将学校的办学理念细化成了一个又一个具体要求，从而实现从办学理念到具体目标的转化，实现了办学理念到具体措施的衔接。

（二）校风：自信从容　力行致远

"自信"，是一种人生态度，给人以力量、以快乐、以无尽的希望。"从容"，是一种修养、气质和境界，是一种源自内心深处的豁达与乐观，也是历经沧桑、阅尽浮华、洗尽躁动后的返璞归真。

"力行"，是保持创造活力的本质要求。古人曰"纸上得来终觉浅，绝知此事要躬行"，今人讲"实践是检验真理的唯一标准"。"力行"就是要求我们抛却空谈、锐意进取、潜心做事，就是要求我们善谋事、敢干事、能成事、成大事。

"致远"，引领我们实现美好的愿景。面向新的时代，新的机遇与挑战，大弯中学当志存高远，一往无前，攀层次、上水平、创特色，早日建设成为和谐发展的一流中学，成为一所具有不竭生命力、创造力的学校。每一个大弯人当从容努力，以厚德、博学、力行为翼，实现全面、协调、健康的发展，成就事业，最终达到知识、创造与人生智慧的崭新境界。

（三）教风：爱生乐业　立本求佳

学校最为核心的要素是人，最为关键的要素是教师，教师是引领学生、启迪孩子最直接的导师，校长的办学理念最终要通过教师来实现，大弯中学把"爱生乐业、立本求佳"作为教风，以此规范引领教师工作。

"爱生"的本质应是教师对学生的知识、情感、思想的积极传递，建立在民主平等、友好和谐的师生关系上。孔子主张"知生爱生，有教无类"。孟子教说："爱人者人恒爱之，敬人者人恒敬之"。陶行知呼吁"爱满天下"。苏霍姆林斯基强调："教育者最可贵的品质之一是人性，是对学生深沉的爱"。就是要求教师关爱、悦纳学生，做最受学生欢迎的教师；善教乐教，做享受教育幸福的教师；严谨治学，精研教学，做最能求真的教师；笃行自律，做最善引领的教师。用最好的教风，诠释、践行我们的办学理念。

（四）学风：笃学好问　善思敏行

学校最大的使命是关注学生、发展学生、成就学生。大弯中学"笃学好问、善思敏行"的学风，将培养什么样的人摆在了首位，笃学、好问、善思、敏行应该成为大弯学子的标签。"笃"，敦厚诚实、专心致志的意思，笃学即治学要有品格，要老老实实、认认真真地做学问。善思，善于思考并敢于质疑。敏行，语出《论语》"君子讷于言而敏于行"，引申为学以致用、用以致学、学用一体，深入实践、知行合一。"笃学好问、善思敏行"的学风，既为大弯学子指明了实现"至高至佳、立善立美"的路径，更是"循道尽性、化育成人"办学理念对学生的具体要求。

五、生态教育，实现办学理念

"生态"一词，现在通常是指生物的生活状态。指生物在一定的自然环境下生存和发展的状态，也指生物的生理特性和生活习性。"生态"（ecology）一词源于古希腊语，意思是指家（house）或者我们的环境。简单地说，生态就是指一切生物的生存状态，以及它们之间和它们与环境之间环环相扣的关系。生态的产生最早也是从研究生物个体而开始的，"生态"一词涉及的范畴也越来越广，人们常常用"生态"来定义许多美好的事物，如健康的、美的、和谐的事物等均可冠以"生态"修饰。

早在2010年8月，大弯中学就提出了以"生态教育"为特色的学校特色发展理念。生态教育就是指生态学的系统观、整体观、联系观、和谐观视野下的教育观。生态教育认为学校教育是师生生命全面、系统、协调、可持续的生长过程。其价值取向为全体师生的发展、全面和谐的发展、个性差异的发展、终身持续的发展、活泼主动的发展。

十余年来，大弯人不断丰富完善、创新与发展，形成了具有大弯特色的生态教育体系，为落实"循道尽性、化育成人"的办学理念找到了一条有效途径。

"尽性"——最大限度地激发教师的潜能、学生的潜力。我们认为遵循教师的发展规律、学生的成长规律是前提，顺势而为才能自然天成，润物无声才能化育自然。生态教育强调友善互助的生生关系、积极向上的师生关系、同频共振的家校关系、相互赋能的干群关系，构建并完善生态德育、生态教学、生态环境、生态管理的生态教育体系。

（一）生态管理　书香校园

坚持生态管理。坚持以教师专业发展为基础的管理观念。把师德师风的评价放在考核评价的首位，在学校各项考核制度（绩效考核、评优选先、职称评聘）中体现。持续推进蓝青工程（新教师入格、合格培养）、至佳计划（骨干教师、学科带头人、名优教师培养），健全教师专业发展制度，帮助教师实现自我价值。继续以名师工作室为教师专业培育基地，建立同识共生的管理文化。坚持以学生健康成长为中心的管理理念。在教育中坚定立德树人的观点，深化课堂改革，减轻学生负担，提高学习效率，重视学生的全面发展与个性发展。坚持以学生、家长利益为出发点的管理理念。在工作中充分尊重家长权益，发挥家长的作用，建立良好的家校关系，从而使学校管理走向和谐、共生、共长。

打造书香校园。第一，创造良好的阅读环境。要让师生有书读。充实图书馆，配齐配足配新校园图书，达23万册，满足师生大量阅读的需求，具备师生广泛涉猎的条件。同时，及时更新书目，让师生随时可以通过阅读，站在知识的最前沿。第二，要让学校宜读书，即要创造安静闲适的阅读环境。第三，改造阅读硬环境，从阅览室的坐卧装备、室内色彩、光线照明以及声控环境等硬件设施上，为师生提供安静舒适的阅读环境。第四，开辟书香专栏，互推好的读本，开展读书活动月，亲子阅读活动，诗歌进校园，读书主题活动等相关的活动，使师生浸润在书香文化中，提高校园文化档次。第五，保障阅读时间，坚持每周一节阅读课，全校学生安静阅读，沉浸于静谧时光。

（二）生态课程　求适至佳

为了更好地落实以生态教育为特色的发展理念，2012年10月，申报了大弯中学"构建生态教育校本课程的实践研究"省级课题，该课题成功立项并成为四川省"十二五"教育科研重点资助的38个课题之一。开了我校从分块实践到系统研究的先河，本着发展学生特长、提升学生素养的原则，开足开齐国家必修课程，并利用校外的有利资源、先进的教学设备和教师的专业特长，不断丰富学校特色校本课程。纵向以"适合、适切、适佳"为经，横向以"五育"内容为纬，与时俱进，持续更新《大弯中学生态课程图谱》。

1. 课程开发与实施指导思想

一是体现学校办学指导思想。学校以"循道尽性、化育成人"为办学理念，融合国家课程与校本课程，将课程分为"人与自我、人与社会、人与自然、人与科技"四大类。

二是体现必修选修课程互补。每一类课程或每一门学科都由必修、必选和选修共同构成课程体系，选修课程是必修课程的拓展和延伸，供学生自主选择。

三是体现分层设计基本思想。必修课程和选修课程全部采用分类分层设计，让学生有更大的空间根据自己的发展需要自主选择修习相应的层级。

四是体现课程建设立体综合性。必修课程和选修课程均呈现立体化，既可横向拓展，又可纵向加深。必修课程和选修课程开发注重培养学生核心素养，为学生的终身学习和发展奠定基础。

五是体现规范性、自主性原则。

2. 课程开发遵循原则

在实施过程中，尊重课程开发主体，自主自由、规范有序、评价客观公正。学校课程的设置符合教育部《普通高中课程方案》（2017版2020修订）和《四川省普通高中课程方案设置及课表编排指导意见》的要求。从学校的实际条件，包括校舍、设备和师资，及学生个性化发展等入手，逐步形成学校课程特色。

一是基础性原则——引进和开发的课程必须面向全体学生，充分尊重绝大多数学生学习基础和生活经验。

二是选择性原则——课程体系具有足够的选择性，满足学生多样化的自主选择需求。

三是发展性原则——每一类课程（每一个学科）都有不同层次的学习课程和后续学习课程，支持学生不断学习提升。

四是实践性原则——充分利用学校教育设备和校外教育资源优势，提供尽可能多的时间和空间促进不同需求学生的发展。

五是补充性原则——根据学校现有课程，从学生培养目标和时代发展对人才的要求，开发现有不足的课程。

3. 课程内容

（1）课程设计顶层设计（见图2）

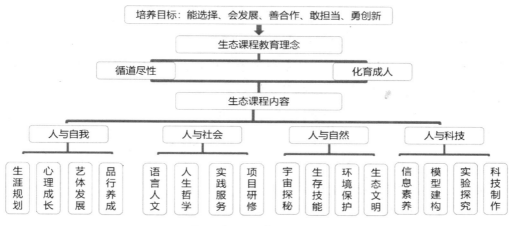

图2 课程设计顶层设计

（2）课程体系

在课程培养目标的引领下，从人与自我、人与社会、人与自然、人与科技四个维度确定了大弯中学的课程结构。

人与自我类课程：人与自我类课程包括生涯规划、心理成长、艺体发展、品行养成等，主要通过课程的开发与实施让学生在真实生活情境和模拟问题情境中，对话自我，反思自我，规划自我，成就自我，实现个体成长。学生涉足体育特长、兴趣爱好、心理健康、艺术审美，在认识自我、发展身心、规划人生的同时养成乐学善学、勤于反思等品质。品行养成主要是开发德育课程"成长在大弯"系列，让学生了解学校对他们品德与行为习惯的要求，从而规范其日常行为。

人与社会类课程：人与社会类课程包括语言人文、人生哲学、实践服务、项目研修等，在学习、理解、运用人文领域知识和技能的过程中形成基本能力、情感态度和价值取向。在项目式学习中学生通过问题驱动、任务驱动，在解决实际问题的过程中发展核心素养。通过适佳讲堂让学生了解学校历史与文化，了解本土文化。挖掘区域有利资源，开发"蓉欧行走"国际理解课程系列及"Wandering & Wondering——'探·索'青白江"中外人文交流课程，传播中华文化。

人与自然类课程：人与自然类课程包括宇宙探秘、生存技能、环境保护、生态文明等，主要培养学生的理性思维、批判质疑、勇于探究等精神。将学科内容与探究主题整合，设计实践探究活动，通过"星空观测""青白江旅游地理"，开启学生自然之旅，让学生在"认识自然，探索奥秘"中，发现问题，解决问题。通过

"野外生存技能""凤凰湖考察",提升与自然和谐相处的能力,让学生在"知行合一,学以致用"中,具备生态文明的理念与意识,并让理念落实到日常行为中。

人与科技类课程:人与科技类课程包括信息素养、模型构建、实验探究、科技制作等,注重学生的科普意识、科技创新意识、动手实践能力和团队合作精神等科学品质和素养的培养。积极拓展科技教育模式,通过与市区科普部门、高校实验室、馆共建的形式,开拓校内外实践基地22个,课程主题涵盖中学生创新思维培养、人工智能、网络安全等,如"抖音视频制作""物理思维拓展""全息投影技术运用"等,让学生与专家、教授近距离接触,领略高新科技成果和前沿科学知识,为学生打开全新的科技视野,播撒科学的种子,激发学生的探索欲与求知欲,培养学生更深层次的科学思维。

(三)生态德育 立德树人

全面贯彻党的教育方针,坚持立德树人,落实《中学德育工作指南》,提高班主任素养。继续推进生态德育之细节管理,以《中学生守则》《中学生日常行为规范》为依据,以学生活动为抓手,完善《大弯中学实施生态德育基本原则》,分年级建立《生态教育的基本目标》,确定《生态德育的基本实施策略》,以培养学生良好思想品德和健全人格为根本,以促进学生形成良好行为习惯为落脚点,教育和引导学生坚持中国特色社会主义道路,弘扬民族精神,增强公民意识、社会责任感和民主法治观念,指导学生学会正确选择人生发展道路的相关知识,初步形成正确的世界观、人生观和价值观。坚持"至高至佳 立善立美"的校训,落实社会主义核心价值观,做好学生综合素质评价工作,为学生的终身发展奠基。

构建德育课程体系,以思想立德、理想引德、情怀塑德、学识养德,将家国情怀、民族精神渗透到学校教育的方方面面,通过结合生活实际的案例与各类专题活动,进行思想传递,并在党和国家教育方针与育人思想的指导下开发适佳校本课程,在学科课程中渗透德育思想,强化思政教育,引导学生站在国家强盛、民族复兴的高度,完成自身的品德修养。开拓研学行走平台,以实践修德、体验蕴德,成就社会公德,初步形成具有蓉欧特色的研学体系。促进生涯规划发展,以心理沁德、规划渗德,践行职业道德。初步形成具有适佳特色的大弯学生生涯规划体系。丰富校园活动实践,以情怀润德、和谐养德,培植个人品德。继续完善原有的活动实践体系,在此基础上让活动体系更丰富更有特色。

德育工作策略一条主线:习惯养成;两项引领:学生综合素质的引领、学生操行评价的引领;三个抓手:班级量化考评、活动为载体、创先争优评选;四个维度：理想信念、道德情操、安全和谐、身心健康；十一大常规（见表2）。

表2　十一大常规

常规	具体内容
班风	文化浓厚、班级认同、积极向上、风气纯正
大课间	班级列队、小跑入场、有效活动、按序退场
升旗集会	快、静、齐
校服	进校着装、整洁干净
手机	不带手机、带机必交
就餐	打餐排队、用餐静声、光盘行动
公寓	内务规范、温馨家园、遵守作息、安静就寝
仪容	学生形象、不戴首饰、不染发烫发、发式规范
礼貌	尊重他人、主动问好、语言干净、行为端庄
出勤	遵守时间、用好时间
清洁	落实要求、每天打扫、重在维护、贵在坚持

（四）生态课堂　以人为本

从"尊重差异、追求个性、保护其自主性"为出发点，注重考察学生的探究精神和创新意识，对不同于常规的思路和方法，给予足够的重视和积极的评价。积极探讨对话式教学模式，探索把研究性学习策略渗透到课堂教学中。构建起以"三个对话"为主线、以"四环节四生成"为基本点的研究性学习的教学原则和课型结构，促进教师的教学行为和学生的学习方式的转变，让课堂教学环节之间具有"整体关联性"，使各教育生态因子间保持一种动态平衡。形成了大弯中学生态教育特有的"以生动为特征、以生机为灵魂、以生成为目的"的三生课堂。形成了"四环节四生成"的大弯中学生态教学课堂模式，即自主学习，在预设中生成；合作探究，在碰撞中生成；成果分享，在情境中生成；归纳总结，在提炼中生成。在此过程中，我们要求"四重四化"，达到师生共成长的目的（见图3）。打造生态

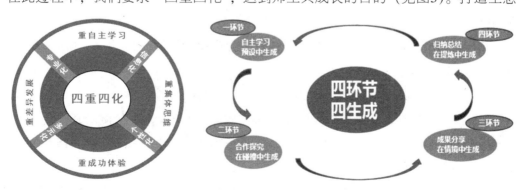

图3　四重四化和四环节四生成

课堂，关注师生的生命成长，着眼于教学的生命性、生长性、生成性和生活性，使课堂焕发勃勃生机。

（五）生态校园　循道赋能

打造自然环境与人文环境的和谐校园。学校校园的一草一木、一砖一石都有目的地塑造成教育学生的"老师"，雕塑、名人塑像，充分显示了"处处育人"的风格。警句格言、中国文化选粹等，让学生在随处可见的审美活动中提升情感。学生获奖作品，让学生处处都享受成功的喜悦。完善原有的生态大讲堂、生态博物馆、功能室、科普基地等，竭力打造校园文化。完成高中部形象提升工程，让大弯中学校园的每一个角落都成为陶冶学生的"主体的画、无声的诗"，对学生进行潜移默化的人文精神的培养。

充分开发和利用学校内部的课程资源，调动广大教师积极参与该课题研究，统筹规划学校的网络、图书、实验等资源，创设生态校本课程的校内活动场所。充分利用区域生态教育基地，有意识地加强与社会的联系，选择社会环境、开发社区资源、引导学生体验社会，让学生在实践基地中将所学的知识与社会、与自然联系起来，拓宽视野，学以致用，提升核心素养与关键能力。借助青白江区"四区一枢纽"（国家级经开区、自贸区、综合保税区、大港区、国家级陆港物流枢纽）叠加区位优势，依托政府平台、国际项目等拓展对外交流的多种渠道，组织更多学生积极参加友好学校间、政府间、国际组织或非政府国际组织开展的各种交流活动，让学生走出校园，走向世界，去讲好大弯故事和中国故事。

六、力行致远　初心不改　至高至佳

沧海桑田方显英雄本色，66年来，大弯中学一步一个脚印、一年一个台阶，循道而行，力行致远，初心不改，至高至佳。

如今的大弯高中，环境优美——春有樱花烂漫、夏有湖鱼嬉戏、秋有杏叶金黄、冬有瑞雪相伴。

如今的大弯高中，人气旺、人心齐——占地180亩，51个教学班，学生2300余人。

如今的大弯高中，师资力量雄厚——专职教师177人、本科学历100%、研究生68人，四川省中小学名校长1人，四川省教书育人名师1人，高级教师157人、正高级教师8人、特级教师11人。

如今的大弯高中，以良好的校风、优良的教学质量赢得老百姓的认同、同行的赞扬和上级的嘉奖。先后获得全国教育科研先进单位、全国安全教育示范校、全国生态文明教育示范学校、全国青少年篮球示范学校、四川省最佳文明单位、四川省实验教学示范学校、四川省现代教育技术示范学校、成都市国际化窗口学校、成都市新课程改革基地校近百余项国家级、省市级殊荣，也成了同济大学、南京大学、电子科技大学、西南石油大学、西南政法大学等30余所著名高校的优质生源基地。

新高考新课程背景下，大弯人将不懈努力，优化学校管理，优化课程实施，实现学校品质提升。优化生态教育课程结构、优化课程评价。"十四五"期间，学校在"循道尽性、化育成人"的生态课程理念下，结合国家全面发展与个性结合，培养综合素质人才的育人目标，结合中高考的改革方案，优化原有的生态课程结构。五育并举，实现全面育人。细化智育课程，完善德育课程，强化体育课程和劳动教育课程，改进美育课程。拓宽视野，做活地方课程。尊重个性，做精校本课程。倡导评价主体多元化。对应学生发展评价，对教师课程行为建立一套完备的评价体系，实施教师的过程性评价和结果性评价相结合，采取增量评价、学生评价、自我评价、量化评价等，建立业务档案，使教师专业素养的全面提升在评价环节上得到保障。并鼓励学生、家长、教学管理人员等参与课程评价。大力开展验证性和探索性课程，带领学生开展研究性学习。

优化队伍建设。继续坚持三年一轮的中层干部竞聘制度，扩大选才范围，选出能干事、肯干事、干成事的中层干部。加大教师培训力度，促进教师专业化成长。搭建交流平台，多渠道提供研修机会。助力教师成长，建立个性化培养方案。每位教师制订个人专业提升计划，将教师专业发展水平和个人意愿相结合，进行分层、分类、分阶段培养，确保师资队伍呈现入格教师、骨干教师、名优教师可持续发展，稳定骨干教师队伍，造就名优教师团队，形成一支实力雄厚、结构合理、富有创新能力和协作精神的学科梯队。加大课题研究，提升教师科研水平。积极调动全校教师进行课题研究，形成"问题"就是"课题"的教研教改工作局面，立足于教研直接为提高课堂教学质量服务，降低研究重心，促进教科研与教育教学实践的紧密联系，树立科研兴校的思想，提升教师专业能力，提高教育教学质量。

中国的教育正在以前所未有的改革力度发生历史巨变，大弯中学将在改革浪潮中勇立潮头，为建设生态育人特色鲜明、教育质量一流、不断开拓创新的西部名校，为办人民满意的优质教育而努力奋斗！

守真立德　化育树人

□　成都市青白江区川化中学　陈　露

办学思想：守真立德　化育树人

一、提出背景

（一）传统文化

《大学》提出"三纲八目"这一核心概念，"三纲"即：明明德、亲民、止于至善；"八目"即：格物、致知、诚意、正心、修身、齐家、治国、平天下。"三纲八目"学说体现了中国儒家学派对人的教育的根本思想。简单而言，"三纲"展示了个体生命修炼并走向圆满的三个阶段目标，"八目"则为实现目标的具体做法，对当前中学教育依然有重要借鉴意义。其中"格物、致知"强调知识的获取，"诚意、正心、修身"强调道德品质的培养，"齐家、治国、平天下"强调自我价值的实现。在这一价值文化的引领下，提出"守真立德　化育树人"的办学思想，突出"真""德"——对"三纲八目"核心价值的再次提炼，突出"化育"——实现学校核心价值的途径，将学校价值文化、目标导向及实现途径融为一个有机整体。

（二）国家政策

在全国教育大会上，习近平总书记强调，要把立德树人融入思想道德教育、文化知识教育、社会实践教育各环节，贯穿基础教育、职业教育、高等教育各领域，学科体系、教学体系、教材体系、管理体系要围绕这个目标来设计，教师要围绕这个目标来教，学生要围绕这个目标来学。育人之本，在于立德铸魂。国无德不兴，人无德不立。从党的十七大确立"坚持育人为本、德育为先"，到党的十八大提出"把立德树人作为教育的根本任务"，再到党的十九大强调"落实立德树人根本任务"，立德树人的重要地位不断凸显。

（三）地域文化

青白江文化积淀深厚，古蜀文明、三国文化、客家文化、英雄文化等历史遗存灿若繁星，清白文化、工业文化、丝路文化在这里蓬勃兴起，传统文化和现代文明在这里交相辉映。1956年，川化厂破土动工，青白江因厂设区，于1960年建区，同年四川化工厂附设中学（川化中学前身）建校。作为区内最大的国有企业，川化厂聚集了大量的优秀人才，为青白江的飞速发展注入了强大动力；作为厂办校的川化中学在2003年从川化集团剥离，归属青白江政府管辖后继续为区域教育事业腾飞添砖加瓦。提出"守真立德　化育树人"的办学思想是对企业文化的沿袭，对地方文化的融入，也是在对新时代下教育观念的准确解读。

（四）现实基础

2018年5月，成都市树德中学和青白江区教育局签订树德中学领办川化中学协议。2018年7月，成都市树德中学派出陈露、冯长兵两名干部分别担任川化中学校长、分管教学副校长，正式开展教育教学管理工作。自树德中学领办川化中学以来，在青白江区委、区政府正确领导下，在区教育局的大力指导下，树德中学品牌资源与川化中学实现了无缝对接。在充分挖掘川化中学办学传统基础上，将树德中学"树德树人、卓育英才"的办学思想和川化中学"以人为本，面向全体学生，促进学生全面和谐发展"的办学思想有机结合，总结提炼办学思想为"守真立德　化育树人"。

二、内涵解读

川化中学办学思想："守真立德　化育树人"。

概括而言，即："守真、立德"体现科学（追求真理）与人文（完善人格）两方面的宏观内容；"化育"是实施路径；"树人"体现学校教育的终极价值诉求。

学校办学思想应兼具传承性与时代性，生成性与自主性。守真，坚守教育的本真，就是坚守教育的初心；立德树人，是新时代教育的根本任务；化育，既体现了生成性，也体现了自主性，还体现了学校文化的校本性。

故，"守真立德　化育树人"的办学思想，是充分尊重学校历史，又顺应新时代教育要求，还具有独特个性的文化样态。

三、文化体系

（一）办学理念

以德树人、以文化人，用爱和责任引领孩子健康成长。

（二）三维目标

学校发展目标：建设具有开阔视野、充满现代气息、充盈生命活力省一级优质普通高中。

教师发展目标：造就有情怀、善引导、勤学习、勇担当的持续发展型教师。

学生培养目标：培育善思敏行、全面发展、个性凸显的自主生长型学生。

（三）一训三风

校训：立德　立志　成才　成人

内涵解读：

习近平总书记指出，人无德不立，育人的根本在于立德。德，古写为"悳"字，德的本意是正直，心正谓之德。"内得于己，谓身心所自得也；外得于人，谓惠泽使人得之也"（清·段玉裁），意思是说："德"是发自内心的或由衷地向别人传送幸福的心性。

当"德"外化为服务人类社会的行为动机，即为"志"，所谓立德做人，立志做事，有了良好品德、修养，是做好人的前提，树立志向、目标，是做事成功的前提。

缺乏外在行动或行动能力的"德"与"志"无异于镜花水月，唯有"才"能将内化于心性的"德"和具化为目标的"志"转化为具体实践，学生只有具备了相应的知识、技能、本领，才能在人们共同生活及其行为规范的要求下服务社会，同时实现自己的人生价值。

司马光说："才德全尽谓之圣人，才德兼亡谓之愚人，德胜才谓之君子，才胜德谓之小人。"只有"德""志""才"三者兼备，学生才能成"人"，实现学校教育的终极目标，为国家培育出合格的社会主义建设者和接班人。

校风：博学　博爱　求知　求真

内涵解读：

博学，即学问广博。在学生中，注重的是形成诚、勤、恒、悟的学风，养成自主学习、主动探究、追求真理、终生不辍的学习习惯，也就是"业精于勤、学贵有恒，事成于细"。在教师中，力求学识广博，业务精湛，业有专攻，一专多能，教育教学左右逢源，教书育人娴熟从容，兼备严谨执着的治学风范。

博爱，即对人类及世间万物普遍的爱，也就是"爱满天下"。在学生中，提倡对父母的爱，对师长、同学、班级、学校、社会、国家及大自然的爱，还有对自己的爱。在教师中，师爱是对为师者的第一要求，没有爱就没有教育。作为教师，首先要爱学生；而且，在爱父母、爱家人、爱同事、爱学校、爱岗位、爱国家、爱社会，以及对大自然的爱等方面，都应成为学生的典范。

求知，即求得知识、求得博学，它是每个人固有的内在潜力，是一个博采众长的过程。社会在发展，时代在进步，科学技术日新月异，无论一个人还是一个民族，只有不断学习，才能获得新知，紧跟时代；才能增长才干，解决生活和工作中遇到的问题；才能开阔视野，充实精神生活，提高生活品位。

求真，"求"有探索、寻取、想得到的意思。如《孟子》"求则得之"。"真"有真实、真诚的意思，与"伪""假"相对，如《汉书·宣帝纪》"假真不相混"，也有本原、自身的意思，校训的"求真"就是从学校的实际出发，力求按教育教学规律办学校。当代习惯把求真务实连用，就是坚持唯物辩证法的科学态度，坚持重实际、说实话、干实事、求实效的工作作风。

学风：自觉　自主　善思　善行

内涵解读：

自觉，即内在自我发现、外在创新的自我解放意识。是人类在自然进化中通过内外矛盾关系发展而来的基本属性，是人的基本人格，是人一切实践行为的本质规律，表现为对于人自我存在的必然维持和发展。学风"自觉"从人的基本人格出发，力求激发学生有意识的维护、发展自我本体的学习欲望，在学习生活过程中不断地发展自我。

自主，是人的生命本性，发展学生的自主性是教育的本体价值，是教育的根本之道。"自主"围绕教育的根本目标，力求让学生具有自主思维与表达的权利和能力，能够批判性地反思和去除外部的影响因素，并主动建构独特性认识的品性，能够大胆质疑，敢于挑战，建立自己的目标、策略和计划，明确自己的目的和意图，形成自己的观点，能有效地管理自己的活动和情感。

善思，善于思考，注重总结。善思者，能在以后的学习中扬长避短，少走弯路，更容易上升到新的学习阶段。同时，善也是善良的意思。善良是人的美德，也是人性最基本的要素。我们希望师生能怀着善良感恩之心，对待人生中的每一个人每一件事，做个善良之人。

善行，是为学最后阶段。要努力践履所学，做到"知行合一"。"善"有忠贞不渝、踏踏实实、一心一意、坚持不懈之意。"善行"，意指对事业专心致志，锲而不舍，知难而进，勇往直前，也包含开拓创新的精神。"善行"其实是一种治学的方向和目标。体现着我校强调实践注重知行统一，倡导知识与实践的统一，在实践中不断学习提高。学思结合，知行合一、脚踏实地，唯有如此才能实现既定理想。

教风：爱岗　爱生　精心　精进

内涵解读：

爱岗，爱岗是指一个人热爱自己的事业、热爱自己的岗位。教师的爱岗，就是热爱教育事业，意味着尊重和珍惜自己的选择，表现着对教育事业全身心投入和不悔追求的信念、态度和决心。一个热爱教育事业的人，会感到教育教学对他人生的意义与生命的价值，他会在教育教学活动中感受到生命的律动和活力，体验到人生的快乐与幸福，捕捉到生活的绚丽与精彩。

爱生，是中学大爱精神的基本体现，是教师职业道德的基本委求，也是高效率完成教学任务的重要保证。教育必须是爱的教育，爱是教育的灵魂。陶行知曾说过："真教育是心心相印的活动。教师只有真心地关爱学生，才能使学生'亲其师，信其道'。"

精心，是教师职业道德素养的最基本要求，是保证教学质量的前提。只有在教学的每一个环节做到"精心"，方能无愧于"人民教师"这一职业称谓，川化中学要求教师做到十个"精心"，即：精心理解学生、精确的心理准备、精选教育教学内容、精当教学方式方法、精细课堂教学过程、精通课堂有效管理、精心设计和选择作业、精化作业批改和评价、精改课堂评价体系、精写教学反思。

精进：教育是关于仁爱的事业，也是关于专业的事业，教师只有不断提高专业水平，才能获得社会的尊重和信任。一位不断成长的教师才是好教师，教师在教育实践中，他们既帮助孩子成长，也与孩子一起成长。这就要求教师不断克服职业倦怠，怀着"为党育人　为国育才"的强烈使命感，与时俱进、守正创新、不断提升自己的专业素养，谱写教师专业化发展的新篇章。

四、实践探索

（一）学校管理制度（制度文化）

制度文化是保障。我们强调制度对师生的激励和约束作用，坚持按规办事。

学校着力完善治理体系，提升现代化治理水平，完善党组织领导的校长负责制，充分发挥党组织的政治核心作用；完善民主管理与监督机制，建立并健全校务公开、民主决策和民主评议制度；加强学校章程建设，在广泛倾听、反复论证的基础上完善学校制度体系，以此激励、约束和规范师生行为。

（二）学校课程体系（课程观）

笔者认为课程即经验，课程的价值就是在于为学生提供丰富的学习经验，让学生在玩中学、在做中学，在经验中不断地发展和成长。课程体系建设应从人的本性出发，关注活动在教育过程中的重要性，重视学生在经验中的体会。学校课程目标的制定、课程内容的选择、课程实施的取向和课程评价模式的确定，关键在于经验的选择、组织和获取方式。

川化中学于2019年3月以"基于全面育人观的'活·悦'课程建设的实践研究"的课题研究为契机，在开好国家课程的基础上，开启了校本课程的建设与探索之路。课题组开发和创设了符合学校学生发展和学校实际、具有川化师生特色的校本课程系列，其与国家课程共同组成"基于全面育人观的'活·悦'课程"体系，并将二者之间的教学理念、活动形式相互渗透，旨在建成具有全面育人功能的"活育素养、悦达人生"课程体系（见图4）。

图4 川化中学"活·悦"课程体系图谱及解读

"基于全面育人观的'活·悦'课程"体系图谱共由四个圈层组成：

第一圈层："活·悦"，是学校课程体系的核心。意为"以鲜活的课程资源、灵活的课程设置，激活生命活力、获得愉悦感，活化学习力，获得成就感。

第二圈层："智、勇、乐、雅、仁"，是"活·悦"课程体系的具体培养目标和要求的精髓。我校课程开发和设置秉承"以德树人、以文化人，用爱和责任引领孩子健康成长"的学校精神，基于"努力造就德智体美劳全面发展的高素质人才"的总体育人目标，努力实现我校提出的"培育善思敏行、全面发展、个性凸显的自主生长型学生"六年发展目标，践行"以德树人、以文化人、活育素养、悦达人生"的课程理念，采用"整合、拓展、生成"的立体推进模式，全面育人，结合"五育并举"的要求，最终将学生培养成智者、勇者、乐者、雅者、仁者，形成具有川化特色的学生精神长相，即仁者不忧、智者不惑、勇者不惧、乐者不疲、雅者不凡。

第三圈层：是学生精神长相的具体培养路径。通过"德行塑造"和"责任培育"来锻造"仁者不忧"的精神长相，通过"知识构建"和"能力培养"锻造"智者不惑"的精神长相，通过"勇毅培养"和"心智历练"锻造"勇者不惧"的精神长相，通过"创新启迪"和"人际和谐"锻造"乐者不疲"的精神长相，通过"艺术审美"和"人生雅趣"锻造"雅者不凡"的精神长相。

第四圈层：是达成第二圈层、第三圈层的具体课程内容。

(三) 课堂教学改革 (教学观)

在课程建设改革、招生考试制度改革、课堂教学改革为三维的教育综合改革的大背景之下，成都市川化中学积极探索，认真解读教育综合改革方案，切实把握好教育综合改革的内涵和实质，坚守课堂主阵地，聚焦课堂，深入推进课堂教学改革，努力探索构建具有学校特色的"基于生命、形式生动、联系生活、致力生成、旨在生长"的"五生"课堂教学样态。

"生命"是学校教育的起点和核心。教育是培养人的活动，而参与到教育活动的每一个人，无论是学生还是教师，都是具有鲜明特征的生命个体。这就要求作为教师应充分尊重每一位学生，充分尊重生命个体的差异性，以生为本，因材施教；作为学校应充分尊重教师的课堂自主权，尊重教师的教学设计、教学创新、教学流程以及教学风格；在强调将课堂还给学生的同时，也应强调将讲台还给教师，让师生的生命价值在课堂中最大限度地呈现。

"生动"是课堂教学达成的必要途径。"生动"的课堂应该是师生全员深度参与，形式丰富、极富吸引力的课堂，从而让思维和思维碰撞，摩擦出智慧的火花。这要求在课堂教学中整合教学目标和教学内容，坚持有效问题驱动，提出促进学生主动活动和积极思维的中心问题或主要任务，围绕核心问题进行教学。

"生活"是课堂教学的逻辑起点和宏观指向。"生活"是最大的课堂，学以致用、知行合一才是学习的现实指向。这要求课堂教学要引导教学回归生活现场，要应结合学生生命实际，创设生活情境，建构生活经验。

"生成"是课堂教学目标实现的科学路径。"生成"性课堂应着眼于学生知识、素养、能力的系统变化和提升，要求课堂教学要有深度的思考与探究，将问题通过学生的思考、讨论、探究而转化、生成为与生活紧密联系的学科知识、素养和能力。

"生长"是课堂教学的终极追求。"生长"课堂和"生命"课堂相照应，"生命"的最大意义在于"生长"，这就要求课堂教学需要有生命生长的纵向维度，要有生命不断完善的超越的价值追求，不单单指向于学校教育阶段，更要指向于生命个体的未来发展。

（四）教师队伍建设（教师观）

着力建设一支勇于挑战、充满好奇心和想象力，具有优秀思维品质的教师队伍。新时代教师要有挑战教育高峰、迈入更高教学境界的勇气；好奇心是教师最重要的核心素养之一，把好奇心还给教师，教师才会充满激情，教育才能充满活力；教学想象力能带领教师打破职业边界，超越自我，丰富教学的可能性；教师思维品质既关系教学的广度和深度，更影响学生的人生走向和格局高度。

（五）学生培育发展（学生观）

提出川化学生非常"10+1"，即信仰力、协作力、意志力、激情力、思考力、专注力、自律力、运动力、审美力、劳动力+创造力；结合"五育并举"的具体要求，最终将学生培养成智者、勇者、乐者、雅者、仁者，形成具有川化特色的学生精神长相。

（六）环境文化建设（文化观）

学校强调校园环境的化育功能，为学生成长提供熏陶渐染的美好环境。我们认为，优美的校园环境可以熏陶人、感染人、影响人和教育人，应重视校园绿化与美化。

在校园里增加绿地面积，构建人与环境和谐共生的花园景观，给人以整洁、美观之感。与此同时，我们认为，草木无心，风月无情，学校只有将情感、理念、愿景等附着于设施之上，让一草一木一砖一墙说话，才能充分发挥设施设备的"化育"作用。学校合理选择绿植并通过解说牌明示：香樟，彰显以香润人、香培玉琢、香而弥彰的文化内涵；丛竹，彰显持节有度、守节不辱、虚怀若谷的人格追求……以人为本设置配套设施：设置开放式书吧，中置绿植，让学生于绿色掩映中静心阅读；图书馆外设朗读亭，使"阅"与"读"相得益彰；运动区旁边栽种高大乔木，让"动"与"静"相辅相成……让设施"发声"：宣传橱窗以党建引领、安全教育等为主要内容，实现多维多元的文化浸润，共性与个性相结合，将部分宣传栏分配至年级、处室，多方"说话"……

（七）教育科学研究（科研观）

教育科学研究的主要目的是解决教育教学中的实际问题，特在"双新"背景下，要让教师把握好新教材、新课标、新高考，最好的办法就是通过教研来系统学习；同时，教育科学研究可以有效地减轻教师的职业倦怠。长期以来，一线教师的教研热情不高，"经验型"教师占大多数，改革和创新意识较差，只有让教师看到自身发展的"差距"，切实尝到教研的"甜头"，以教研促进教学，促进教师向"研究型"转变，才能有效减轻教师职业倦怠。

近年来，川化中学始终坚持科研兴校。出台《川化中学教育科研工作条例》《川化中学课题管理办法》等文件，激励教师从经验型向研究型教师发展；发挥树德教育集团的母体优势，多次邀请树德中学骨干教师及省内外知名教师到川化中学交流讲学，有效开展学术交流；实施"名师"工程，推行青年教师培训计划；充分发挥名师、名师工作室、骨干教师的引领作用；打造学术交流平台，组织教师参加各级各类的学术交流及赛课活动；促进学术研究，推进国家级、省、市级课题立项。

（八）学生发展评价（评价观）

笔者认为首先要不断丰富和完善课堂教学评价，既关注结果又关注过程，使阶段性评价和过程性评价有机结合，使学生学习过程和学习结果的评价达到和谐统一。在知识、技能、情感、价值观等多元领域的综合评价，其目的在于帮助学生制订改进计划，促进更好的发展，评价的激励功能、诊断功能才会有始有终科学地发挥，学生的发展才能进入良性循环。

学校层面，结合新高考综合改革，做好学生综合素养评价。依据《四川省普通高中学生综合素质评价方案（试行）》《成都市普通高中学生综合素质评价实施方案》等文件精神，坚持发展性、科学性、全面性原则，制定并完善学生综合素质评价制度，做到评价过程民主、真实、和谐，评价程序公开、公平、公正，评价记录科学、准确、及时，评价结果应用落实落地、见档见人。

教师层面，切实转变学生评价观念，严格执行教学计划，切实减轻学生过重课业负担；加强教学内容与社会生活实际和学生生活经验的联系，逐步增强学生学以致用、解决实际问题的意识和能力；摒弃"唯分数"论，着力培养学生的学习能力，促进思维发展，激发创新意识，形成创新能力；创设以学生为中心的课堂教学氛围，改变不良教学行为，让学生变被动学习为主动学习；关注学生个性发展需求，了解每个学生的特点，加强生涯指导，帮助学生发现自己的兴趣特长。

（九）德育实施举措（德育观）

坚持育人为本，加强德育创新：丰富育人内涵，引导学生形成向上向善向美的优良品质，科学合理规划各年段德育工作；创新育人方式，引导学生自主开展德育实践活动，将德育融入学生学习生活之中。拓展育人途径，增强校园文化和班级文化育人的实效，促进家校社会合作育德，坚持党建带团建，切实发挥共青团在育人中的重要优势和作用。加强班主任队伍建设，全面提高班主任素质：坚持召开班主任德育教研工作例会，积极开展班主任培训学习工作，对学科德育渗透目标、内容、实施体系进行研究和探索，完善班主任考核制度，充分地调动班主任的工作积极性。加强学生队伍建设，促进学生全面发展：提高学生干部（含团委）工作能力，指导和完善学生会干部检查监督工作，服务校风校貌建设；抓好行为规范教育，组织学生认真学习贯彻《中学生守则》和《中学生日常行为规范》。抓好各年级学生常规管理：加强德育常规工作的管理，确保检查落实到位；以活动为载体，加强校园文化建设；加强问题学生的教育与转化；加强学生综合素质评价和学生档案管理建设工作和学生教育资助工作。

五、取得成效

（一）教师队伍壮大

1. 加大骨干教师的引进力度

积极争取政策，引进正高级教师3名、特级教师4名、骨干教师3名，为学校教师队伍注入新鲜血液。

2. 重视教师培训及校本研修，提升教师专业素养

2018年8月至今，共计派出教师培训近400余人次；邀请秦建平、陈东永、胡霞、李松林、刘大春等知名专家、一线教研员、一线名师等30人到校讲学、指导教育教学工作40余次。组织教师发展论坛5次。邀请包括正高级教师兰举、李金香，省特级教师郑自强，区名师工作室领衔人倪茂辉，年级主任张亚军、袁仪聪等共计15名教师做教育思想和教育叙事交流，受众覆盖本校和集团学校教师。组织展示课、汇报课、转转课、送教课共325节次，派出教师到树德中学参加高品质学术活动或到其他高品质学校学习观摩共计200人次以上。

充分发挥树德教育集团的母体优势，多次邀请树德中学骨干教师及省内外知名教师到川化中学交流讲学，有效开展学术交流，努力营造学术氛围，有效促进学科发展，切实提高学术水平。

3. 充分发挥名师、名师工作室、骨干教师的引领作用

相继成立"郑自强名师工作室""黄宗凌名师工作室""李金香名师工作室"等6个名师、名班主任工作室，聘请特级教师为教师发展中心指导专家，构筑教师专业成长平台，打造学校文化建设特色亮点，促进学校内涵式发展，取得了明显成效。

4. 打造学术交流平台

组织教师参加各级各类的学术交流及赛课活动，组织全校教师参加成都市教学大比武活动，晒课率达200%以上，其中60余名教师获得省市二等奖以上的奖项；积极选派教师参加树德中学教育集团赛课，张起翼等获特等奖，刘燕、赵焱坤老师获得一等奖；组织川化教育集团青年教师赛课和名优教师展示课，袁仪聪、王珏获得川化教育集团赛课一等奖。

5. 创新考核评价机制

先后两次召开工会、两代会，对《成都市川化中学岗位聘用方案（讨论稿）》《成都市川化中学30%奖励性绩效分配方案中关于期末教学质量奖的修订方案（讨论稿）》《成都市川化中学教师请假制度（讨论稿）》等学校考评制度进行了修订和完善，充分体现了民主精神，表决议案充分征求代表意见，民主气氛浓厚，与会各位代表体现出较强的参政、议政意识和为学校工作献计献策的主人翁风貌，充分调动了全校教职工的工作积极性。

（二）教学品质提升

1. 开展"课堂革命"

落实立德树人的根本任务，坚持"五育并举"，深入开展"课堂革命"，实践探索并初步形成"五生"生态课堂教学样态；形成"情境认知—问题解决—整体建构—深度理解"的教学改进的基本框架；同时鼓励教师根据自身特点、学科特点与学生差异，形成体现学科特性与教师个人风格的教学实践样态，激发学生创

生动力，以促进学生的个性化学习与可持续发展。

2. 完善学校现有课程体系

优化课程系统性，坚持"五育"并举，培养学生核心素养，全面构建"三阶活悦课程体系"，全面提升学生综合素养，对学校课程图谱进行重新梳理，在市规划课题"基于全面育人的三阶活悦"课程统领下，将国家课程校本化实施，校本课程特色化、精品化。开发出稳定的有特色的校本课程120余门，从无到有开设出STEAM课程、机器人课程、生涯规划课程、国际课程、火星农场等特色课程，逐步实现课程、课堂、课题、教师、学生五位联动，助推教育教学品质提升。

3. 促进学术研究

科研强校，大力推进教学研究，研究教学实际工作的难点、痛点、热点等，我校小专题27个立项并开题，18个结题；有2个区级课题顺利立项并开题，2个区级课题顺利结题；1个市级规划课题立项；2个省级课题立项并开题；一个教育部子课题结题，实现全校80%以上的教师参与课题研究。仅2021年教师论文、课题、赛课获奖达220余人次。

4. 教学质量情况

2022年中考实现高位增长，"五率"增幅明显；高考本科上线率99.63%，重本上线率44.1%（学校统计数据，最终以上级主管部门统计数据为准）；高考在上线比例、绝对人数及尖子生人数方面都有明显提升；非毕业年级教育教学质量大幅提升。近年来，学校先后被评为"教育科研优秀单位"，教育技术"先进单位"，融合创新大赛"先进集体"，一师一优课、一课一名师"先进单位"，"美育工作先进单位"，"体育工作先进单位"，"美丽校园、幸福学堂"等。

（三）校园环境改善

2019年7—8月基本完成图文中心建设，教学楼厕所改造及校园绿化微改造、学生食堂改造，共计投入1791711元，含各类植物300余株、草皮5000余平方米，对组合廊架、花台、地球仪雕塑木平台、方亭、Logo景墙、景观水池、塑胶场地、道路铺装、绿化等进行优化改造。2020年完成了增添文化石，小广场水景观、校史馆、教学楼墙面文化，对校园环境进行进一步美化。2021年为提升校园绿化环境，打造"五美校园"，学校对校园局部绿化进行改造，由绿化局免费为学校提供14棵香樟、6棵九龙桂、20棵宝珠、20棵金边黄杨等。2019年获评成都市环境友好型学校、成都市"百佳"职工食堂、成都市文明单位等奖项，2020年获评青白江区"园林单位"。2022年对校园环境进行再次全面提升（施工中）。

（四）校园制度优化

加强学校章程建设，理顺学校内部关系，优化学校内部治理结构，提升学校治理体系和治理能力现代化水平，完善校长负责制，充分发挥党组织政治核心作用，完善民主管理与监督机制，完善学校制度体系；建立并健全校务公开，民主决策和民主评议制度，定期召开教代会；制定并优化《川化中学十四五规划》（以下简称《规划》），定期检测《规划》实施情况，针对实施中出现的问题，采取有效措施进行调控、修订；不断完善《川化中学办学章程》《川化中学教职工代表大会章程》《校务公开制度》《奖励性绩效工资实施方案》《教职工考核评优方案》《教师职务资格晋级评分方案》，让学校制度更符合教职员工的实际需求。2021年对学校领导班子及成员满意度测评，优良率占83.75%~90.15%（各部门测评结果存在差异）。

（五）学校品牌提升

2019年以来，凭借树德品牌优势和母体资源，依托树德中学教育集团"五大制度""六型帮扶"等发展举措，在学校管理、教育教学等方面与树德中学实现无缝对接、同频共振。川化中学的品牌知名度、社会美誉度得到空前提升，2021年6月面向社会开展满意度测评，采取学生评、家长评、社会评等方式，通过线上测评，满意度达到96.3%。2019年至今学校获得各级各类荣誉共120余项，得到了上级部门的充分肯定和高度赞誉。

六、未来展望

川化中学将始终坚持把立德树人作为根本任务，增强为党育人、为国育才的责任感和紧迫感，不忘初心使命，砥砺奋进前行，以更加勤勉的状态和更加昂扬的姿态，紧紧围绕学校教育教学这一中心工作，积极创建四川省特色办学普通高中，为全区一流教育事业建设交上合格答卷，让区委放心，让群众满意。

理念引领方向　特色铸就辉煌

——成实外·城厢中学办学理念诠释与实践

□ 成都市青白江区城厢中学　吴国林

四川省成都市城厢中学校，原名金堂县立中学，创办于1927年3月，其原址为绣川书院（1751年建）。2008年，学校受"5·12"大地震的影响，易地重建，2011年8月25日迁入现址，学校至今已有95年的办学历史。原国务院总理李鹏的母亲赵君陶女士曾任学校训导部主任，李鹏为城厢中学题词"继承光荣优良传统，培育现代化建设人才"；著名诗人流沙河也为学校题词"绣水书声"。青白江区委、区政府高度重视学校的发展，投资2.11亿元，对学校进行扩建，助推学校发展。一代又一代城中人赓续接力，"求真""向善""尚美"，将深厚的历史底蕴、鲜红的革命基因不断丰富着学校的办学理念的精神内涵，以艺体特色办学为抓手进行创新实践，艺体品牌不断彰显。"追求真善美，培养有教养的人，让每一个家庭的子女都成功"的这一办学理念已成为全校师生的行动方向和准则。

一、紧贴新的时代，培育新的人才

理念只有扎根现实，才有鲜活的生命力。在长期办学实践中，学校依据中共中央、国务院印发的《深化新时代教育评价改革总体方案》《国务院办公厅关于新时代推进普通高中育人方式改革的指导意见》《中共中央国务院关于深化教育教学改革全面提高义务教育质量的意见》《教育部普通高中学校办学质量评价指南》等系列文件精神，以习近平新时代中国特色社会主义思想为指导，始终坚持党的领导，全面贯彻党的教育方针，依法治校；坚持社会主义办学方向，将"追求真善美，培养有教养的人，让每一个家庭的子女都成功"的办学理念融入"立德树人""五育并举"中，充分尊重学生发展个性，促进学生全面成长，实现了"为党育人、为国育才"的立德树人的根本任务，办学成绩显著，有较高的社会知名度和美誉度。

二、立足深厚历史，丰富鲜活内涵

历史的积淀是谋求发展的根基，理念的引领是持续发展的动力。思想是行动的先导，作为一所学校，倘若没有自己科学的办学理念，就不会有符合学校实际的、能反映教育规律和时代发展要求的正确的办学思路，也就不会有自觉而有效的教育教学实践。城中自1927年创办以来，一代又一代城中人以优良的革命传统、质朴的教育情怀，在长期办学形成的历史文化积淀中，通过不懈的努力思索和总结，特别是在成实外教育集团领办下，逐渐凝练出我校"追求真善美，培养有教养的人，让每一个家庭的子女都成功"的办学理念。即在教育教学实践中，要"做真人、学真知、求真理"，要"以善教人、以善养人、以善立人"，要"以美育人、以美化人、以美培元"（习近平语）。把"求真、向善、尚美"融入教育教学中：教贵求真、学贵求善、研贵求美，教学研合一、真善美统一，从而培养出有文化和品德修养的合格人才——每一个家庭的子女都成功。学校把握时代脉搏，凝练办学理念，为形成成熟而有特色的办学文化筑牢了根基。

三、基于个体差异，进行顶层设计

学校进行了"基于差异而发展差异"的课程顶层设计。城厢中学作为一所艺体特色的综合高中，究竟培养什么样的人？如何培养这样的人？基于以下几个方面进行了思考：

（1）基于教育目的的差异：适应每个学生的差异，充分发展每个学生的差异；

（2）基于教育内容的差异：根据每个学生的兴趣差异、能力差异、需求差异、成才差异，提供与之相适应的有差异的课程；

（3）基于教育方式的差异：因人之异，以施其教；

（4）基于学校品质的差异：艺体见长、综合培养。

基于以上四个方面的差异，学校提出了"基于差异而发展差异"的最核心的教育理念，进行分类培养，让学生各展其长。

鉴于"基于差异而发展差异"，学校确立了"两有两会"（有教养、会选择，有专长、会创造）的培养目标。围绕培养目标，采用分类分层培养，让学生各展其长，学校提出分类分层予以培养，在"以人为本、多元育人"思想的引领下，形成了"文化高考升学道、艺体高考升学道、职业技能就业道"三道育人模式。

　　课程的顶层设计为优化课堂结构和课堂教学效率的提升及教学质量的提高提供了方向。学校实行分类管理，分层教学，让每一名学生在城厢中学都有发展的空间。由于学校的积极引导和分类的教学管理，挖掘学生的发展潜质，有力地促进了学生的成长成才，也提高了学校的办学品质（见图5）。

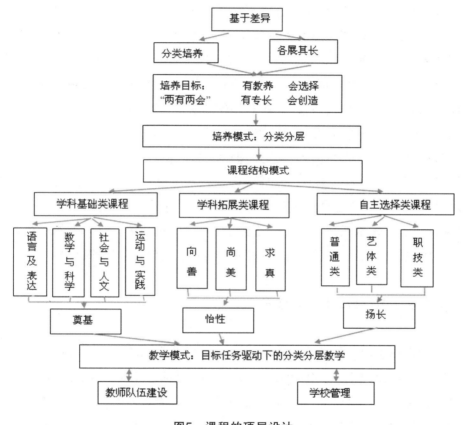

图5　课程的顶层设计

四、外显搭建平台，内化塑造灵魂

　　理念外显搭平台。在"立德树人、五育并举"的办学方向和"为党育人、为国育才"育人目的的引领下，学校认为：真善美是素质教育的最高境界。从1991年的哥特式校门到城厢镇历史长廊，再到"爱莲亭"荷花池景观、"求真亭"赵君陶塑像和延安窑洞雕塑等，全方位系统地打造体现办学理念的显性校园文化。

校门右面的"立德树人、五育并举"，左面的"为党育人、为国育才"及地面上的学校发展历程、"绣川藏书"图书室、"传是大讲堂"、城厢镇历史长廊、城厢中学历史长廊、"求真亭"、赵君陶塑像和延安窑洞雕塑等重点是让学生要"做真人、学真知、求真理"。"爱莲亭"荷花池景观、舞蹈练功房、美术教室、音乐房、学生寝室布置等以美育人，教会学生"欣赏美、创造美"。"爱莲亭"、城厢镇历史长廊、荷花池等景观教会学生要"以善教人，以善养人，以善立人"。搭建的这些外显平台让办学理念在校园内无处不在地显现出来。久处芝兰之室，其香自生。男生"谦谦君子"、女生"窈窕淑女"已成为城厢中学一道亮丽的风景。

理念内化塑灵魂。思想是行动的先导，理念是行为的引领。作为一所学校，倘若没有自己科学的办学理念，就不会有符合学校实际的、能反映教育规律和时代发展要求的正确的办学思路，也就不会有自觉而有效的教育教学实践。

"真、善、美"分别通过知识、道德、艺体三种不同形式来反映客观事物的属性，而我校更是以艺体为抓手，通过塑形（形象美）和润心（内在美）来践行"真善美"。因此，全面提高学生素质，必须教学生求真、向善、尚美，学校的一切活动都要以是否符合这个标准来衡量。

"文武皆道、绣水书声"的特色办学方向和"一训三风"（浓厚的学风、精深的教风、优良的校风）已深深融入全校师生内心、内化为师生的行动。

五、制度规范行为，科研促教兴校

在"追求真善美，培养有教养的人，让每一个家庭的子女都成功"办学理念的引领下，学校建立了以吴国林校长为组长的师德师风建设组织领导机构，健全师德师风建设机制、教师激励体系，师德师风建设成效显著，学校形成良好的教风、校风和学风，有良好的社会形象和声誉。学校建设形成了一支以省级优秀教师黄波为代表的"有理想信念、有道德情操、有扎实学识、有仁爱之心"的教师队伍。

学校制定了《四川省成都市城厢中学绩效管理办法》《四川省成都市城厢中学校岗位竞聘管理办法》《四川省成都市城厢中学校质量奖励方案》等激励奖励制度。评价考核中把认真履行教育教学职责作为评价教师的基本要求，向班主任、教学一线和教育教学效果突出的教师倾斜，坚持公开、公平、公正原则，注重精神荣誉激励、专业发展激励、岗位晋升激励、绩效工资激励、关心爱护激励，减轻教师负担，让教师能安心从教、热心从教、舒心从教、静心从教，有效激发广大教师的教育情怀和工作热情。

近年来，学校狠抓校本研修，教育科研之风盛行，课题研究如火如荼，科研兴教更兴校。加强对教育科研工作的管理，推动教育科研工作扎实规范、有序有效地开展，使我校的教育科研工作近三年一年一个新台阶，在巩固已取得的教育科研成果的基础上提升教学质量，从而提升办学品位和品质。做好师资培训工作，抓实校本教研工作，争创"三名"（名师、名校长、名校）工程。学校狠抓校本研修，培养和造就了一支师德高尚、业务精湛、结构合理、充满活力的高素质专业化教师团队，成效显著。通过教研组、备课组开展的校本研修和参加各级各类培训教研活动，极大地促进了教师的专业化发展，促进了年轻教师快速地成长。

教育科研成果丰硕。教师发表国家级论文7篇，省级论文18篇，市级论文119篇，区县级论文81篇。其中，吴国林、刘发银、陈贤忠合写的稿件《基于差异而发展差异——农村高中艺体教育的一种探索》发表在《人民教育》2020年第15—16期。课题研究如火如荼，近三年来，有3个市级以上课题结题；在研课题有2个省级课题、1个市级课题、2个区级课题、20个校级课题。学校在2020年12月被成都市教育局评为教育科研先进单位。

六、理念化为实践，花开结出硕果

行动是伟大的人生指南，理念化为行动，才能结出硕果。多年来，学校舞蹈团、合唱团、朗诵社团参加成都市中小学生艺术节，斩获十余个一等奖。校原创舞蹈《青铜》代表成都市参加四川省中小学生艺术节，获得二等奖；2019年2月，站上了"唱响五洲"2019国际青少年艺术节的舞台，在德国柏林乌拉尼亚洪堡音乐厅进行精彩表演，获得A级最高奖项，被录入《2019青白江大事记》。2021年合唱《蓝蓝的夜蓝蓝的梦》和《唱支山歌给党听》双双入围共迎未来"中外人文交流小使者"全国总展示活动，并在中央广播电视总台央视频和《人民日报》官网联合播出。优秀学生乔妙、孙堰一参加中央电视台春节联欢晚会直播演出；优秀学生姚世轩参演中央电视台庆祝改革开放四十周年文艺晚会。

我们依照学校相应的管理制度，抓牢抓实常规工作，向课堂要质量，向管理要质量。2019年（2016级）在校生巩固率100%，毕业率95.8%，应届生高考本科率98.19%；2020年（2017级）在校生巩固率100%，毕业率98.3%，应届生高考本科率99.5%；2021年（2018级）在校生巩固率100%，毕业率94%，应届生高考本科率98.6%。

2022年高考，文化一次性上本科线101人，首次突破100人大关；文化艺体双上合计312人，首次突破300人大关，再次创城厢中学高考新辉煌。近三年来，学校为全国各地高等学府输送了1000多名优秀学子。2018年，城厢中学被成都市教育局评为普通高中教育教学工作优秀学校、进步最快学校；2019年至2021年连续3年被市教育局评为普通高中教育教学优秀学校。

"追求真善美，培养有教养的人，让每一个家庭的子女都成功"的办学理念照进了现实。

七、理念指引未来，发展再铸辉煌

学校将继续坚定全面贯彻党的教育方针，落实"立德树人"根本任务，坚持"五育并举"，实施素质教育和特色办学，并将"追求真善美，培养有教养的人，让每一个家庭的子女都成功"办学理念融贯其中。充分挖掘我校95年的独特而悠久的办学历史尤其是绣川书院历史，不断探寻赵君陶女士的光荣革命事迹，详细梳理流沙河、雍炳敏等名人热爱故土、热爱祖国的内核，让历史与现实交互融合，化为我校师生的精神内核和行动原力。搭建好"仰望星空大舞台"，以成都市银杏艺术团分团城厢中学绣川艺术团为骨干团队，以现有的舞蹈社、足球队、书画社等18个社团为支点，以一年一度的"仰望星空"城中艺术节、城厢镇的"城厢之春"、成都市艺术人才选拔赛、成都市中小学生艺术节、"川剧进校园活动"等为舞台，撬动学校艺体大发展和精品出彩。继续从办学方向、队伍建设、"五育并举"等方面，结合学校现实情况，深入思考谋划学校的未来发展，以期行稳致远。

走过千山万水，更需跋山涉水。寒来暑往，山初度，尘未洗，不待扬鞭自奋蹄，城厢中学将为创造优质特色教育品牌新辉煌而不懈奋斗！

匠心铸魂　德技兼修

□ 成都市工程职业技术学校　刘清太

职业教育与普通教育是两种不同类型的教育，具有同等重要的地位。中国近代职业教育的创始人与理论家黄炎培提倡"大职业教育主义"，倡导"劳工神圣、双手万能"。他认为职业教育的目的是谋个性之发展，为个人谋生之准备，为服务社会之准备，为国家及世界增进生产力之准备。改革开放以来，职业教育在促进国民经济建设、促进社会和谐发展、提升社会生产力方面发挥着重要的作用，已经成为人们终身发展的教育。

一、提出背景

历经岁月变迁、时代发展，职业教育已经从"经济人""工具人"的培养走向"匠心人""特质人"的培养，职业教育完全实现了技术与教育的完美融合，具备服务人终身发展的功能。匠心筑梦、德技并修就是主张以"匠心"文化为引领，坚持德技兼修，促进学生全面发展，成长为德高、业精、技强的职业化专门人才。

二、内涵解读

"匠心"，即工匠之思想、精神、气质与品格。构筑"匠心"，就是将教师历练为品德高尚，技艺精湛，用心育人的"双师型"教师；将学生培育为品格高尚，气质高雅，技术娴熟的"现代型"工匠。"匠心"在无形中促进着师生共同学习、成长；也在无形中支配着学校稳定、持续发展，从而锻造出一代又一代专注敬业、严谨坚持、敬畏岗位、创新创造气质的有形"工程职校人"。

学校所倡导的"匠心"文化，核心就是要求师生文化育人，重德强技，把"精于工、匠于心、践于行"的匠心特质内化于心，把热爱学习、热爱生活、热爱工作的优秀品质代代相传。

三、文化体系

学校文化是指学校在整个办学过程中所形成的具有独特凝聚力的学校历史积淀、人文精神、制度规范和行为准则，它是学校的精、气、神，其核心是学校在长期办学中所形成的共同价值观念，共同的思想观念和行为方式，是一所学校特有的"气味"，是学校的DNA，决定着学校办学的方向和品质。

学校坚持以"匠心"文化为引领，确定了"追求发展、满足需求"的办学理念，就是用精益求精的态度，在完善、雕琢的过程中，把一种热爱学习、热爱生活、热爱工作的精神代代相传。

（一）学校办学理念

学校秉持"满足需求、追求发展"的办学理念。学校希望自身的办学能满足社会对技术技能人才的需求，满足家长对子女成人成才的需求，满足学生不断获取发展动能的成长需求，满足学校育人育才、树立品牌的需求；希望最终促进社会的和谐可持续发展，促进家庭和睦幸福发展，促进学生职业素养发展，促进学校品牌化发展。

（二）学校育人目标

"匠心"文化是学校的核心价值体系，它高度提炼了学校求真、创新、自信、自尊、自强的文化建设成果；固化了学校"追求发展、满足需求"的办学理念；赋予了校训"重德、强技、自信、成才"新的时代内涵。"匠心"文化与学校发展的实质融合，具有导向清流的潜移默化性，更让未来发展兼具时代性和传承性。

所谓"匠心"是要求师生都同时达成以下目标。

（1）掌握一门娴熟的"匠艺"：要求教师以德为重，技能为先；学生要品格端庄，苦练技能。两"心"相融、"师徒"共同发展，培育一支专注、敬业、坚持、严谨、技艺精湛的"匠人"。

（2）修炼一点个性的"匠气"：师生有着沉稳的专业技能，同时具备独立思考的能力、创新思维和鲜明的个性特征。男士要儒雅、果断、坚毅、大气；女士要优雅、有教养、有内涵。

（3）怀揣一颗求知的"匠心"：学而不厌，多岗适应，与时俱进。在方兴未艾的时代，以踏实、求知的"匠人"态度，"教学相长"的步伐，驱动学校发展。

（三）学校一训三风

遵循职业教育的特点、职业院校师生特质、学校办学特色，学校提出了"重德强技　自信成才"的校训，以德为本，以技为先，德技兼修，彰显职业和教育特色，自信成长，自信面向未来，服务人的终身发展。

遵循教育规律，教学规律，学校提出了"教真育爱　知行合一"的校风；"教而不厌　诲人不倦"的教风；"勤学善悟　学做合一"的学风。既倡导了教的法子，也倡导了学的法子，完全体现"知行合一""学做合一"的职业教育特点。

四、实践探索

（一）学校"匠心"文化建设思路

学校"匠心"文化建设坚持以"四个坚持"为引导，以"四个系统"为主体，以"师生原创"为特色。

1. 四个坚持

（1）坚持以立德树人为根本，以改革创新为动力，切实提高办学水平，满足学生、家长、社会需求，服务学生终身发展。

（2）坚持"匠心"文化与学校办学历史传承融合，秉持文化自信，注重内涵发展，建成特色专业品牌，服务经济社会发展。

（3）坚持能力为本位、职业实践为主线、项目课程为主体的特色课程体系建设，满足学生多元化发展、多元化成才需求。

（4）坚持特色专业文化建设，着力打造制度文化、课程文化、教师文化、学生文化，全方位、高品质构建富有特色的"匠心"职业文化。

2. 四个系统

（1）理念文化识别系统。凝聚全校师生的智慧，提炼以"匠心"为主题的理念文化，形成以"人文立校、技能固本"为核心理念的匠心文化体系，包括校训、校风、学风、办学目标、管理理念、用人理念、服务理念、办学特色、校园精神等要素。

（2）视觉文化识别系统建设。视觉文化建设主要立足于标识设计与制作，烘托校园环境的文化氛围。对校园建筑进行命名，对教学区、宿舍区、膳食区建筑及道路广场进行命名，如行政楼叫匠心楼，教学实训区的"强技楼""立艺楼"；宿舍区的"杨柳公寓"；膳食区的"品味居""厚生堂"。对学校校徽、校服、办公用品、接待用品进行重新设计与制作，并在教学、实训等功能区张贴劳动模范、创业典型、能工巧匠的画像和具有职业特色的名言警句。

（3）行为文化识别系统建设。一是制度文化建设，编印《管理制度汇编》，进一步规范学校内部管理。二是活动文化建设，组建舞蹈、合唱、田径、武术、礼仪等15个社团，开展"匠心"技能文化节、文艺会演、大课间活动等丰富多彩的活动；定期举办法制讲座、心理健康、文明礼仪讲座；组织学生参加国家、市、区级"文明风采"大赛，健身操比赛，篮球运动会等各类赛事活动；建构了以感恩教育、法制教育、职业道德教育、成人教育"四项教育"为载体，以德育教育与时代精神和学生自我发展相结合的"两个结合"为抓手，以实施队伍建设、制度建设、环境建设"三大工程"为保障的"四二三"德育工作模式。

（4）环境文化识别系统建设。建设师生作品展示厅、专业部展示大厅、"功成""扬帆""启航"雕塑、"匠心"钢板画、"匠心"池，开放式校史陈列室，体现企业文化的实训场等。

3. 师生原创

充分利用职业教育自身的师资优势、专业优势、设备优势、学生技能优势，把师生创意设计通过技能技艺手段变成现实作品，用教育创造作品，用作品润泽教育。

（二）"匠心"文化建设内容

学校文化建设包括发展先进文化、支持健康有益文化，传承优秀传统文化，融合多元文化，改造落后文化，抵制腐朽文化等内容，学校主要从以下几个方面加强建设。

1. 制度文化

建设符合人本思想，凸显责任、合作、和谐的制度文化。运用我校"多维管理模式"，以人为本，依法治校。以现代学校制度建设为抓手，坚持用制度管理学校，坚持全员管理，强化过程管理。"匠心"文化所倡导的"责任、合作、和谐"，其核心是把每个人的积极性和潜能都挖掘出来，更好地传承学校优良传统、开创性地投入学校建设和发展中，促进学生、教师、专业协调、可持续发展。

2. 教师文化

建设符合职教特色，倡导德高、技强、业精的教师文化学校，开启"专业教育+教师教育"的教师培养新模式，依托我校成都市名师工作室，实施师资队伍建设"五大工程"，构建"五个保障机制"。"匠心"文化所倡导的"德高、技强、业精"是学校教师文化的重要内容，学校在物质文化、行为文化、制度文化和精神文化建设方面为教师的成长提供发展平台和机会，促进教师的专业化发展，实现教师专业知识、专业能力、专业品质协调发展，锻造出一支"德高、技强、业精"和"责任、合作、和谐"的双师型教师队伍，真正成为职业教育中的大国"工匠师"。

3. 学生文化

学生文化是学校文化的一种亚文化，是指学生在学校活动中所表现出来的特有的价值观念、思维方式、行为规范等。学生文化建设内容包括：学生文化丰富的表现形式方面的建设，如学生的价值追求、民族精神、学习观念、思维方式、日常行为方式、人际关系、礼仪、待人接物、衣着、饮食、消费等。建设符合学生发展，营造阳光、健康、成才的工程职校特有的学生文化。以学校翰墨书画园、创新孵化园、蓝精灵创业园为平台，构建以"学生自治"为核心的两个"四级德育管理模式"，形成学校的"1321"人才培养模式。抓好国家非遗文化"威风锣鼓"、四川非遗文化"小金龙"的传承。通过开展各种教育、教学和实践活动，逐步培养学生健全的人格，形成正确的价值观、人生观，实现学生的"自我教育、自我管理、自我服务"，以阳光、健康的心态迎接学习和生活；以"责任、合作、和谐"的心态迎接挑战性工作，从而促进学生健康、快乐、自信的成长。学校文化的发展，也需要在继承中发展，在发展中创新，在创新中提升。

4. 课程文化

课程文化是指"按照一定社会发展对下一代获得社会生存能力的要求，对人类文化的选择、整理和提炼而形成的一种课程观念和课程活动形态"。课程文化资源开发的内容包括学校课程文化的基本内容，即对蕴含于文本课程、综合活动课程、选修课程、实验等课程中的仁爱与情感、人与自我、人与人、人与自然的和谐、信念与价值等为标志的现代课程内容文化进行挖掘和优化，建设符合市场需求，创设立德、强技、多元的课程文化。我校根据社会、市场、企业、学校发展的实际需求，整合资源，进行探索，力争凸显我校"合作办学多元化、专业发展企业化、课堂教学微格化、素质评价综合化、培训鉴定社会化"的"五化"办学特色。"匠心"文化所倡导的"立德、强技、自信、自尊"的发展理念是学校课程文化建设的重要内涵，专业应坚持以提高质量、促进就业、服务发展为导向，积极完善学生成才的多元化发展课程体系建设，为促进学生综合发展提供有力的课程支撑条件。

5. 物质文化

学校物质文化是学校文化的物质形态，可分为基础设施文化、自然人文环境文化等，是学校文化的硬件，看得见，摸得着，包括学校的建筑物与布局风格，文化设施，学校内部的陈设与布置、学校的绿化与美化等。

6. 专业文化

建设体现学校品牌，融合企业、产业、职业特色的专业文化。将走廊、教室、寝室、实训中心、专业部展厅等，皆融合"匠心"文化，进行点面结合的全方位营造，突出专业特征和职业岗位特色。同时借鉴企业CIS识别系统，将学校标志、建筑设计、校内物品在视觉设计上标准化、系统化，形成学校特色与品牌。将校企文化自然融合，展示职业学校的环境之美、技能之美、人文之美。

7. 班级文化

创建务实求真，诚实守信，和谐温馨的班级文化，为学生的学习生活营造良好环境，引入企业文化，弘扬工匠精神，建设有职教特色的班级文化。

五、取得成效

(一) "党建文化"建设成效

学校以习近平新时代中国特色社会主义思想为指引，坚定不移走中国特色社会主义教育发展道路，深入贯彻落实《关于加强中小学党的建设工作的意见》有关要求，充分发挥学校党组织在教育改革发展中的政治核心作用，把"一校一品"党建特色品牌建设与教师队伍建设、德育工作、校园匠心文化建设等各项工作结合起来，找准学校党建特色品牌目标定位，明确品牌内涵，制定有效推进措施，切实抓好学校党建品牌的培育创建工作。

学校党总支先后被评为成都市党建标准化建设示范校、成都市教育工委和青白江区教育工委先进基层党组织、青白江区五星党支部。

(二) "匠心文化"建设成效

学校"匠心"文化建设围绕"一个核心"（匠心），贯穿"两大原则"（传承性和发展性原则），构建"三大识别"系统（理念、行为和视觉识别），落实"四大支撑"（教师、学生、课程和物质）来实现。

1. 围绕"一个核心"——匠心

"匠心"是学校文化的核心和逻辑起点。"匠心"，即工匠之思想、精神、气质与品格。构筑"匠心"，就是将教师历练为品德高尚、技艺精湛、用心育人的"双师型"教师；将学生培育为品格端庄、气质高雅、技能熟练的"现代型"工匠。"匠心"在无形中促进着师生共同学习、成长；也在无形中支配着学校稳定、持续发展，从而锻造出一代又一代专注敬业、严谨坚持、敬畏岗位、创新创造气质的有形"工程职校人"。

学校所倡导的"匠心"文化，核心就是要求师生文化育人，重德强技，把"精于工、匠于心、践于行"的匠心特质内化于心，把热爱学习、热爱生活、热爱工作的优秀品质代代相传。

2. 贯穿"两大原则"——传承性、发展性

（1）传承性原则

学校由原"成都市前进职业高级中学"和"成都市技师学院青白江分院"整合而成，我们在理解和建设"匠心"文化时，始终立足工程职校的历史血脉和传统文化渊源，取其精华，去其糟粕，建设能够传承血脉根底的"匠心"文化。教育培养师生特别是学生具有"崇尚精益求精的态度""高度负责、敢于担当的精神""追求和掌握精湛的技能"，从而把热爱学习、热爱生活、热爱工作的优秀品质代代相传。

（2）发展性原则

学校文化建设既需要历史的积淀，更需要与时俱进。构建"匠心"文化，关键是发展。我们在文化传承的基础上，创新地发展"匠艺、匠知和匠气"，使学校文化在传承中发展，在实践中升华。

通过匠心文化熏陶，掌握娴熟的"匠艺"。教师"以德为重、技为先"，学生"以技为本、德为先"，师生相融，师徒和谐，共同历练为专注、敬业、坚持、严谨、技艺精湛的"匠人"。

通过"匠心"文化熏陶，怀揣适应的"匠知"。教师"研究性地教"，学生"研究性地学"，师生共同学习研究技术和技能，形成自己特有的新知识、新技术、新技能，从而具有丰富的知识涵养。

通过匠心文化熏陶，修养个性的"匠气"。师生既掌握熟练的专业技术技能，又具备敏锐发现问题、科学分析问题、恰当解决问题、准确表述问题的特质。就群体而言，志存高远、内心宁静、身怀绝技、敢于独立思考和创新；就男士而言，儒雅、果断、坚毅、大气、勇于担当；就女士而言，优雅、贤惠、内涵、大方，敢于负责，形成工程职校人独特的外显气质。

3. 构建"三大识别"系统——理念、行为、视觉

学校借鉴现代企业CI形象设计思路，在一个核心，两个原则基础上，确立了建"匠心"文化的理念、行为和视觉三大识别系统。

（1）理念识别系统

理念识别是企业独特的文化和价值观的设计与形成。借鉴这一理论，在"匠心文化"的传承与发展过程中，我们凝练出独有的"理念识别"，即："重德强技 自信成才"的校训；"教真育爱　知行合一"的校风；"教而不厌　诲人不倦"的教风；"勤学善悟　学做合一"的学风。以此引领全校师生的思想，凝聚全校师生的精神，导向全校师生"精雕细刻、精益求精、追求完美和极致"的行为，实现学校"满足需求、追求发展"的办学理念，达成"建设西部一流、全国领先的特色型示范性中职学校"的办学目标，更好地服务地方经济建设。

（2）行为识别系统

"行为识别是CI的动态识别形式，行为识别是实现"匠心文化"的关键。为此，我们确立理念识别后，将着力现代学校制度建设和学校特色活动开展，搭建起"匠心"文化的实现路径。

一是突出现代学校制度建设。建立健全制度规范，逐步形成以办学章程为统领，规划、规程、条例、措施、办法、行为规范等为细化配套的现代学校管理制度，明确校长、副校长、中层干部、教师、学生和家长的权利和义务，规范相应岗位的权责，完善考评体系；严格依据学校章程办学，强化民主管理和民主监督，实现全员管理、全程管理、全面管理，凸显学校"有规可依，有规必依，执规必严，违规必究"的规则意识、敬畏意识以及行为规范。

二是重视学校特色活动开展。围绕"匠艺、匠知、匠气"，组建学校威风锣鼓、"小金龙"、舞蹈、合唱、田径、武术、礼仪等15个社团；开展技能文化节、文艺会演、特色大课间等丰富多彩的文体活动；定期举办法制、安全、心理健康、文明礼仪等讲座；组织学生参加国家、市、区级文明风采大赛、文艺会演、体育比赛、演讲比赛、三防演练等活动；创新德育管理模式，开展安全教育、感恩教育、法治教育、职业道德教育活动等，并力争做到特色活动校本化，逐步养成师生的独特"匠心"特质。

（3）视觉识别系统

"视觉识别是CI的静态识别符号，是具体化、视觉化的传达形式。其项目最多，层面最广，效果最直接"。我们在"匠心"文化的建设中，将充分利用其独有的设计，从多方面、多层次，营造浓厚的视觉识别系统，逐步形成独特的办学品格。一是在校徽、校旗、校歌、校服、办公用品标识等的设计上体现"匠心"文化的要义。二是在学校建筑物等的命名上，体现"匠心"文化的要义，如匠心楼、强技楼、立艺楼、杨柳公寓、品味居、功成广场、思齐广场、创业园、书画园、强技路、勤康路等。三是在校门、橱窗、雕塑、宣传栏、名言警句等景观布置和氛围营造上体现"匠心"文化的要义。四是在教育成果载体上体现"匠心"文化的要义，如：结合学校发展传承和培育师生"爱专业、爱职校、爱职业"的情感需要，设计开放式校史室及成果展示厅等。

（三）落实"四大支撑"——教师、学生、课程、物质

学校文化建设既是一个理念工程，更是一个实践工程。在确立工程校匠心文化建设"一个核心""两大原则""三大识别"之后，其必然逻辑就是探究"匠心"文化的实践支撑。通过多年学校文化建设实践证明：教师、学生、课程和物质是实现"匠心"文化建设目标的四大有力支撑。

1. 教师支撑

学校始终践行"依靠教师、关心教师、发展教师"的理念，主动创建"专业教育+教师教育"的教师培养新模式，实施师资队伍建设"五大工程"，即"学历提升、双师培养、新老结对、骨干培养、名师打造"工程，构建"五个保障机制"，即"学历提升奖励、双师奖励、人才引进、教师量化考评和教师企业实践"机制，为教师的成长提供发展平台和机会，促进教师的专业化发展，实现教师专业知识、专业能力、专业品质协调发展，锻造一支"德高、技强、业精"的双师型教师队伍，为建设"匠心"文化和实现办学目标创设坚实的师资基础和支撑条件。

2. 学生支撑

学生既是学校存在的意义，也是学校发展的核心。学校文化建设的重要目标，就是通过"匠心"文化的熏陶，培育学生具备特有的适应社会或行业发展需要的职业核心素养，即特有的职业价值、学习观念、思维行为方式；特有的职业反思能力、创新能力、合作能力、交流能力、自管能力。为此，学校在强化课堂教学的同时，围绕"匠心"文化，探索形成"1321"人才培养模式，即：一个平台——校企一体资源共享开放平台；三条主线——强化公共基础知识、夯实专业核心课程、突出实践技能主线；两本证书——毕业证、技能证；一个机制——学生自治能力培养机制；构建以"学生自治"为核心的"班级—专业部—学生处—学校"和"家庭—企业—学校—社会"两个"四级"德育管理育人体系；建立多维度监测——教学、实训、顶岗实习服务、招生、就业监测，多主体实施——校长、专业部、教师、学生、企业实施，多方式评价——鉴定、比赛、抽考、考试、就业率、绩效评价的"三多评价与调控机制"，让学生在学习中成长、在活动中感悟、在自治中练达。

例如，学校以学校翰墨书画园为平台，传承优秀国学文化；以蓝精灵创业园为平台，进行创业教育，指导各类群体的学生按社会真实场景模拟公司企业创办、经营管理；以创新孵化园为平台，鼓励师生开展小发明、小创作、小制作、小项目、小专利等活动，建设符合学生发展，体现阳光、健康、强技、成才的学生文化。

3. 课程支撑

课程是实现学校育人目标的重要载体，离开课程支撑，目标和理念就可能失去应有的价值。我校"匠心文化"倡导"立德、强技、自信、自尊"的发展理念，突出专业特征和职业岗位特色，这也决定了学校课程建设必须以促进学生核心素养形成和综合发展为着力点。为此，我们除了按照国家规定的职业或行业教育要求开设和建设好核心课程外，更注重校本课程，即"活动课程、实践课程、隐性课程"的开发和建设，形成国家课程、行业课程和校本课程相结合的三大课程支撑体系，这既是学校实施人才培养的内容载体，也是匠心文化建设必不可少的载体支撑。

4. 物质支撑

物化的实体是学校文化建设的基础物质保障。我校将从基础设施、自然环境和人文环境等方面体现"匠心文化"的外显效应上狠下功夫，对全校景观进行整体规划和建设，在建筑风格及布局，主色调、主题展示等方面融入职业素养、人文精神、技能水准、行业标准等要素。将规划出师生作品展示橱窗、专业部展示大厅、学校概况展示区，廉洁文化展示区，党建文化展示区；功能布局上，将建设匠心池、物流园、匠心园、法治园、生态园、励志园、思齐广场、"功成"雕塑等，还将进一步完善开放式校史陈列室、木刻长廊、国学回廊、师生荣誉墙等；各专业实训基地规章制度规范上墙、专业历史典故和文化渊源、知识介绍、知识拓展有序陈列；专业场景模拟、师生教学操作与成果展示、企业文化呈现使校企文化自然融合，充分营造、突出职业特征和职业岗位要求。

力求做到学校的一草一木、一山一石、一语一话都体现出职业学校的环境之美、技能之美、劳动之美、人文之美，从物质实体上充分展示和诠释"匠心"文化内涵。

（四）专业集群建设成效

1. 紧贴市场需求，组建专业集群

立足成都国际铁路港和中国（四川）自由贸易试验区成都青白江铁路港片区建设人才需求，学校以"专业重组、课程重构"为改革突破口，探索建设以"物流"专业为核心的包括电子、计算机、会计、旅游、幼教、汽修等专业的现代服务类专业集群，逐步形成以现代服务类、智能制造类集群为主体的学校专业集群格局。

2. 对接产业优势，打造物流专业

成都市青白江区是国家级经济技术开发区、成都国际铁路港和中国（四川）自由贸易试验区，良好的产业支撑为学校建成物流特色专业，形成物流办学品牌，提供了强大产业支撑。

学校以中德国际化合作项目为载体，通过完善国际化的标准体系、建构国际化的课程体系，着力培养具有国际视野的中德物流仓储专员。

3. 更新教育理念，培养教师团队

教师队伍建设不只是教育改革和发展的保障措施，更是教育改革和发展的根本。只有教育理念先进的优秀教师团队，才能担当起新时期教育事业发展的大任，才能促进教育质量的提升和人的终身发展。学校将依托国内优质的物流教育企业，实施师资队伍建设"五大工程"，构建"五个保障机制"，为教师的成长提供发展平台和机会，促进教师的专业化发展，实现教师专业知识、专业能力、专业品质协调发展，打造一支国际化的师资团队。学校物流服务与管理专业教学团队被评为四川省首批职业教育教学创新团队。

4. 深化校企融合，推行现代学徒制

现代学徒制有利于促进行业、企业参与职业教育人才培养全过程，实现专业设置与产业需求对接、课程内容与职业标准对接、教学过程与生产过程对接、毕业证书与职业资格证书对接、职业教育与终身学习对接，提高人才培养质量和针对性。

学校大胆探索实践，借助成都国际铁路港优质的物流企业，深化校企融合，校政融合，着力构建现代学徒制人才培养体系，全面提升物流人才的培养能力和水平。

5. 携手高职院校，贯通培养标准

学校积极和成都纺织高等专科学校、四川信息职业技术学院、四川职业技术学院、成都工业职业技术学院等高校开展中高职衔接，贯通中高职人才培养标准，中高一体，协同发展，共同培养高学历、高素质技能型人才。学校携手成都工业职业技术学院成立国际产业学院。

6. 企业领办专业，创新办学机制

学校以物流特色职业院校建设为契机，深化与优质物流教育机构——北京络捷斯特科技发展股份有限公司合作，首创引企入校、校企协同育人、企业领办专业人才培养模式，双方从领办机制、领办内容、领办标准等方面进行顶层设计，人才培养供给侧和企业岗位需求侧结构要素全方位融合，充分发挥校企双方在人才培养过程中的优势，人才共育、过程共管，促进校园文化、企业文化和职业文化深度融合，实现人才培养与企业需求的精准对接，确保人才培养水平和培养质量，具有特色鲜明、合作紧密、运转规范、成效显著的特征。

（五）"物流"特色品牌成效

学校物流服务与管理专业是国家改革发展示范校项目重点建设专业，四川省中等职业学校示范专业，成都市首个物流市级重点专业。先后获评"中国物流大奖"最受物流行业欢迎院校，中国职业院校物流专业竞争力百强校（第七），全国仓储管理员资质认证考试中心，四川省中等职业学校示范专业，四川省首批"1+X"证书考核点，成都市职工职业技能实训基地，成都市物流特色院校建设单位，成都市唯一拥有叉车驾驶培训和鉴定资质学校，成都市现代物流职教集团常务理事单位及人才培养工作委员会主任牵头学校，成都京东贸易世纪有限公司人才培养基地，四川物流职教联盟理事单位，德国AHK仓储物流考试培训中心。连续多年承办市、区各级大赛；各级技能大赛成绩突出，荣获国家级比赛三等奖2个，省二等奖2个，市一等奖5个、二等奖5个、三等奖13个。2人通过技能保送大学，升学班大部分学生进入成都职业技术学院、成都工业职业技术学院等大专院校继续学习深造，实现了"对口升学、技能保送、就业创业"的多元化成才格局。省内外中、高职物流专业院校多人次来我校交流学习，四川电视台、成都电视台、青白江电视台、四川新闻网等媒体先后对物流服务与管理专业进行专题宣传报道。

（六）"五化"办学特色成效

学校践行"满足需求、追求发展"的办学理念，坚持"技能固本、人文立校，在创新中走向深刻"的发展思路，最终形成"合作办学多元化、专业发展企业化、课堂教学微格化、素质评价综合化、培训鉴定社会化"为学校的"五化"办学特色。学校将不断丰富其内涵，深入落实各项工作，切实搞好内涵建设，全面提升教育教学质量，搞好学校"后示范"建设，把学校建成西部一流、全国领先的特色型示范性中职学校。

六、未来展望

为实现"把学校办成西部一流、全国领先的示范性特色中职学校"的办学目标，培养有匠心的高素质技能型人才，满足学生、家长、企业及社会的不同需求，更好服务社会经济发展，学校将坚持"匠心铸魂、德技兼修"的思想，提升人才培养质量，培养更多优秀人才，更好地满足社会发展需要。

红旗田野上的"善美教育"实践

□ 成都市青白江区红旗学校　吴红丽

2014年，我很幸运地入选了成都市首批未来教育家培养对象，参加了为期三年的培训。三年里，我们从成都出发，到北京、上海、厦门、中国台湾以及芬兰等地学习交流，最后又回到成都。21人的团队，21颗星，在今后的岁月里践行着"聚是一团火，散是满天星"的团队誓言，在各自的岗位上发出一点热和光。我经历了从大弯中学的中层干部到红旗学校校长的职业角色转变，在红旗学校的田野上实践"善美教育"的梦想。

"善美教育"即通过教育，使师生拥有美好的品格、良好的行为和向善向美向上的追求，树立正确的人生观、价值观和世界观的教育。

知情治校　目标引领

2019年8月18日，我来到了红旗学校任校长。红旗学校是一所建立于1952年的农村学校。作为校长，怎样尽快熟悉教师、了解学校、进入角色成了我首先要解决的问题。通过与行政人员交流、与教师一一谈话等，我发现尽管红旗学校这支教师队伍平均年龄已经46岁，但100%的教师都希望学校越来越好，而且身为红旗人会为学校的变化而感到骄傲。从教师们的谈话中，我也了解了学校发展中的问题：过程管理松散，尤其是落实力差；学校的评价导向不利于提高一线教师的积极性；干部队伍有待激活，干群关系要更融洽；年级组，教研组，处室工作责、权、利不明确；教师校园生活匮乏等。虽然这所学校问题比较集中，但每一个教师从内心发出的对学校良性发展的渴望就是办一所好学校的底子，这正是"善美教育"中美好品格和向善向美向上追求的现实基础，更是追求正确的人生观、价值观和世界观的体现。我从心底里对在这所学校工作过和工作着的同行们充满敬意与感激，教师们的敬业精神与职业态度就是我开展好工作的有力保障。

在对学校情况分析之后，我用心备了第一次在学校教师会上的公开课，也就是第一次教职工大会"我是红旗人——过平凡而有价值的人生"。在这次教职工大会上，我和老师们交流了我们的理想（我们要去哪里）、我们的现状（我们在哪里）、我们的未来（我们怎样去那里）等问题。阐述了我对学校、对教师团队、对领导团队、对职工团队的理解和要求；提出课程强校、科研兴校、特色立校、文化浸校是学校发展的策略；在未来三年里，以制度建设我们的队伍，让队伍在制度建设中变得更有活力、更有战斗力、更有凝聚力，也让学校的管理逐步走向现代化治理。基于对学校历史和现状的分析，我有信心带领全体师生完成2019年成都市新优质学校的检查验收，完成四川省防震减灾示范校的创办，年终考核至少要跨越一个台阶的年度目标。第一次公开课，从老师们的目光与掌声中，我更看见了希望，看见了未来。

2019年11月，在我到红旗学校三个月里，在全体教师和行政团队的共同努力下，红旗学校顺利地通过了成都市新优质学校的检查验收，这犹如给这支队伍注入了一针强心剂，让大家迸发出了久违的热情与自信。接下来的四川省防震减灾示范学校的成功创建，年终考核目标的上台阶都给这个团队带来了目标达成后的喜悦与凝心聚力办大事的勇气。虽然接下来的"甲流"事件影响了学校发展的势头，但被点燃的激情成为这个团队向上、向好的内驱力，成为后来"初中强校工程"实施的不竭动力。

在学校的每一天，我都会到处看一看，和老师们聊一聊，和学生们谈一谈，有时候也说一说、想一想、写一写。三年的时光不长，但看、聊、谈、说、想、写已经把我与红旗融为一体了。我们，就是在共同的愿望与期许中一天天相识、相知、相爱、相互支持地前行着，去挑战下一个目标。

聚焦"善美" 一核四柱

在对红旗学校历史的研读和现状的分析中，结合学校"求真务实、以人为本、实施全面育人、成就精彩人生"的办学理念，"依法治校、科学管理、和谐互动、融合创新，全面推进素质教育和课程改革，内强实力、外塑形象、倾力建设品牌学校"的办学思路，"校园生活丰富多彩、环境整洁优美、师生素养和谐共进、办学水平区域领先、教学业绩同类一流"的办学目标和学校"尚善尚美、成人成才"的校训，"善于心　美于行"的校风，"爱于心　严于教"的教风和"有知有乐　健康成长"的学风，我提炼出"善美"——学校办学的核心词。"善美"二字，都从"羊"会意，其中"善"字，吉也，《说文解字》中从誩从羊，羊有吉祥的意思，吉言为善，本义是吉祥的言辞，引申为吉祥。"善"有心地仁爱，品质淳厚，好的行为、品质，高明、良好、友好、擅长等意义；"美"字，在《说文解字》中为"甘也，从羊从大，羊在六畜主给膳也，美与善同意"。"善美"即为美好的品格，良好的行为和向善向美向上的追求。"善美教育"即通过教育，使师生拥有美好的品格、良好的行为和向善向美向上的追求，树立正确的人生观、价值观和世界观的教育。"善美教育"的表达路径就是将"善美"内化于心、外化于行，关注方向、致力发展。在核心词的基础上，基于对"善美"的理解，我提出红旗学校办学的四个支柱：培育"善美教师"、培养"善美少年"、完善"善美课程"、丰富"善美文化"。

价值引领、专业导向，培育"善美教师"。"善美教师"的培育，是实现"善美"教育的基础。"善美教师"的内在精神气质为：有品位、有格局、有视野、有胸怀，善于关爱、善于引导、善于反思，示范美、情操美、业绩美。红旗学校现有教职工85名，党员26名，学生1120名。2019年底，红旗学校从农村学校过渡到城市学校，但仍肩负着振兴乡村教育的责任和使命。在新的机遇面前，必须团结所有教师，激活每一个教师的内驱力，引领教师队伍向前。

激发教职工的工作热情，实现对教师价值观的引领和专业成长的导向。学校的教职工大会就是学校领导团队与教师交流的主要渠道，就是统一思想、统一价值观的主要途径。学校尽可能策划好每一次教职工大会，传递学校的声音。在教职工大会上，经常与教职工交流价值观、愿景以及对于学校教育运营系统的期望，如"过平凡而有价值的人生——我是红旗人""我们的答卷""认识自己　超越自己""路在脚下""正心育人　正气兴校"等，让全校上下都能够听到和理解管理团队的声音。与个别教师谈心谈话，逐步清除教师中负能量的东西，帮助他们发挥积极作用。通过开展各种活动，如教师节活动、迎新年活动等，让老师们能体会到学校管理团队对他们的关爱，也就能更好地将老师凝聚在一起。鼓励他们多阅读、多交流，眼界开阔了，心胸也就开阔了，负能量也就少了，正气也就慢慢树立起来了，队伍也就更有凝聚力了。

抓好教师专业发展，引导教师"抱团"成长，不断成就教师，让教师不断体会到教育的幸福感。学校通过"请进来、走出去"的方式，通过转转课、公开课、赛课、专题研究、课题研究、微论坛等方式引领教师专业成长。近三年来，我校教师在全国、省、市、区的各类交流、展示、赛课活动、评优选先中屡创佳绩。如我本人先后十余次参予全国、省、市的专题交流或担任主持人，是《教育家》杂志2022年首期封面人物；雷宏老师上省级"生命·生态·安全"示范课，张宇晴老师获市级赛课一等奖，王丽、曾涛、张娇等老师获区级赛课一等奖，杨江老师获成都市优秀德育工作者称号，廖茂老师获成都市学科带头人称号。这些成果都鼓舞着老师不断钻研、不断进步。在中国教育学会和成都市未来教育家联盟的指导和支持下，红旗学校承担了对口支援，指导凉山州甘洛中学的任务，每次选派优秀教师支教交流，对老师也是一种激励和鼓舞。

完善激励机制，推动教师发展。红旗学校2019年成立了"善美"基金，对工作突出的教师、教研组、备课组和年级组进行奖励。不断改进和完善各类评优选先晋级的标准，以此为导向，希望教师们更敬业、更乐业、更专业。

抓好中层队伍建设，夯实中坚力量。2020年1月，红旗学校进行了中层队伍的改选，新加入了5名中层管理干部：学校德育中心的杨江主任、张龙副主任、任麒霈团委书记、教学课程中心的钟春利副主任、行管中心的雷宏副主任。2021年5月，我校承办了"数字赋能　五育并举"研讨活动，来自烟台、长沙、西宁、西安、重庆等地以及成都市百余名领导和教师参与此次活动，活动成功举行，既是对干部队伍的锻炼，也是交流学习的机会。廖茂副校长于2021年底到人和学校任校长，这是学校培养干部的成果。学校要求并引导干部以德为先、以业为本、以能为实，不断地给他们创造学习、成长的机会。希望他们尽快成长为能独当一面的优秀人才，真正成为学校的中坚力量。

校长使命，催生成长。校长最重要的使命首先是发展教师、成就教师、成就学生、成就自己。其次要具有"爱人"的能力，爱每一个教师，每一个学生。再次是要有"行动"的能力和"复盘工作"的习惯，不断为教师成长赋能，把学校办成有温度、有高度的学校。红旗学校在2021年参加"永远跟党走　共颂青江情"庆祝中国共产党成立100周年歌咏比赛教育专场并获特等奖，在2021年综合督导目标考核中获优秀奖，2022年通过成都市艺术教育特色学校的验收。这些团队荣誉的取得，增强了团队自信与荣誉感，进而以更饱满的精神状态，贯彻落实党和国家的教育方针，凝心聚力，稳步向前。

五育并举，兼容并包，培养"善美少年"。"善美少年"的培养是"善美"教育的核心。"善美少年"的内在精神气质为：有品行、有自信、有韧劲、有志向，善于学习、善于合作、善于创新，品格美、素养美、生活美。红旗学校地处城乡接合部，生源绝大部分来源于区内摇号生和区外进城务工人员子女。学生学习起点总体较低，家长对教育的认识不足。这就要求教师要更有爱心、更有责任心，时刻思考"为谁培养人、培养什么人、怎样培养人"的时代命题，把学校"尚善尚美、成人成才"的校训作为根植于红旗学校土壤的价值追求。平等对待每一个人，期待每一个学生都成长为最好的自己。学校以"劳育"为突破口，培养"以劳树德、以劳培智、以劳育美、以劳健体"的实施路径。将"五育并举"落实在常规常态中。如学校的"一日一唱""一日两操""一日三餐""一日三扫"等都在每一天的课堂中、生活里，进而内化为学生内在的素质。学校"以劳育美　美美与共"的创新实践案例获区一等奖。策划并实施好每一次集体活动，让学生在活动中成长，如开学典礼、"六一"儿童节、毕业年级活动、"红旗校友荟"等，让学生在每一次活动中动手、动脑、动心，在活动中获得成长。赏识教育，成就学生。针对学校生源结构多样性的特点，学校提出"进步即优秀"的评价理念，以"赏识"教育促进学生转化和提升，让每一个学生都体会被赞赏、被认同的感受。每学年开学典礼表彰德、智、体、美、劳等方面表现突出的"善美少年"，让家长牵着学生的手走红地毯、走过"善美之门"，走上领奖台。家校社共育，探究成才之路。我们提倡教师走进家庭，了解学生生活背景，家长走进学校、走进课堂，了解孩子学习状态，学生走进社区，参予活动，了解社会。近几年来，我校学生在国家、省、市区各类比赛中崭露头角。2021年，杨秩豪同学斩获"全国中小学信息技术创新与实践大赛蓝桥杯"一等奖；2020年学校在区初中学生运动会中夺得总分第一名，2021年又获全区第三名的好成绩；我校有近30名同学在省、市、区级书画大赛中获奖，如龙菲同学的书画作品《我的父亲和叔叔们》获紫荆杯两岸暨港澳青少年书画大赛四川赛区金奖并入选中国香港决赛。

在"五育并举"的教育实践中，嘉奖每一个孩子、高看每一个孩子、引导每一个孩子、热爱每一个孩子，将学校、社会、家庭，课堂、课外、课上、课下结合。逐步实现没有天花板的教室、没有边界的学校的理想，引导学生成长为知善恶、明美丑、晓是非、守规矩的时代新人，做爱国、爱党、爱家、爱自己的朴素之人。不唯中考，而赢得中考；不唯分数，而赢得人生！培养"善美少年"的教育就是基于人、为了人、发展人、成就人的教育。

以人为本，评价多元，完善"善美课程"。"善美课程"的完善是实现"善美"教育的载体。"善美课程"体系图谱如图6所示。

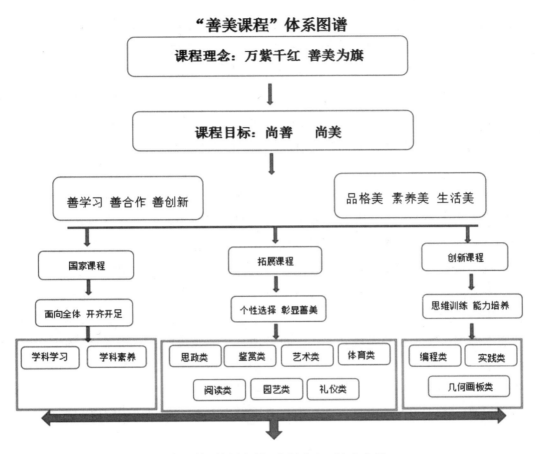

图6 "善美课程"体系

自2021年7月"双减"以来，红旗学校在原课程体系的基础上，结合时代要求、学生特点、教师情况、学校实际不断完善"善美课程"体系。提出课程建设、观念先行，课程建设、课堂首位，课程建设、作业为主，课程建设、多方参与，课程建设、评价助推的主张，并在"双减"背景下进一步完善和实施。

"双新""双减"背景下学校"善美课程"建设的思路在"善美课程"理念和目标之下确定为"1234"，即一个核心：以作业设计与处理为核心，全面提升教育教学质量；两个着力点：以转变教师的"教"与学生的"学"为着力点；三个维度：教师为主导、学生为主体、家长为主要参与者；四个效果：教师"教"的素养要提高、学生"学"的能力要提高、家长参与度要提高、社会关注度要提高，最终实现"万紫千红　善美为旗"的课程目标。面对不同层次的学生，如何因材施教，红旗学校提出"六精"教学要求，即备课精细、授课精彩、辅导精心、作业精巧、评价精当、反思精准。引导教研组、备课组在"备、教、辅、用、测、评"几个方面下功夫，研究教材、研究学生、研究教法、研究学法、研究运用、研究评价。一方面，红旗学校的作业设计与处理以备课组为单位进行研究，根据学科特点和学生特点把基础作业与提高作业相结合，把必做、选做与免做相结合，把书面作业与实践性作业相结合；另一方面，学生自己根据自己学习的情况，提出作业需求，或由学有余力的学生设计作业，形成作业超市，使作业布置有层次、有个性、有共性。

除了不折不扣落实好国家课程外，校本课程的丰富与多元是满足学生选择和个性化需求的重要途径。红旗学校本学期共1120名学生，教师开设的选修课程50余门，有学生社团15个。家长开设的课程和校外资源的引进处于动态变化中。学生根据学校提供的菜单和自己的兴趣爱好选择课程学习，劳动课程是全校必选课程。全校清洁卫生的打扫和保持被分配到每个班级。学校会每天对全校清洁卫生状况进行评比，每周一会在全校进行表扬。学校的小花园课程是初一、初二学生的必选课程。学校在校园里开辟了一块园地，在学校美术教师和部分学生的初步努力下，粗具规模与形态，再分给初一、初二年级的各个班去规划、去打理，让孩子们在栽种、除草、养护和盼望与收获中去实践、去体会、去感受、去分享。小花园课程，让学生走出教室去亲近自然、触摸生命，在观察、探究和实践操作中增长见识与才能，在劳动中获得知识，在团队中获得快乐，在实践中获得答案。通过小花园课程，达到以劳树德、以劳增智、以劳强体、以劳育美的目的。孩子们利用课间进行有趣的社团活动，如课间羽社、课间NBA、课间国球手、课间家政、课间厨房等，丰富多元的校本课程，让他们爱上学校、爱上学习、爱上同伴、爱上老师，让他们在学习生活中呈现出千姿百态的生命样态，洋溢着善美少年的青春活力，为未来人生赋能。家长课程充分发挥家长们的特长、爱好或专业，让他们更好地实现与孩子的互动，这是与孩子之间彼此的再认识、再成长。目前家长课程有职业课程：如"介绍筒灯和射灯""造纸技术""司机的苦与乐"等；文化课程：如"中秋由来""中国美食之饺子""了解端午"等；活动课程：如"编幸运手绳""智力拼图""五角星快速剪纸""绣鞋垫"等；励志课程：如"强者独立　弱者依赖""时间管理""畅谈理想"等。红旗学校在"双减"之后，和青白江区社治办联系，充分利用社区的育人场所，给孩子们提供可以学习、实践的场所。

无论是国家课程、选修课程、学生社团还是家长课程、社区课程，学校的评价都本着"以人为本、评价多元、促进成长"的目的。学校给师生提供广阔的舞台，让他们去思考、去设计、去展示、去分享。让每一个人在"善美课程"中找到自己的位置、找到同伴、找到榜样，每一个人都成为"万紫千红"中的那一个。

内涵发展，启智润心，丰富"善美"文化。"善美"文化的丰富，是实现"善美"教育的核心表达。对"善美"的追求是学校文化建设的核心。围绕"善美"，学校有标志性的"善美广场""善美石""善美赋""善美之歌"以及"善美教师""善美少年"的评选活动。尤其是校徽图案的主图采用"凤凰"造型，因学校毗邻青白江美丽的凤凰湖，而凤凰湖的命名则源于青白江博物馆的镇馆之宝"汉代陶制虎熊龙凤座"，此龙凤座蕴含"凤凰涅槃、浴火重生"之意，也寓意了在振兴乡村教育中红旗学校的新建设新发展具有里程碑的意义。红旗学校办学70年来，传承的红旗精神是：坚韧不拔、自强不息、与时俱进。红旗学校几易其址、几度春秋，但并没有消亡，反而由小变大、由弱变强、由差变优，正是一代代红旗人坚韧不拔、自强不息、无私奉献的结果。在新的时代、新的起点上，红旗精神催生了今天的"善美"文化，而"善美"文化也赋予了红旗精神新的时代内涵。

同心协力　奔赴未来

从2019年到2022年，我在这里观察着、思考着、行动着，也蜕变与成长着。三年里，我亲历了这块热土孕育希望与未来的艰辛，拥抱不确定性的热忱。三年里，我们亲近"善美"，认识"善美"，践行"善美"。有遗憾有喜悦，有失望有希望，有焦灼有定力，但面对每一次挑战，我们都竭尽所能，把过程做到最好，至于结果就坦然地交给时间去评判。

我记得开学典礼家长与孩子们感动相拥的那一刻，孩子们和家长第一次走"善美红毯"的时刻，我记得每一次的教师节活动门口温情的等待、老师们飞扬的神采、师生同台的喜悦，我记得我们第一次走进学生家里进行家访的情形，我记得我们获得成绩时大家的激动、鼓励与赞美，我感受到忍辱负重前行的力量，我感受到这个群体里涌动的热爱与激情，我感受到来自每一位教师、每一位学生的友善与宽容；我看见体艺节里孩子们奋勇拼搏、老师们认真评判的场景，我看见疫情期间上网课时大家团结互助的难忘瞬间……一千多个日日夜夜的点点滴滴就在这样的时刻在我的记忆里，永恒又温馨。

未来是什么？"未来，不是我们要去的地方，而是我们要创造的地方。""善美教育"是什么？就是心怀朴素，以"善"育"善"，以"美"育"美"，让教育中的每一个人都向善向美向上而行。振兴乡村教育，就是激活乡村教育中"人"的活力，坚守与创新并行，使命与责任同在，交上立德树人的教育答卷。带着对每一个生命的尊重与渴望，红旗学校人，值得心心相印，执手前行，一起去奔赴属于我们共有的明天！

把学生放在教育舞台的"正中央"

——至佳中学办学思想解读

□ 成都市青白江区至佳中学　陈　兵

一、提出背景

（一）传统文化

在我国春秋时代，孔子认为调动学生的积极性是教学成败的关键，主张"因材施教"；民国时期，蔡元培针对封建传统教育无视学生特点、违反其身心发展的自然法则，束缚其个性发展而提出了"崇尚自由、兼容并包"的教育观点。这些教育主张和观点均彰显了"以学生为中心"的育人理念。教育，得把学生放在教育舞台的"正中央"。

（二）国家政策

近年来，国家陆续出台一系列的教育改革政策，其主要指导思想是全面贯彻党的教育方针，遵循教育教学规律，落实立德树人根本任务，发展素质教育。以人民为中心，扎根中国大地办教育。坚持德育为先，提升智育水平，加强体育美育，落实劳动教育。反映时代特征，努力构建具有中国特色、世界水准的义务教育课程体系。聚焦中国学生发展核心素养，培养学生适应未来发展的正确价值观、必备品格和关键能力，引导学生明确人生发展方向，成长为德智体美劳全面发展的社会主义建设者和接班人。

（三）地域文化

位于成都北部的青白江区，是成都市最年轻的行政区划。而最年轻的青白江，却有着悠久的历史和辉煌。历代人传承下来的传统人文精神与因建设而乔迁于此的外来精英文化互相交织，形成了一种包容性强、富有创新精神的独特气质，并最终成为青白江代代相传、继往开来的精神财富。

"十三五"期间，在区委、区政府的坚强领导下，在全社会的关心支持和广大教育工作者的共同努力下，青白江区教育事业实现了跨越式发展，教育现代化、均衡化、国际化水平位居全市前列。教育投入逐年增长，办学条件不断改善，教育发展更加公平，教育质量再创新高，教师素质整体提升，教育服务优质多元，对外开放加快推进，教育改革成效显著。

（四）现实基础

随着社会的发展进步以及人们认识水平的不断提高，特别是近年"科学发展观"和"以人为本"思想的提出，教育的内部规律——教育必须适应受教育者身心发展的需要逐渐引起注意并且日益受到重视。为了遵循教育的内部规律，教学活动必须从受教育者的实际情况出发，必须有益于受教育者身心的健康发展。基于此，以学生为中心，把学生放在教育舞台正中央的教育是符合教育内部规律的。它强调了学生在学校里的主体地位，揭示了学校的一切教育教学活动应该从学生的需要出发。

二、内涵解读

把学生放在教育的正中央，每一个学生都是独立的个体，每一个学生都有丰富的内心世界，每一个学生都具有鲜明的个性特征。所以，教师应该紧紧抓住教学实践中难得的教育契机，精准选择教育策略，做到因材施教，"对症下药"，让学生在赏识中不断提高自主学习的能力和自我管理能力，在关爱中完善人格，陶冶情操，阳光、快乐地成长。

在教学实践中，教师只有坚持把学生放在教育的正中央，才能真正满足学生的发展需求，激发学生的潜能，促进学生的全面发展。所以，教师要有一双善于发现的眼睛，用希望点燃学生热爱学习的激情和成人成才的梦想。教师要积极转换角色，甘当配角，把主角还给学生，让学生走向前台，让学生真正拥有发展的话语权和主导权，这样，学生的个性才能得以解放，综合素养的提高才会成为可能，学生的自主发展才会变为现实，素质教育的园圃里才会绚丽芬芳！

教育的艺术不在于传授本领，而在于激励、唤醒和鼓舞。教师只有把学生放到教育工作的正中央，即让学生当"主角"，把主动权还给学生，才能够让学生陶冶情操，完善人格，幸福地成长。

三、文化体系

（一）办学理念

我们秉承"让每一个孩子得到最好的发展"的办学理念，具体解读为：

（1）针对"发展"，我们要做到"三有"：有变化——学校教育就是为了使学生变化，且变好；有进步——无论是智力发展、还是习惯养成，相比于原来都有进步；有提升——学科素养、综合素养、未来素养都有提升。

（2）针对"最好的"，我们要做到"四个最"：最可能的；最充分的；最科学的；最适合的。

（3）针对"每一个"，我们要做到"四个无""六个不"。"四个无"：无嫌弃、无歧视、无挖苦、无体罚。"六个不"：不论天资、不论背景、不问来源、不讲条件、不谈基础、不管现状。

（二）育人目标

我们的育人目标是为培养丰富的人、全面的人、对中华文化有历史感、对外来文化有开放眼光的人打好素质基础。

（三）一训三风

1. 至佳校训：崇德　笃学　强体　创新

它体现了学校办学的思想，是规范师生行为的准则和行动指南。以"崇德"为校训，体现了我校"德才兼修"的人才培养目标。教育者要师德高尚，以德施教、以德治校、以德治学；学生要以德修身、与人为善、和谐相处、学会做人。以"笃学"为校训，要求师生专注学习、潜心钻研，善于吸收优秀文化成果，追求新知，使师有师能、学有学技。"笃学"还强调，要以求真务实的态度做学问，反对虚假与浮躁之风，笃学的高级境界，就是终身学习，并学有所成。以"强体"为校训，要求师生加强锻炼，富有青春、健康和活力。以"创新"为校训，要求师生有敢为人先的创新气魄、勇于超越的创新理念、崇尚科学的创新态度。

概括起来，就是要有高尚的品德，要致力于学问的潜心钻研，要强健体魄，磨炼心智，要不断进取，不断超越自我。

2. 至佳三风：校风——文明、团结、求真、务实

　　　　　　教风——爱生、敬业、奉献、创新

　　　　　　学风——勤学、好问、多思、博览

校风是一所学校师生员工所共同具有理想、志向、愿望和行为习惯等多因素的综合。努力办成学生的乐园、学园，培养德智体美劳全面发展的社会主义事业建设者和接班人，让每个学生能够愉快成长；为教师发展搭建发展和成长的平台，以科研兴校，以教改强校，鼓励教师向学者型、专家型转变；努力创办和谐、平安、文明、创新的一流学校。

教师的爱岗敬业对教育事业的发展、教育工作的顺利进行具有重要意义，把培育教师的敬业精神作为教风建设的首要任务。使全体教师全力以赴从事这个事关人的成长与完善的事业，用爱的甘露滋润孩子的心灵，用真挚的情感完善学生的人格，把爱洒向每个孩子，使每个孩子都能享受成长的快乐。并在工作中倾心努力向前，立志有所作为、勇于开拓、提高自身素质，为学生的成长、成人、成才奉献青春、心血和智慧。

学风必须成为我校学生学习的奋斗目标，努力营造一种"好好学习、天天向上"的学习氛围，激励学生爱学、乐学、会学。积极开展"比、学、赶、帮"活动。要注重培养学生良好的学习习惯，使学生具有勤学好问、积极进取的学习精神。教育学生要爱动脑、勤动手，勇于实践、敢于创新。教育学生，学习中有明确的目标，有端正的态度。

四、实践探索

（一）办学理念深度践行

我们至佳的办学理念"让每一个孩子得到最好的发展"；我们的育人目标是为培养丰富的人、全面的人、对中华文化有历史感、对外来文化有开放眼光的人打好素质基础；我们的校训——崇德　笃学　强体　创新。

这些，不仅是外显的理念，更是根植于我们至佳每个教师心中的坚守。坚定这些理念，基于孩子的成长需要，将理念渗透到学校办学的具体行为之中，与学校的管理创新、课程教学改革、人才队伍建设、环境营造等内容紧密结合，内化在具体行动之中。

（二）办学模式优势彰显

2022年7月，至佳中学校回归公办，实行"两自一包"办学模式。这是一种创新型管理模式，也是一场体制改革，即在区域层面，把人权、财权、事权下放给学校，推行"教师自聘、管理自主、经费包干（简称"两自一包"）管理模式。

我们利用这种模式制定和完善一系列方案：每月绩效积分制方案、班主任考核方案、组长考核方案、行政考核方案、"兼职包"等，打破教师岗位是"铁饭碗"的观念，实行"多劳多得、优绩优酬"转变，更好地提高教师的积极性，促使各部门的工作充满创造活力，最大限度激发教育活力。

（三）学校管理科学高效

1. 率先垂范，靠前服务

行政、后勤工作虽不直接参与教学，但所做的一切琐细、繁杂的工作都是学校教育中不可缺少的，在教育事业的发展中起着不可替代的重要作用，我们坚持"后勤工作必须服务于教学工作中心"的原则，尽心尽力做好后勤服务工作。行政做好带头示范，行政后勤的服务意识要靠前超前，要细致周全。

2. 闭环逗硬，提能增效

我们所做的事情都需要首尾呼应，形成一个封闭循环，我们要跟踪事件的每个环节，即使做完，也需要总结评估、不断再增值。

落实闭环管理的流程：布置—实施—指导—检查—评估—反馈—总结—增值；落实"两情况、三清单"：基本情况、管理情况、问题清单、整改清单、督查清单。各类工作都需要较真儿，每个岗位都需要较真儿；任何类型的管理都先定标准再干活，做得好不好、做得怎么样，可以靠客观状况来评价，而不是靠传言；所有行政、年级主任、教研组长、年级组长、备课组长等都先制定各项工作的标准，科学管理、逗硬管理，让各项工作再上一个台阶。

（四）办学特色鲜明闪亮

1. 以人为本　差异发展

以生为重：我们主张把学生放在教育舞台的正中央，关心学生在校的生活质量。让学生愿意上学、喜欢老师、喜欢学校，其吃、穿、住、行都很愉快。学生评价采用多元标准，不搞大统一。加大对学生的接纳与包容程度，加大对特质学生的关心、呵护程度。

校长信箱：有关学生在班级管理中受到不公平对待、教学中语言不当问题，对学生设计的大课间、空调开放、伙食问题、作业问题、学生间的问题，都会通过校长信箱进行反映，我们都会当成重大事情进行督办。

2. 绿色成绩　智慧教学

学校不断丰富和发展"学导思练小组合作教学模式"，一直坚持"智慧教学　绿色教学"的课堂教学主张。教师智慧教学、学生学习积极性的调动、课堂的管理、师生的沟通、家校整合、问题解决、作业的设计、考题的选择、上课的设计都需要智慧，运用智慧，提高教学质量，提升课后服务水平，切实减轻学生负担，促进学生身心健康发展。

3. 尊重教育　幸福同行

全校践行尊重教育，在行政管理、班级管理、家校协作中，都需要尊重学生，师生是平等的，很多问题解决靠的是"商量商量"，处理一切事务都需要把学生放在一个平等的位置来对待。

员工关怀，生日、大课间、团拜会、重大节日、教师家里的大事及子女读书的事情，学校都形成了机制，全力地帮助解决。让教师感受到组织的温暖、感受到团队的力量，让教师觉得教书育人是一件愉快的事情，提升教师的幸福感。

4. 五育并举　活动育人

每周升旗仪式后，都有经典诵读，以传承经典、弘扬文化，增强对中华历史文化的认同感，培养学生的家国情怀、民族认同、文化自信，让爱国成为深深植根于学子心中的信念。

抓好德育活动，丰富德育载体，创新德育方式，实现德育序列化和规范化。每周日的班主任例会，每周五学生的一周反思，让德育工作落细落实。

我们开展文明之星、进步之星、感动至佳十大人物等评比活动，建立学生成长荣誉体系，营造向上向善向美的校风。加强学生社团建设，加强扎染、合唱、舞蹈、足球等特色项目建设，不断提高艺体教育水平。组织学生实践，培养劳动观念，劳动习惯，初步掌握现代生产的基本知识，基本技能。

（五）让育人环境丰富灵动

我们在上级部门的关心下，加大投入，亮化了教室，翻新了食堂，改善了办学外部条件。我们更注重校园绿化、美化、净化与校园文化建设的有机结合。我们把环境文化与"五育并举"相结合，以润物细无声的方式教育学生，引导学生成长。打造立体化、多维度、凸显主题的育人氛围，达成发展学生全面素质的目标。对于学校内部的"墙、园、廊、道、室"等进行规划。我们结合学校特色，打造知识墙、人文墙等。我们打造"种植园"，选取适宜本地种植的作物种子培育种植，使学生感受劳动的乐趣。廊，我们设置社会主义核心价值观、中华优秀传统文化、爱国主义和法制等方面的德育内容，加强品德修养，强化良好的行为习惯。

五、取得成效

（一）荣誉颇丰

学校先后获评全国青少年校园足球特色学校、全国中小学电脑制作活动"优秀组织奖"、四川省校园影视教育成果"优秀奖"、四川省党组织示范岗、成都市教育系统先进党组织、成都市新优质学校、成都市心理健康教育特色学校、成都市阳光体育示范学校、成都市艺术教育特色学校、成都市中小学生银杏艺术团、成都市读书活动先进集体、青白江区先进基层党组织，荣获青白江区人民政府首届"教学成果奖、青白江区教育科研优秀单位、青白江区优秀教育科研成果展评一等奖等。

（二）教学成果显著

一学期以来，我校迎"双减"浪潮，努力践行"让教育回归本真、让每一个孩子得到最好的发展"的办学理念，坚决落实落细"双减"政策，精心设计"双减"工作实施方案，提高教学质量，提升课后服务水平，切实减轻学生负担，促进学生身心健康发展。

我们狠抓教师培训，促进教师队伍专业发展。通过师徒结对观摩课堂，苦练教学基本功；召开青年教师交流会，给青年教师指路子、压担子，切实提升其才干；创造条件，让青年教师在比赛中成长；帮助青年教师快速成长为学校需要的教师。

我们注重德育研究，提高德育工作的针对性和有效性。管理团队注重对班主任工作指导与帮助，有效促进了班主任素质和能力的提高。高度重视艺体教育，更加彰显学校特色。多渠道、多方位地开展德育活动，通过活动加强学生的思想品德教育，娱悦身心。

我们全力抓好安全稳定和后勤服务工作。我们翻新了操场、装修了阶梯教室，提升了食堂硬件层次，改善了办学条件，优化了学生成长环境。

六、未来展望

未来，我校将以"五项管理"为抓手，以"活动开展"为杠杆，以"五育并举"为原则，以"双减"政策为目标，努力提高学生在校的生活质量，把学生放在教育舞台的"正中央"。各中心、年级、备课组、教研组工作"落细落小"，求变求新，主动变革，闭环管理，逗硬管理，提高管理效能。

始终把教学质量作为学校工作的重中之重。一线教师努力提高"教学模式"使用的效能，认真研究课堂教学的学生参与性，认真反思课堂教学的过手情况，认真分析课堂内外作业的针对性。

所有教职员工不断提升学习意识，努力提升自己的各类素养；加强研究风气，全园参加校内实用课题；要求每个组、每个人都要加入1~2个课题研究中。

进一步抓好德育主题月活动，丰富德育载体，创新德育方式，实现德育序列化和规范化。开展文明之星、进步之星、感动至佳人物等评比活动，建立学生成长荣誉体系，营造向上向善向美的校风。加强学生社团建设，加强扎染、合唱、舞蹈、足球等特色项目建设，不断提高艺体教育水平。

学校定期开展各类团建活动，如爬山、拔河等，提升身体素质，放松心情；开设"教师讲座"，关注教师的职业倦怠，激发教师在教育、教学中的快乐感、幸福感。

总之，未来，我们将通过继续实施精准管理，深化内部改革，积极调适外部环境，坚持特色办学之路，大力培养学生发展的核心素养，力争形成将中等生批量培养成为优秀学生的独特经验，努力把学校打造成都市的品牌初中。

以微达广　以情寓教

——践行"通德"教育

□ 成都市青白江中学　胡德宏　吴晓斌

一、提出背景

（一）传统文化层面

中国古代伟大的教育家孔子提出的"因材施教""有教无类"等教育主张，对现在的教育依然影响深远。他认为知识和道德都是靠学习培养出来的，教育是形成人的个别差异的重要原因；他认为道德是推动历史发展的主要力量。人民教育家陶行知先生教育思想的创新，也表现在培养目标上。他指出新教育应培养全面发展的"人中人"。他在创办南京安徽公学时为学校提出三个教育目标：研究学问，要有科学的精神；改造环境，要有审美的意境；处世应变，要有高尚的道德修养。

（二）国家政策层面

习近平总书记在党的十九大报告中指出，"建设教育强国是中华民族伟大复兴的基础工程"。在全国教育大会上，习近平总书记进一步提出了"加快推进教育现代化、建设教育强国"的新要求。在党的二十大报告中进一步指出："我们要办好人民满意的教育，全面贯彻党的教育方针，落实立德树人根本任务，培养德智体美劳全面发展的社会主义建设者和接班人，加快建设高质量教育体系，发展素质教育，促进教育公平。"伴随着"双减""五育并举""五项管理"等政策的落地落实，标志着教育进入了新时代，对学校教育提出了更高的要求。

（三）地域文化层面

学校地处成都市北部中心青白江区弥牟镇，弥牟镇文化底蕴极其深厚、地域文化内涵十分丰富。究其原因，其实都源自其得天独厚的地理区位，弥牟镇过去号称"八省通衢"，是进出成都的咽喉要道，因为交通便利、环境宜居，所以能够聚集人口，由此带来经济的发展，自然会促进文化的繁荣。可以说，正是弥牟镇四通八达的区位，才带来了文化的融会贯通。

（四）学校文化层面

学校自1956年创立以来，迄今已有60余年。在这半个多世纪的漫长岁月里，学校发生过无数事件，有众多的师生在这里工作学习，取得了令人瞩目的成果业绩，留下了丰硕的精神财富。经过我们的梳理，我们在校史中提炼出六个"通"：建校之初——路在脚下、步步走通；校址地名——有始有终、过程贯通；周边环境——跨越阻隔、终得顺通；校名来历——地名同源、一脉相通；沿革变迁——屡经演变、一脉相通；领导机制——与时俱进、思路圆通。

通过总结学校办学历程，结合学校文化传承，梳理出"通德"作为学校教育主题。

二、"通德"教育内涵

"通德"的"通"与"桐"谐音，是从学校过去的"梧桐文化"中引申而来。但从"梧桐"到"通德"，并不仅仅是利用谐音改变了一个字，我们将其赋予了更为深刻的内涵，接下来将从文化和教育两个方面，进行详细介绍。

（一）文化解读

"通德"一词，从字面上来解释，意为"共同遵循的道德"。从这个含义来说，其具有普适性、共同性、广泛性，可以说是每个人都应该遵从的规范。

"通德"并非我们生造的词汇，而是出自古籍。据考证，其最早出自《史记·平津侯主父列传》："智、仁、勇，此三者天下之通德，所以行之者也。"另外，《隋书·高颎苏威传论》也说："然志尚清俭，体非弘旷，好同恶异，有乖直道，不存易简，未为通德。"可见，"通德"本身就是一个具有文化底蕴、蕴含文化韵味的词汇。

（二）教育解读

如前所述，"通德"本义为"共同遵循的道德"，这在教育领域有着很好的启迪意义。无论是从这个词语本身的教育内涵，还是结合我校的具体实践，都十分贴切。

首先，这表示此主题是贯穿教育的整个过程与全部领域，无论校内校外、方方面面，都可以用"通德"进行概括与指导。

其次，落实到我校的自身具体实际，因为我校的文化底蕴极为深厚丰富，需要一个有力的主题进行统领与凝聚，那么我们必须在这么多的底蕴元素中寻找到其共通点，并使之贯穿，而"通德"则正是其恰当的总结。

更进一步来说，各种文化资源、各种教育主张、各种育人心得，不应该是各自为政、互不相干的，这么多内容就该融合为一个有机的整体，共同为教育发挥出应有的作用，而"通德"恰恰是对这一状态的描述。

三、学校文化体系

（一）教育理念和办学理念

学校秉持"以人育人为通·以文化人为德；以微达广为通·以情寓教为德"的教育理念。

我们认为：教育是关于人的学问，无论教育者和被教育者，都是活生生的人。教育不是流水线上制造的机器，需要倾注情感和心境；所以真正通达教育之人，必然是"以人育人"，将彼此双方都首先以真正的"人"来看待，而不是教育生产线上的"产品"。而教育是不能强行填灌的，需要潜移默化，让人真正从内心受到熏陶，所以最佳的办法，必然是以无声的文化，进行无形之中的熏染，这才是教育的高深境界，也是我们通常所谓"德"的一种体现。

与此同时，教育是以小见大的学问，从细微的角度以至广阔的天地；在这个过程中，还要寓教于乐。如果说，"以人育人""以文化人"是总体的策略，那么"以微达广""以情寓教"就是实施的方案，两者恰好形成一个闭环。

学校的办学理念是"以人为本、面向全体、和谐发展、注重个体"。

人与人都是有差别的，所以适合每个人的道路都不尽相同；成功的道路也不止一条，适合自己的才是最好的。我们的学校，就是要帮助每个人找到最适合自己的那条道路。人生是漫长的，几年的学校时光，在人生中只是短短一程，但这几年的光阴，要为将来一生的成长奠定坚实的基础。

作为学校来说，不仅要关注学生个体发展，还要关注整体的社会效益。学校是社会组织的一员，其从事的教育事业，本身就是区域发展的重要组成部分，所以，学校天然就具有服务地方社会的职能。就我校而言，一方面要发展自身，成为百年名校；另一方面要服务地方，为社会进步的百年大计作出贡献。

（二）学校的一训三风

校训：青出于南·德成于通

校训，对于一所学校而言，是全部文化理念内涵的灵魂之所在；意蕴深刻而又朗朗上口的校训，体现了一所学校的办学传统。在我们青白江中学的全体师生看来，校训是校园文化的精练概括，也是学校历史、文化积淀、人文精神、校园风貌的高度凝练。我们青中人一向认为，校训必然源自学校的主题，包括文化主题与教育主题，随着时间的延伸，校训或许会有变换，但其中蕴含的意义却始终坚持一贯。

过去，我校曾经以"梧桐文化"为学校的文化主题，从中提炼出"求实、创新、开拓、奋进"的校训，这涵盖了我们对校史沿革的回顾、对校园风貌的概括、对教育教学的思索、对师生成长的期望。多年来，激励了一代又一代的青中人，在这一校训的引领之下，创造了无数值得铭记的辉煌。

进入21世纪以来，随着我们对地域文化更持续的挖掘、对学校内涵更深刻的领悟、对办学实践更多元的尝试、对未来发展更广泛的探求，尤其是近年来对学校的文化内涵进行了更深入的梳理，结合学校所在弥牟镇丰富而深厚的地域文化积淀，充分吸取校史之中的宝贵精神财富，全面把握60多年来的办学经验与成果，再紧跟时代发展和教育事业的需要，将学校的主题提炼为"通德"，进一步延展出学校主题语"青出于南、德成于通"，同时也是我校的整体形象宣传语，并将其作为我校的校训。

在这里，校训的前半句"青出于南"，谐音"青出于蓝"。这是人们熟知的成语，寓意着对师生的期望与勉励，是教育内涵的直接表达；与此同时，一个"青"字，直接点明了我们的校名"青白江中学"，除此之外还有更深的含义。"青出于南"暗喻我们的校史，乃至地域文化——青白江区的界河"清白江"，这条河流经的弥牟镇，原本是从新都划分出来的，学校最早的原名也是"新都第一初级中学"。由此可见，学校所在的弥牟镇，原本隶属于南面的新都；学校很多老人都还记得，最初创立的时候，师生们从南面一路跋涉而来，最终扎根于此。所以"青出于南"这简单的四个字，其实暗喻一段历史——学校所在地域的历史，更是学校自身一路走来、从过去到今天的历史。

而校训的后半句"德成于通"，则是整个校训的重点所在。它不仅直接点出了学校主题"通德"，也是对过去文化内涵的传承与发展。"德成于通"的"通"，与"桐"谐音，是从学校曾经的主题"梧桐文化"中引申而来。但从"梧桐"到"德成于通"，绝不只是利用谐音改变了一个字，我们将其赋予了更为深刻的内涵，接下来将从文化和教育两个方面，进行详细介绍。

首先，一个"通"字，是学校所在地域文化的高度凝练。弥牟镇之所以能有数千年文化底蕴，究其根本在于得天独厚的地理区位。在交通不便的古代，弥牟镇作为交通要塞和兵家必争之地，自然很容易聚集人气，也就很容易繁荣发展，自然会带来文化的兴盛。可以说，正是弥牟镇四通八达的区位，才带来了文化的融会贯通。由此可见，弥牟镇的地域文化或者说学校的外部文脉，着眼点就在于一个"通"字，概括了弥牟镇四通八达地理区位下，多种文化底蕴融合贯通的大环境。

其次，"德成于通"更象征着学校多种文化交融，是对我校60多年办学的历程、经验、成果的概括。从德智体美劳全面发展、融会贯通，到初高中完整囊括、一脉相传，再到综合高中、普职融通；直至现在，我们又面临新的转型，即将在新的形势下进行探索……纵观过去现在，我们一直在寻找"通路"——要走出最适合学校自己的道路，这样的路才能走得通。学校的一切成就，都可以用一个"德"来指代，为人的品德、师友的恩德、成长的福德……都要建立在这条"通路"之上。

校风：美德通晓于心·良习躬践于行

校风是学校风气，也是我们前面所说的"基本价值观"的进一步具象化；具体来说，我们校园内的面貌氛围，就要通过校风来体现。在这里，我们着重强调身心的协同合一，只有身心协同，才能真正成为现实。

教风：让学生动起来·让课堂活起来·让效果好起来

这个教风非常浅显直白，就是要调动学生的参与度和活力，须知再好的思路，没有参与进来，则毫无意义。

学风：求知须勤勉自主·真知必融会贯通

学习是自己的事，求知更是长期而全面的系统工程。没有自觉主动地学习风气，就根本谈不上进入学习状态，更不用说勤勉努力了。但勤奋也要用对方向，要将知识真正掌握，必须做到"融会贯通"。这是我们要达到的结果，但这也对我们的学习过程，提出了更高的要求。

四、"通德"教育的具体主张

具体主张是在指导思想的引领下，进一步由内在过渡到外在。它所表现的是，学校在各项具体工作上的呈现风貌与特点。

（一）管理思路：立足校情之内·把握情理之中，严守规章之制·通融机变之间

管理首先要立足于学校的实际情况，即所谓"校情"；其次是严格谨慎，对于规章制度要一丝不苟地遵守。但是管理并非冰冷而无情，在规章之内做到情理通融，在必要的时候随机应变，但又不是丧失原则。这样的管理方式，从目前来看是适合我校的。值得一提的是，这一管理思路是我们受到成都武侯祠攻心联的启发——"能攻心即反侧自消""不审势则宽严皆误"，与我校所在弥牟镇的三国文化，可谓血脉相连。

管理制度：严谨细密·面面俱到·情理交融·运行通畅。制度要严谨，每一个细节面面俱到，这是不言而喻的；但同时也要有人情味，宽严相济、刚柔并用。学校不断建立和完善制度集，始终坚持"从师生中来、到师生中去"的原则，规范流程和执行，其实对于制度来说，最重要的不是制定得如何，而是执行得如何。运行通畅的制度，即使是有瑕疵，也会在实践中不断完善；而束之高阁的条款条文，即使再完善也毫无意义。

（二）团队理念：人人甘于出力·彼此合作通达，完成本职标准·坚持个体精进

教师在学校里具有两层意义：一是个体的能力；二是构成团队之后的集体能力。就团队而言，不在于每个个人的能力有多强，而在于所有人的力量整合起来之后能达到怎样的效果。这就是"1+1>2"的道理。一个优良的团队，不仅要营造出人人奉献、人人奋斗的氛围，更要建设良好的合作机制，让每一个愿意为团队付出的人都能更好地发挥所长。

但是，在强调团队战斗力的同时，绝不能忽视个体能力的提升。所谓学无止境，教师也要不断提升自己，保持终身学习、长期精进，这才能圆满完成本职工作，符合一名"四有"教师的标准。

教师队伍：博学·敬业·奉献·勇毅·灵变。这里列出了五点，前三点"博学、敬业、奉献"都是常规要求。但我们还要求"勇毅"，即做事果决、勇于承担；同时还要"灵变"，善于随机应变，能根据实际需要发挥主观能动性。

（三）**课程体系：通识为根基·个性为亮点·实用为准绳·互补为关键**

课程要扎牢基础，而且不仅仅在于具体的知识点，更重要的是树立学术思想与知识体系观念，这就是所谓"通识"，这比具体的知识本身更加重要。在牢固基础、建立通识观念的前提下，要充分发挥每个人的个性特色；让每个人找到自己的亮点，更要找到适合自己的学习路径。

此外，知识要学以致用，要为将来打好基础，知识门类之间要做到彼此互补，要让学习的每一个知识点都成为未来的养分。这样的课程，才是我们真正需要的，在此基础上建立的课程体系，才是真正具有价值的。

（四）**教育科研：选题多样·研究精深·广泛参与·注重过程·成果切实**

科研应该广泛提倡，要让每个人都尽量参与进来；选题需多样，不仅要涵盖各个学科、各个领域、各个方向，还要鼓励每个人参与自身专业的课题，做到跨学科交融。而且，工作要讲究成效，要具备成果思维，不能虎头蛇尾、华而不实。但同时也要关注每个环节、每个程序，不管最后结果如何，每一步都要有所得、每一步都要有收获。

（五）**教学模式：扎根课堂·开辟阵地·紧扣教材·广泛汲取**

在现代教育中，教学的方式和途径已经多种多样，先学后教、小组合作学习已成为广大教师的共识。在这个基础上，可以将其他途径和模式作为补充和辅助，例如网络教学、外出研学、研究性学习等。但无论哪一种教学模式，都要紧扣目标，以教材为主线，同时又不能拘泥于教材，要在教材的基础上发散，获得更多教材之外的东西。

（六）**课堂风格：专业化·生动化·个性化·科技化·互动化·高效化**

落实到课堂本身，要做到这"六化"。专业化是根本，教师不专业谈何教学。生动化是必需，枯燥乏味的课堂，效果可想而知。个性化是关键，是形成教学风格、建立教学长效的必由之路。科技化是辅助，是现代教育不可或缺的助力。互动化与生动化一体两面，生动的课堂才能带动学生互动，最后达到高效化。

（七）**德育实施：多途径入手·全方位熏陶·高标准要求·普遍化收效**

多年以来，我校以多元化方式作为德育的关键点和着眼点，包括活动、讲座、环境等多种熏陶，形成全方位无所不在的德育氛围，强化学生的自主管理、教师的引导指导。厚植校园文化，助推核心素养落地。引导学生德行发展，激发学生的良知潜能，丰富学生的心灵体验。在这些做法的背后，是高标准严要求，并做到面向大众、成效普遍。

（八）环境风貌：融汇自然人文·和合古往今来·实施潜移默化·助益综合素养

校园环境融自然风光与人文气息为一体，有以植物命名的学校建筑，如：梧桐楼、杨柳楼、玉兰楼、海棠楼、折桂楼等，将传统文化（包括地域文化）和现代诉求熔于一炉。通过无声的教育，力求每一个角落、每一处细节都会说话，最终达到综合素养的整体提升。

（九）育人目标：学有一己所长·展现自我风采，传承古韵新风·筑基辉煌未来

我们的学校，希望将学生培养成怎样的人呢？唯愿每个人都能找到自己的长项、发挥自己的所能；都能在人生道路上，淋漓尽致地展示自我的风采。因为每个人都是独一无二的，每个人的人生都应该拥有与众不同的精彩。

我们不仅引导每个学生探寻最适合自己的道路，也在孜孜不倦寻求自身发展的道路，始终追寻教育的真谛。屹立在弥牟这片土地上，传承古老的文化底蕴，把握时代的风云变幻，将这一切融入教育，指引我们每个人寻找自己的道路；以多元化的方式，创造更多成才的途径。如此，才能让每个人拥有辉煌的未来。

（十）学生评价标准：德行清白无染·治学静定以求；体魄精壮活跃·审美情志高尚；行动晴明手快·心灵晴空不改；交际菁华互近·人生青出于蓝

我们学校要培养怎样的人才？或者说，什么样的人才是我们需要的人才？这里我们拟了八句标准，前五句分别对应德智体美劳五个方面；需要说明的是，第五句既指劳育，也指决断力与执行力。第六句是说，面对诱惑和挫折时，不骄不馁，平常心待之，保持良好的人生态度。第七句则是描述人际交往，因为现代社会不是单打独斗的天下，人际交往的意义怎么强调都不为过；但是要结交良师益友，要让自己成为优秀的人，然后和同样优秀的人互相吸引。

这七句涵盖了我们对学生的期许，也是对人才的定义——有高尚的品德、有扎实的学识、有强健的体魄、有高尚的审美、有强大的决断力与执行力（同时也指动手能力）、有良好的心态、有高质量的人际圈。如此，就能做到第八句——人生青出于蓝。

上述八句，每一句都有一个以"青"加偏旁的字，分别是"清""静""精""情""睛""晴""菁"；最后一句"青出于蓝"可以说是对前面句子的总结，所以单独用"青"字不加偏旁，表示提纲挈领。这就是呼应我们的校名"青中"，使之具有我校独一无二的特色。

五、取得成效

学校以习近平新时代中国特色社会主义教育思想为基本遵循，全面贯彻党的教育方针；以学生发展为核心，全面落实立德树人根本任务；努力拓宽师生多元发展道路，全面提升育人质量，努力探索优质特色初级中学办学方式。

学校遵奉国家大计、践行地方规定，紧跟客观形势、顺应教育规律，严格规范办学行为。教育教学质量逐年提升，完成自定目标，学困生比例逐年下降，关爱随班就读等特质学生发展，注重学生全面发展，培养出三名成都市时代好少年。学生在区运动会、文艺展演、经典诵读写、机器人比赛等活动中获得好成绩，校排球、足球、体育舞蹈、足跑、拔河、机器人等队伍代表区参加市级比赛，均获得一等奖。

努力打造文明、平安、书香校园，为师生发展提供丰富平台。培养出正高级教师1人，四川省教书育人名师1人，20余人次获市区表彰奖励，30余人次论文获各级奖励，教师科研课题参研率达100%，落实"双减"作业设计方案成为成都市十佳典型案例。

近年来，学校先后获得"全国网络教学实验学校""全国青少年校园足球特色学校""北京2022年冬奥会和冬残奥会奥林匹克教育示范学校""四川省现代教育技术示范校""四川省防震减灾教育示范校""成都市综合高中试点学校""成都市先进基层党组织""成都市体育传统项目学校（排球、体育舞蹈）""成都市阳光体育示范校""成都市艺术教育特色学校""成都市环境友好型学校""成都市党建标准化建设示范校""成都市示范家长学校""成都市示范性资源教室"等荣誉，社会声誉和家长、学生满意度有较大提升。

六、未来展望

学校要发展，就要有目标有规划，要沿着既定的方向前进，最终达成相应的愿景。

办学目标：培养时代所需复合型人才·创建当代教坛风采园地。

学校的目标有大有小，可以有无数个具体的目标，但归根结底无非就是两项。一是针对学生的培养，这是办学成果的直接标准；二是学校的整体形象，这是宏观领域的直接体现。

自身定位：现代基础教育优秀学校·区域多元途径成才基地。

学校定位，就是"要做一所怎样的学校"，这里也分为两个方面。我校作为义务教育阶段的初中，首先要在基础教育领域达到优秀；其次要秉承长期以来的多元化发展思路，要为学生提供更广泛的成才途径，并在区域内具有影响力和示范效应。

未来愿景：建设普适融通精品学校·成就个性教育特色平台。

在未来，我们希望学校能在"多元融通"方面成为典范，为现代教育、人才培养提供新的有益经验，并使之具有普适性，让这些经验成为影响整个教育界的成果。在此基础上，真正成为具有我校自身个性，并强化学生个性、凸显个性化成才的平台。

教育应该是一项"不骄不躁不急"的事业，我们任重而道远。义务教育承载着每个家庭对美好生活的向往，承载着推动经济发展、社会文明进步的神圣使命，抓好学校教育，我们责无旁贷。我们将继续不忘教书育人初心，牢记为党育人、为国育才使命，挖掘潜能，开拓奋进，为建设成为老百姓"身边的好学校"而努力奋斗。

"和乐"浸润心灵　实践提升品质

□ 成都市青白江区祥福中学校　魏　林

祥福中学始建于1970年，是一所由青白江政府主办的单设初中。学校位于祥福镇毗河畔，2008年5月原日新中学与祥福中学合并，2011年9月原日新中学改建为公益幼儿园，日新校区学生和教师搬入祥福校区即现在的祥福中学。近年来，祥福中学致力于用"和乐"浸润心灵，用实践提升品质。

一、提出背景

（一）传统文化

"但得身心收敛，则自然和乐"——《朱子语类》，核心是敛。

"若安者可谓简易而和乐矣"——《谢安论》，核心是安。

"正声感人而顺气应之，顺气成象而和乐兴焉"——《礼记》，核心是顺。

"正德以出乐，和乐以成顺"——《吕氏春秋》，核心是德。

敛与安从教育的角度可理解为：环境平安、安全，人们（师生）安心教书育人、读书做人，寓意安居乐业状态。从心理状态上讲，安宁待起的状态。寓意心平气和，宁静致远。还可理解为遵纪守法……顺与德从教育的角度可理解为：学校教育，以德育为先。学校德育要接地气，以人们喜闻乐见的形式开展，以顺乎师生的形式开展，润育出和乐的校园，"和乐"正是学校教育所需要的。

（二）国家政策

2006年，教育局发布了《关于大力加强中小学校园文化建设的通知》，该通知中强调了校园文化建设在中小学德育工作中的重要作用，明确提出要积极推进中小学校园文化建设。其中，全面开展校风、教风、学风建设作为首要任务。

为推进学校校风、教风、学风建设，对内是凝聚力，对外是核心竞争力，好的办学理念就显得尤为重要。

（三）地域文化

祥福中学地处青白江区祥福镇，祥与和近意，经常被写在一起，表示一种美好的社会状态。福与乐也近意，是人们对上述美好社会喜爱的感情流露。

从字面上梳理出：祥福—和乐—祥福和乐—祥和福乐—安祥润和、予福得乐。

（四）现实基础

2009年新班子组建后，学校是两个校区、两套班子（中层）、两种文化、两种管理运行。日新校区教师德育工作扎实有特色，常规管理非常到位，中差生教育管理有特色，学生和教师人数较少，师生思想统一，执行力强，工作很务实，但教师老龄化严重，创新意识和开放意识不足；祥福校区学校师生规模较大，学校实行级部主任负责制的扁平化管理，年级文化强势，学校在绩效改革前聚集了一批优秀教师，绩效改革冲击了部分教师，思想上有一定波动，常规管理年级有差距，但教师素质高，结构好，开放意识、创新意识、质量意识强。两个校区原本就是毗河两岸的两面红旗，互为竞争对手，各有优势。2008年虽合并，但由于校区分隔、文化差异、历史情结等因素，"和""乐"不足就凸显出来了。

两校合并后，首任校长彭兴德提出了"以人为本、面向全体、全面发展、和谐发展"的办学理念，新班子成立后，我们增加了"快乐成长"，依据其中最核心的"和谐发展、快乐成长"提炼了"和乐"两字作为学校核心理念。

二、"和乐"内涵

"和"是中国传统文化的精髓，无论是儒家、释家还是道家，都以"和"为学说根基和修为愿景。佛教以"和"为尚，道家天人合一，儒家的"和而不同"，都充分说明了"和"的历史渊源和传统影响。今天，"和"的意蕴有了与时俱进的时代意义及创新超越，构建和谐社会已经成为我国改革与发展的核心价值与主体愿景。

"和"既是"和而不同"，又是"和谐共生"。学校教育要尊重个体差异，因材施教，实现学生全面发展、和谐发展、差异发展、个性特长发展；还强调学生与教师、学校与教师、教师与家长、学校与社会、各学科、各科室、班主任与科任老师的关系等，处处都要体现和谐。只有在和谐中学校才能更好地发展，学生才能更好地成长，教师才能更加幸福。从学校、教师、学生的"不同"，推向"和"，在"和"中更关注和谐，落脚点在"谐"上。由"不同"而指向"和"，达到"人心齐泰山移"的境界。

"乐"从字源学意义上探寻，是人举着丰收的谷穗跳舞，充满收获的喜悦，"乐"有喜悦的意思；后来又有"乐"（音乐的"乐"）的意思，因为人们举着谷穗跳舞时有节奏、律动，或嘴里发出欢快的喊叫，或敲打一些东西，这应该是音乐的起源；又快乐又有欢庆的反应，这就有了庆祝的意思，有祈愿在其中。快乐是一种人的心境，而从本源上看，它与人的活动紧紧相连。

"乐"（yuè）在儒家形成一种教育的门类：乐教。乐与礼相结合，礼乐在"仁学"体系中互为表里，显得尤为重要。乐是艺术教育，而礼是政治教育，二者融为一体，即现在的德育与美育的结合，"乐"本身就有和谐的意思。当乐（lè）成为心境，儒家又把它与喜爱结合在一起，"知之不如乐之""仁者乐山智者乐水"。乐的内容是十分丰富的，李吉林老师曾这样表达她对儿童的期许：美美地想，乐乐地做。乐教是教育的最高境界——自由审美境界。其境界很高，内涵丰富，不是单纯的、低级的感官快乐，而是有着丰富的内涵。

祥福中学的"和乐教育"就是：尊重学生个体差异，创造适合学生发展的教育，促进学生自主和谐发展、快乐成长，为学生的终身发展和幸福奠基；促进教师的专业发展，提高教师的科学与人文素养，为教师人生价值的实现搭建平台，幸福生活的实现。将学校办成学生的"乐"园，教师的"和"园，家长的"亲"园（和睦的关系、和谐的集体、和暖的精神家园），走出一条属于自己的特色办学道路。

我们期待：走进校园，随处可以看到微笑亲切的教师，随处可以见到笑颜如花的孩子。生生的交往，师生的交流，多了一份快乐，多了一份惬意，多了一份舒服！

三、"和乐"文化

祥福中学校的校训是："修学储能 德才兼备"。

修学储能：原文是"修学储能，先博后渊"，出自当年毛主席在长沙第一师范时，其恩师杨昌济给他的肺腑箴言。1913年，青年毛泽东到"板仓杨宅"请教求学之路，杨昌济即以这八个字告诫于他，意思是在人生道路上，要不断学习，不断储备各种知识与才能，储备生存与发展的能力，先拓展知识的广度，再钻研知识的深度，只有这样，假以时日，方成大果。

德才兼备：是称赞三国东吴奇才鲁肃之语。鲁肃与周瑜并称孙吴双雄。鲁肃之比于周瑜孔明，不分上下，只在伯仲；他才德服人，明智善断。德才兼备，即要有做人的优秀品质和工作的出色才能。

习近平总书记强调，立德树人是社会主义教育事业的根本任务。学校办学要始终牢记为党育人的初心，坚定为国育才的立场，以树人为核心、以立德为根本，培育和践行社会主义核心价值观，努力培养担当民族复兴大任的时代新人，培育德智体美劳全面发展的社会主义建设者和接班人。

我们祥中人深知农村初级中学的使命和责任，因此将"修学储能　德才兼备"确立为祥福中学校的校训，就是希望在初中这个人才成长的关键期，让我们的孩子得到最踏实有效的知识浸润，充分储备他们生存与发展所需的各种知识与才能；让我们的孩子得到最纯正优良的品格濡养，充分养成他们工作和生活所需要的品德与修养；只有修学储能，德才兼备，方可经世致用。

我们由"修学储能　德才兼备"的校训，结合学校的实际又探索出"安祥润和、予福得乐"的办学理念。我们从朱熹的"但得身心收敛，则自然和乐"和《吕氏春秋》的"正德以出乐，和乐以成顺"等古人论述中得出自然天成的"和乐"办学理念。联系我校实际得出了"安祥润和、予福得乐"，"祥和福乐　祥福和乐"的体悟，形成了祥福中学的"和乐"办学理念，其文化核心是"和乐的生命教育"。

"和乐"的文化内涵在于：尊重生命差异，和而不同，让每个生命各有精彩，为师生健康快乐幸福生活奠基。

"安祥润和、予福得乐"办学理念倡导的"尊重差异、和而不同、各有精彩、快乐幸福"是我校一切办学行为的价值标准，是所有办学特色形成的依托，是学校文化的灵魂，是在社会主义主流文化背景下，学校文化的个性化表达。

我们结合学校课改实践进一步提出了"合舟共济、和谐共生、和而不同、张扬个性"的主张，即注重学生的全面发展，尊重学生个体差异，实现和谐自主发展，健康快乐成长。将"让学生做成长的主人，自主和谐发展，健康快乐成长，为学生终身发展奠基"作为办学目标。我们追求学生静下心来"读书做人"，形成"遵规守纪、文明礼貌、行为规范、勤奋进取"的校风；我们追求教师安下心来教书育人，形成"爱岗敬业、奋发奉献、实干善教、为人师表"的教风；我们追求学生"知行合一"、形成"勤学多思、好学不倦、博学实践、学以致用"的学风。

多年来，我校坚持"以人为本、以德树人、以质立校、以特色求发展"的办学指导思想。我们以课程改革、教学科研为突破口，狠抓教学质量，教学成绩五十年来长盛不衰，就是为了学生在知识能力的培养上得到有力的保证；我们坚守"和乐成长、进步即优秀"的育人理念，不仅是遵循成长的科学规律，更是为学生未来的发展留下动力和空间；我们不断推进课改工作，加强学情管理，努力践行学生自主管理模式；我们不断优化"三、二、四"小组合作学习的和乐课堂模式和"创新教育导学读本"的编写工作，以建立"五大校园"——"平安、文明、书香、阳光、和谐"的和乐校园为目标。这些都是为了形成良好的校园文化氛围，为学生搭建更好的储备知识和培养品德的平台，从而完成我们"让学生塑造美好的人性、濡养美好的品格、培养生存的能力、拥有美好的人生"的办学任务。

我们坚持"五育并举"，更以"德育"为首，坚持"德才兼备"；我们"育人先育己"，实施"阳光管理"，创建"三公"领导班子；我们全力实施初中"强校工程"，努力突破办学瓶颈，坚守教学质量不降，却更重视"育人先育心"，关注学生终身发展；我们全力实施"三名"工程，坚持"成人先成己"，加强教师队伍建设，不断提高自身师德和专业素养，努力建设"教师有特色、教学有特点、学生有特长、办学有特色，管理精细、师生精神、课堂精彩、校园精致"的"四特四精"精品特色初中。

四、践行"和乐"

怎样实现我们的美好愿景？2010年我们启动了和乐校园建设——包括"平安校园、文明校园、书香校园、阳光校园、和谐校园"五大校园活动。"和乐"核心价值观慢慢形成和完善，祥福中学重点抓以下几个方面的工作。

（一）"和乐"的学校建设

学校教学质量的全面提高依赖于现代教学手段的程度是众所周知的，条件艰苦、设施简陋、手段落后根本上就无法提高整体教学水平。足额的教育经费投入是教育事业发展的基本条件，教育经费投入严重不足是导致我校基础建设不配套、办学条件落后、教学效率低下的根本原因。因此，我们在积极争取教育局和各级政府的财政支持的基础上，大力解放思想、开放意识、多渠道筹措办学资金的"和乐"发展模式。

首先，挖掘内部潜力，精打细算，节约开支；其次，解放思想，广泛开辟资金来源，主动联系骨干企业、社会团体、知名人士，动员他们积极支持农村教育事业，帮助农村学校改善办学条件；最后，积极争取教育主管部门支持和关心，整合教育资源。

（二）"和乐"的制度建设

教育工作和其他工作的根本不同在于其工作对象是一个个鲜活且潜质无限的，因此，学校管理一靠制度、二靠情感。历年来，学校确定"以人为本、以德树人、以质立校"的指导思想，以"和乐"为核心价值观，坚持依法治校、依德治校，围绕基础教育的改革发展方向，完善了教育教学的各类管理制度，建立健全了科学规范的校园管理体制。通过逐步完善学校的管理制度和运行机制，逐步提高学校管理水平和效率，逐步提高我校整体教学水平和教育科研能力，逐步加强学校精神文明建设和校园文化建设。以完善的管理机制确实保证了学校管理的有序，以"和乐"最大限度激活校园充满生机与活力。

（三）"和乐"创建领导班子

学校领导班子作为一个集体形象，是教师群体的领头羊。在理论学习方面，通过行政例会等集中学习与自我总结等自学相结合，把学习与工作实际相结合，有针对性地开展干部工作交流等活动，既直接或间接地丰富了干部的工作经验，也提高了干部理论水平。

在业务能力提高方面，学校一方面通过要求领导班子成员每学期负责一个年级组，每周至少要听、评一节课，每月进行一次学科或学年质量分析，每学期组织搞好一次年级教师活动等方式来锻炼能力；另一方面多次外派中层干部到北京、厦门、上海昆山等地学习，加强对年轻干部的培养。

（四）"和乐"的教师管理

学校重视人本关怀，积极进行教师培养，引领教师发展。实施"青蓝工程"，加强青年教师的培养；成立祥福中学"毗河苑"教师专业发展工作室，开展祥福中学"毗河讲坛"；建立骨干教师、专业带头人轮训制度，分期分批外出培训研修；积极探索"和乐"课堂教学模式；精心编制祥福中学创新教育导学读本；扎实做好教研、科研工作，促进教师专业成长。

为教师的专业成长提供载体：促进教师转变观念，转化角色；促进教师转变教学方式，引导学生积极主动地学习；促进教师提高教育教学能力，不断反思和改进教学方式，研究、创造、发展、丰富教育教学方法，编写个性的校本教材，逐步形成自己的教育教学风格；促进教师提高科研能力，提升创新能力，促进专业持续发展。

多次组织了语文、英语、数学、物理、化学、信息技术等学科教师到上海、成都、西安等地交流培训学习，并且将先进的理念和教学成果带回学校与全体教师进行深度交流。岳鑫老师在西安进行的"基于网络画板的初中数学实验教学的探索与实践"交流活动收到许多省市教育同行的好评。

积极开展课题实验研究，探索教改之路。区级课题"农村初中安全教育中的现状及对策的研究"等研究工作顺利进行；区级课题"基于核心素养的农村初中古诗词融合教学策略研究"各项研究工作顺利开展；区级课题"农村初中提高学困生英语词汇记忆能力的策略研究"按计划开展研究并顺利完成结题工作；区级课题"农村初中理化生学科渗透国际理解教育的探索与实践研究"顺利开题。

借助多个平台，促进教师的专业成长，积极参加区内各种比赛活动。多年来我校多次参加省、市组织的教育质量监测活动，每次收到反馈结果，我校都会及时组织教师认真研读测评报告，总结教育教学中的经验教训，对好的做法不断发扬强化，对所暴露出的缺陷及时在工作中弥补。根据几年来的监测评价结果，我校有针对性地要求教师不断改善工作。

（五）"和乐"的学生管理

学校坚持"自主管理、自主学习、自主发展"的管理模式，培养学生独立学习生活能力。学校大力培养了以学生会、班委会为主体的管理团队，把育人渗透到学生学习、生活的全过程，确保事事有人管，人人有事管；哪里有学生，哪里就有管理，有效落实了各部门、各学科教学的德育功能及管理教育学生的职责，形成了齐抓共管的良好局面，培养了学生的自主管理能力，减轻了教师的工作负担。

为学生的整体发展、差异化发展提供平台，培养具有健全人格的人：在校本课程中渗透德育，培养学生健全的人格，培养具有现代思想的人，与时俱进培养学生的时代性、先进性。培养具有健康爱好的人，引导学生关注学习与生活，培养学生健康的兴趣爱好。培养具有良好综合素质的人，在校本课程中培养学生的合作意识、交际能力、表达能力、创新能力、心理素质等。培养具有个性特色的人，促进学生健康成长，促进学生的个性化发展。

学校关注学生全面成长，大力发展学生社团组织，成立了学生象棋队、舞蹈队、合唱队、美术俱乐部、田径队、篮球队、"毗河浪"环保队等学生社团组织。丰富的社团活动，丰富了学生的课余活动，提升了学生综合素质。

（六）"和乐"的课堂教学——"324"和乐课堂

课堂就是教师耕耘的自留地，是学生生活的大舞台！

和乐课堂的基础：高效课堂、快乐课堂、生本课堂、幸福课堂。和乐课堂的具体表现：好学、会学、乐学。

"和"课堂，彰显"和谐"的文化内涵。和谐发展是教育的理想境界，是新课程改革极力倡导和追求的价值取向。尊重生命，体现人性，构建充满生命活力的课堂，正是新一轮课程改革大力倡导的教学理念。多种教育方法、手段和谐运用，调动学生学习积极性。整个教学过程，教师乐教，学生乐学，达到娱智、娱情、娱心的和乐境界，提高课堂教学效率。

全体学科教师按照《"三二四"模式中小组的构建和运作》《祥福中学"三二四和乐课堂"教学流程》积极开展课堂教学改革、开展课程标准学习培训，努力进行基于小组合作学习模式下的高效课堂探索，不断完善、充实324的课堂教学模式，其中数学组"网络画板教学与324课堂教学模式的结合"在区内外有一定影响，形成了祥福中学的高效课堂教学特色。

"和乐"课堂，不仅体现在常规学科教学中，兴趣课程也是"和乐"教学的重要阵地。我校延时服务中提供的拓展课程开设17个门类，涉及合唱、青铜剪艺、开心农场、手工、经典阅读、舞蹈、篮球、羽毛球、书法、心理拓展、趣味程序设计、网络画板、兴趣物理等诸多方面，有效激发学生的学习积极性。

五、"和乐"果实

在"安祥润和、予福得乐"办学理念的指导下，2021年祥福中学主要开展了20余项主题教育活动，学生在各级各类艺体比赛中728人次获奖，约占全校学生总人数90%。成功创建的省级无烟学校、省级卫生单位、市级园林学校、市级卫生单位。唐道喜老师被评为区教坛新秀。薛强、岳兴龙、杨梅、张娟、马琳五位老师在青白江区2021年教师试题解答与讲评比赛中获得一等奖。

"和乐"教育是我们校园建设的核心，它为儿童的生命成长提供最适宜的土壤，我们追求给学生幸福体验，让孩子通过自身的努力体验成长的快乐与幸福。"和乐"教育力求让每一个学生，在学习生活中获得成功体验，在交往生活中获得归属体验，在休闲生活中获得审美体验，最终让学生体验生命的精彩。"和乐"教育也让教师获得了职业的幸福感与成就感，在学校这个大家庭中获得归属感，让学校真正成为师生的精神家园。

六、"和乐"未来

"安祥润和、予福得乐"，"和乐"教育一直都在路上。面对未来，我们始终满怀信心，继续用"安祥润和、予福得乐"的理念，培养一批又一批优秀的祥福学子，为建设美丽的祖国添砖加瓦！

课程润泽生命　创新实现价值

——我的办学思想与主张

□ 成都市青白江区龙王学校　巫开金

校长，引领办学思想，倡导办学主张，重在实践和创新。2014年9月底至今，笔者担任龙王学校党支部书记、校长，结合学校实际，深度思考，积极实践，不断完善办学思想与主张。

一、学校发展现状

龙王学校坐落于姚渡镇龙王社区裕康街80号，2006年5月19日，由原龙王中学和龙王小学合并而成，属农村九年一贯制学校。校园占地73.2亩，建筑面积19742平方米，学校绿化面积约1.6万平方米，校园布局合理，环境优美。

2022年春季开学，1~9年级在校学生1908人。学校教职工124人，其中，在编在岗教师110人，在编在岗工人2人，特岗教师2人，学校自聘代课教师10人。在编在岗的110位教师中，研究生11人、本科96人、专科2人、中师1人。中小学高级教师33人，中小学一级教师40人，中小学二级教师33人，试用期4人。省优秀教师1人，省骨干教师2人，市优秀教师5人，市骨干教师7人，区学科带头人4人，区优秀青年教师7人，区骨干教师23人。

学校先后被评为教育部"十一五规划课题先进单位""四川省防震减灾科普示范校""四川省卫生单位""成都市新优质学校""成都市劳动教育试点学校""成都市示范性特教资源室""成都市阳光体育示范校""成都市艺术教育特色学校""成都市绿色学校""成都市依法治校示范校""成都市安全工作先进单位""成都市园林式单位""区安全工作先进单位""区教育技术先进单位""区消防安全'四个能力'建设验收合格单位""区财务管理先进单位""区共青团'青年大学习'网上主题团课工作推进先进单位"等。

美丽的校园里，一群可爱的孩子，徜徉在种植养殖园里，看作物生长，观鱼儿畅游，流露出幸福的笑容。一曲《春光美》，召唤操场上快乐玩耍的孩子们进入"中午静校"时空，安静地学习和休息，动静有致，别样风采。"三学一展"生命课堂，浸润了师生的情与爱，自润、互润、活力四射，春意盎然"润泽"浓。美术馆、音乐教室、舞蹈室、科创室、书画室，发现美、欣赏美、创造美，各美其美，美美与共。学习雷锋好榜样，开学典礼、法治教育、誓师大会、"五四"歌咏，凝聚品格力量，铸就"润泽"人生。

学校近几年来的发展证明："让校园充满成长气息，为师生创造润泽平台"的办学理念得到普遍认可与贯彻执行。"建润美校园　办优质教育"的办学目标深入人心。"课程润泽生命　创新实现价值"的办学思想和主张逐渐成形。

二、办学理念解读

（一）"润泽"文化由来

学校地处姚渡镇龙王社区，周边都是客家人。耕读传家的客家文化，深深影响着校园文化。一方水土养一方人。龙王客家的语言、美食、风俗、舞龙等文化记忆，滋养着这片土地上的人们，不负"龙王"盛名，培育"龙润天下"的情怀。社区和家庭，筑起文明乡风。教师和学生，成就一所校园的担当，相互润泽，成为彼此生命中的贵人。"润泽"，滋润、恩泽的意思，也有"润色""有光泽"的含义。社区中、校园里，有了"润泽"的土壤，有了文化的传承，有了团队成员的奉献与付出，生命熠熠生辉，"润泽"源远流长。

"润泽"文化生长的"土壤"，就在学校及周边。龙王社区，地处丘陵，淳朴的客家文化滋养着这方土地上的人们。客家的舞"旱龙"，龙王庙的祈雨愿景，龙润天下的情怀，孕育一片"润泽"的天地。龙王学校地处偏远农村，很多学生的父母外出打工，大部分学生难以尽情享受天伦之乐，普遍缺少家庭温暖，部分留守学生、少数单亲学生更是渴求"润泽"。

一是教育使命为"润泽"。润泽师生身心，促进健康茁壮成长，以生命影响生命，教育使命必达。二是教育方法为"润泽"。教育方法不是"无雨干旱""洪水泛滥""暴雨滂沱"，而是"春夜喜雨"，春雨"贵如油"，来得及时，春风化雨，润物无声。三是学校使命为"润泽"。龙王学校名要副实，让师生在自润、互润的进程中，实现生命的价值。四是学校实践为"润泽"。课程润泽生命，创新实现价值。学校坚持开展"润泽生命、涓流致远"主题实践活动。以"清白文化"为主题，强化廉洁教育、法制教育，若水清白、润泽生命育德。以"三学一展"生命课堂为主阵地，落实"双减"和"五项管理"，点滴成涓、润泽智慧育智。以艺术相随、润泽人生为主脉络，溢彩年华、润泽美善育美。以阳光体育示范为主目标，向阳而生、润泽身心育体。以课程开发和实践为主基调，沐雨听风、润泽知行育劳。形成五育并举的"润泽"文化体系。

（二）"润泽"文化实践

2016年3月，学校开始生命教育的研究和实践，推行"三学一展"生命课堂，开展种植养殖实践，劳动教育成效明显，"清白"文化进校园，法治文化助成长，"润泽"文化体系逐渐成形，"润泽生命、实现价值"逐渐成为师生共识。

自主生长体现"润泽"文化的校园标识。校徽为绿色圆环，外环为龙王学校的中、英文，内环图案以"龙王"拼音首字母"L""W"，幻化成书本和嫩芽，预示着龙王学校师生共创"润泽"环境；主绿色，生命茁壮成长，走向"润泽"。2006年是建校年，校旗的底色为蔚蓝，体现海天一色的润泽；中上部为校徽，校徽下为"龙王学校"的中英文。校歌为《青春从这里远航》，初中语文组教师作词，小学音乐教师谭凯作曲，"润泽生命、实现价值"是校歌的魂。

2021年成为成都市"新优质学校"，成为百姓家门口的好学校。新时代，赋予校园"润泽"文化新内涵，在培养品行、品位、品性、品格上发力，践行高品质的课程，"五育并举"，立德树人，建"润泽"文化，办品质学校，龙王学校正跨步前进。

（三）"三风一训"释义

办学理念——让校园充满成长气息，为师生创造润泽平台。校园是师生成长的乐园和田园，"润泽"是健康茁壮成长的必由之路。搭建师生彼此润泽、共同成长的舞台，让校园充满成长的气息，凸显生命的活力，是学校的办学理念和使命担当。

办学思路——以润泽之行，达润泽之态。前一个"润泽"为动词，"滋润、恩泽"的意思。后一个"润泽"为形容词，"有光泽"的意思。校园内外，倡导彼此"润泽"的行为，不断实践和创新，达成"润泽"的文化认同，促进学生、教师、学校发展，共同达到"润泽"的状态。

学校发展目标——润美校园，优质教育。"润美"，"润泽"的行为之美，"润泽"的状态之美。校园环境美丽，师生彼此润泽，各美其美，美美与共。

学生发展目标——润美少年，五育标兵。"苗以泉水灌，心以理义养"，明事理，品学兼优。德智体美劳全面发展，主动自润，积极互润，发展特长，进步即优秀，争当五育标兵。心灵美，行为美，成为新时代的润美少年。

教师发展目标——润美教师，人之模范。西汉杨雄《法言·学行》"师者，人之模范也。"教师是人们的模范，有志、有德、有学、有爱。西汉董仲舒"善为师者，既美其道，又慎其行"。唐代韩愈"传道授业解惑"。学高为师，身正为范。

校训——润泽生命、实现价值。教育是生命影响生命的事业。遇上好教师，是学生的幸福源泉。带出好学生，是教师的希望之光。教育的润泽，是初春贵如油的及时雨，是随风潜入夜的润无声。校园和师生，教师和学生，相互润泽，成为彼此的"润泽"源泉。从一方水土中汲取营养，在天地万物中获得滋养，奉献付出，润泽生命，实现自我价值。

校风——沁心润行，知源明流。"沁润"：校园是智慧生成、生命生长的地方，教育是以生命影响生命。沁心，沁人心脾，滋润心灵美，优良的校风给人以清新爽朗的美感。润行，润泽行为，塑造外在美，优良的校风让人自觉注重言行修养，如沐春光之美。知源明流，洞察事物的发展史，才能明其所以然，心怀感恩，饮水思源，共建共享优良校风，如沐春风之美。

教风——春风化雨，善润不争。"雨润"："水善利万物而不争"，水善于滋养万物而不与万物相争，"泉眼无声惜细流"，泉眼悄然无声是因为舍不得细细的水流，聚源成泽，汇聚各种水源成为水集聚的地方。教师善于学习，取长补短，胸怀宽广，海纳百川，以崇高的德行和渊博的学识，源源不断地滋润学生的心田。

学风——自强不息，源润不止。"自润"：只有积极"自润"，才能成就卓越。勤于自润，乐于互润，自己努力向上，不松懈，良师益友，教学相长，师生彼此成为生命中的贵人。多问几个为什么，找到知识背后的本质，追根溯源，深度学习，自立自强，以源头活水滋润身心，终身学习不停步。

三、实施路径探索

（一）创新育人模式，孕育润泽文化

强化"润泽"认同。学校所在地为原龙王镇，2019年底并入姚渡镇，现为龙王社区。地处丘陵地区，气候干旱，客家人聚居，"龙润天下"的情怀，成就一方水土渴求风调雨顺的客家文化——客家语言、美食、舞龙。耕读传家，是客家文化的精髓。在客家文化与校园文化的滋养下，生长出"润泽"文化，理解"润泽"文化。润泽，一种行为，滋润、恩泽的意思；一种状态，形容有光泽。润泽，既是一种科学的教育行为，也是教育的终极目标，通过"润泽"的行为，达到"润泽"的状态。当"润泽"成为常态，成为自觉，就是文化。教育即润泽，滋润心灵，呵护生命，孕育文化。创新"润泽"方式，教育的"润泽"不是大雨滂沱、水旱灾害，而是及时雨，是春雨贵如油，是春风化雨润物无声，"润泽生命、实现价值"成为龙王学校的新校训。有"润泽楼""润美亭""承清苑""传清苑"，清白文化进校园。铺就"法润路"，建好"法治苑"，法润心田。坚持开好每年一度的艺体节，艺体润美。坚持课程开发与实践并重，创新劳动教育，以劳润美。创新五育并举的育人模式，围绕开发与实践各类课程，以校为本，自成体系，孕育土生土长的"润泽"文化。

（二）创新管理模式，健全管理制度

强化党建引领。加强学校党支部建设，落实党组织领导的校长负责制，切实加强党对教育工作的全面领导。加强党的组织建设，积极发展党员，优化年级组党员结构，发挥党员先锋模范作用，提高年级组教育质量和管理效能。落实党支部"三会一课"制度，加强党员培训，增强党性。继续深化"两学一做"，建好"生命灯塔"党建品牌。强化民主监督，按照《龙王学校办学章程》，集思广益，以教代会表决的方式修订完善学生综合评价制度、教师专业发展促进制度、绩效考核制度、教育质量奖励制度、考勤制度等，完善《龙王学校制度集》，按制度办事，内化制度，行动自觉，形成制度文化。修订完善学校"十四五"发展规划，落实年度和学期计划，坚持依法治校和民主管理。每学期召开教代会，审议涉及师生利益的相关制度建设、福利保障、管理改进等。坚持"三重一大"决策制度，提高决策民主性和科学性。落实教代会巡视制度，重点巡视师生关切和家长期盼的教育质量和服务问题，督促改进。强化"双减"落地，完善作业统筹管理机制和公示监督制度，严控考试次数，测试和检查结果仅用于改进教与学，不公布考试成绩和排名。课后服务严格坚持完全自愿原则，丰富课后延时服务课程，提高课后延时服务质量，建立作业、读物、睡眠、体质、手机五项管理制度，加强检查考核，确保落到实处。加强手机和读物管理，保障学生睡眠，保证学生每天阳光锻炼1小时。加强学生视力监测，维护学生视力健康。加强食堂管理，科学配置营养餐，严格审批公示，认真执行，有效监督，确保学生健康成长。强化管理监督，坚持管理就是服务的理念，完善制度，培养队伍，增强服务教育教学的意识

和能力，建通道，给压力，促进服务高效、高质量，制度约束，有效监督和控制，确保精准服务、精准"润泽"。发挥社区、家委会参与学校管理的作用，办好家长学校，坚持开展"校长接待日""校长信箱""食堂陪餐""家长开放日"活动，家校共育，社区协作，有效监督学校管理和治理。

（三）创新评价模式，锤炼教师队伍

完善激励机制，提高奉献激情。教育是奉献的艺术，需要激情，修改完善教职工激励制度，鼓励教师专业发展、潜心教书育人。修订完善《30%奖励性绩效考核方案》《教育质量奖考核奖励办法》《毕业年级教学质量奖考核方案》《教职工竞聘上岗工作实施方案》《课后延时服务实施方案》《评优选先晋职晋级考核办法》等。立足学校发展需求，突出教育教学实绩和全面育人导向，克服唯分数、唯升学的评价倾向，做到民主、科学，激发教师教书育人的积极性、创造性。加强思想政治教育，落实人文关怀和帮扶机制。坚持开展教职工趣味运动会，开展篮球、排球、乒乓球、羽毛球比赛，开展有氧登山活动，促进教师身心健康，增强团队凝聚力。重视法规学习，提高师德师风，强化法律法规学习，提升教师职业道德素养。学校每年组织教师学习《教育法》《教师法》《未成年人保护法》《新时代中小学教师职业行为十项准则》《中小学教育惩戒规则》等，做到知法守法。学习贯彻《关于深入学习宣传贯彻党的教育方针的通知》，学习"双减"和"五项管理"文件，依法治校，依法执教，提高师德师风水平。强化培训管理，提高专业素养，发挥教师发展中心统筹协调资源管理职能，围绕教学内容处理、运用教学方法和手段、组织和管理教学、语言表达、教育科研、教育智慧、协调师生关系等能力的形成，培训培养教师，提升专业素养。开展特色校本培训，本土专家送教到校，坚持开展"双青互动联盟"、"市和区九义联盟"、"成都市第三教育联盟"、区域内集团办学资源交流，培训培养教师。加强教师外出学习培训管理，校本教研有制度保障。家长和社区人士到校参与教学管理评价和监督。每年暑假举办"西江论坛"，每学期开展三次教师集中学习时的"雨润之辩"，教师走上讲坛，自信展示教育教学实践成果。坚持师徒结对，"捆绑"评价，共同发展，鼓励教师加入集团、联盟、本校名师工作室，开展集体备课、听课、上课、研究等，实现自主发展，激励教师参加各级各类赛课活动，以赛促训，快速成长。完善《龙王学校临聘教师聘用考核办法》，择优选择临聘教师，加强培训和帮扶，提高待遇，增强归属感。加大投入，在校本研修、外出培训、资源库建设上发力，让软件不软。整合教育教学设施，加强管理和维护，发挥"润物细无声"的作用，让硬件更硬。在培训和装备的资金保障上，统筹争取、开源节流、精打细算、有序推进。建好德育队伍，提高育人水平，全面加强班主任队伍建设，提升德育实效，提高育人水平。每学期开展一次专业培训，进行一次专题交流，提升班主任工作室引领创新的水平，用好"谭凯名班主任工作室"研究成果，把班主任工作作为晋职晋级评优选先必备条件，激励班主任创先争优。利用社会资源，学校购买服务，配强社团辅导师资，支持心理健康教育队伍A、B级培训，引入专业心理健康教育师资，强化心理健康教育。

（四）创新学习模式，深化课程改革

完善课程体系，厚积成长沃土。在"润泽"文化体系之下，建成五育并举的课程体系，成为师生成长的沃土。将国家课程、地方课程、校本课程有机整合，形成"课程润泽生命、创新实现价值"的课程体系。以课程领导力、执行力作为主要评价指标，以课程"润泽"师生成长，重视观察和体验，探寻生命的意义和"润泽"的价值。国家课程校本化实施，以年级组、教研备课组为单位，开发并实践学科"导学案"，助力"三学一展"生命课堂的独学、研学、导学、展学。学科课程校本化，结合农村学生学情实际，重视跨学科思维和学科融合，形成生本化的学科整合课程。丰富社团课程，实现个性发展。结合校本劳动教育实际，开展种植、养殖、清洁劳动、烹饪、手工小制作、科创等实践体验，增加知识，增强技能，培养热爱劳动、创新劳动的意识和能力。不断实践和完善，形成龙王学校劳动教育课程。每学期春秋两季和暑期，学校组织开展社会实践，逐步完善"生命、安全、国防"实践课程。每年11月第二周，是"法定"的艺体节，师生共创艺体之美。开展丰富的社团活动。建好场馆，补足设备。以专兼职音乐、体育、美术、信息技术教师为基础，招募校内外30多名志愿者作为课程辅导员，开设舞蹈、合唱、绘画、田径、足球、篮球、空竹、太极拳、播音主持、棋社、手工制作等20多类社团。学生自愿报名参加社团，每周三、四下午开展活动。形成独具特色校本课程，培养学生综合素质。践行"三学一展"，达成生命课堂。"独学、研学、导学、展学"，又称为"自润、互润、导润、展润"，不断优化，"四学"一体，"润泽"生命。从教学岗位条件、教学"七认真"、学业质量评价考核等入手，修订完善教学管理制度，统筹制定教学年度、学期、学月计划，教师个人制订教学周计划，教导处、教师发展中心检查督促。组织学习2022版课程标准，严格按课标、教材、教研备课组研究决定的课程计划开展教学，确保课时、难度、进度统一。完善校本研修和集体备课制度。校长带头，行政干部包年级组和教研备课组，深入课堂听课，与教师交流；常态化巡课，查找问题和症结，及时改进，解决问题；参与教研，指导教学研究和教学实践；驻点各年级，指导学生常规和教学管理。建立校本教育教学资源库，开展教育信息化2.0提升培训，信息技术和教学有机融合，提升课堂效益。按照"最近发展区"原理，重视差异化教学、分层化作业、个性化辅导。坚持"进步即优秀"理念，不放弃每一个学生，精准梳理每个学生每门学科的"最近发展区"，做到精准"滴灌"，精准"扶贫"，培养学生自主学习能力。重视随班就读特殊儿童的学习和成长，建立个性化成长档案，开展特殊教育，探索"蜗牛"成长进步理念。完善社会实践，促进全面发展。开展润泽生命的社会实践。组织学生参观科技馆、博物馆、航空港、铁路港，到烈士陵园祭扫，到敬老院慰问老人，走进清平村餐厨垃圾处理厂，走进特色农业观光园，开展植树爱鸟、铁路护路、秸秆禁烧等活动。形成龙王学校个性化的实践体验课程，培养学生的社会责任感、创新精神和实践能力，促进全面发展。

（五）创新成才模式，强化劳动教育

补齐劳育短板，完善课程体系。完善龙王学校"课程润泽生命、创新实现价值"课程体系，完成龙王学校劳动教育顶层设计。从劳动教育基地建设、课程开发、组织实施着手，落实每日、每周、每月、每期劳动教育课程，不断修改完善，形成"龙王学校劳动课程体系"，丰富课程内容，纳入课程管理。立足教学相长，建好师资队伍。师生同劳动，教学相长。重视师资引进和培养，开展手工创意劳动、科创绘画等教学实践和研究。招募种植、养殖、烹饪、家务清洁等劳动实践课的教师志愿者，利用劳动课、课余时间、社团活动时间等开展劳动教育和实践。编撰劳动教育教案，开发劳动教育课程。劳动课教师立足校本，开展学习和研究，在实践中提升能力和水平，利用线上劳动教育资源、外出培训、专家引领等，不断拓展劳动教育的眼界和素养。重视实践感悟，建好校内基地。学校的劳动教育成为育人新途径。与学科教学、德育、美育、体育融合，开展清扫劳动、创新制作、烹饪、种植、养殖等学习和实践。融合学校、家庭、社区资源，利用校内大操场和围墙之间近4亩的种植养殖基地，师生家长齐劳动，体验生命的成长。指导学生对校园内的树木进行养护，体会和感悟"润泽生命"的理念。校园约300平方米的三个生态鱼塘，养殖鲟鱼、锦鲤、大鲵等，开展社团活动，指导学生进行观察、记录、感悟、研究、改进。开展"手工坊"创新劳动，指导学生以稻草、麦秆为原料，进行艺术编织、创意绘画等，培养劳动创新能力。通过军训野炊、植树护林、敬老院打扫、烈士墓祭扫等，培养学生正确的劳动价值观和良好的劳动

品质。落脚习惯养成，优化劳动评价。把习惯养成作为落脚点，丰富劳动实践形式，优化劳动教育评价。将家务劳动、校园清洁劳动、种植养殖劳动、烹饪劳动、手工制作、创新劳动等纳入学生综合素质评价。鼓励学生增强劳动意识，形成劳动技能，养成劳动习惯。引导学生通过辛勤劳动、诚实劳动、创造性劳动，实现生命的价值。奉献实践成果，创造劳动价值。学校劳动教育成果丰硕，荣获成都市"劳动教育试点学校"，成为村社区观赏鱼养殖基地的参观点位。区镇人大代表到校视察后给予充分肯定，养殖技术和课程输出到成都正西液压公司、其他校园、师生家庭等。奉献劳动成果，实现教育创新的价值。青白江区民营商会部分企业给学校捐赠了社团活动物资和设备，成立了"奖学金"，实现社区协作的价值。

四、取得成效

多年来，我们一直坚持"课程润泽生命　创新实现价值"的办学思想和主张，开展"三学一展"生命课堂、劳动教育、"润泽"文化实践和研究，努力让自己"内芯"强大。学校创先争优高歌猛进，教育质量显著提高，师生、家长和社会满意度越来越高。学校形成了"润泽"课程体系，核心竞争力越来越强，建润美校园，办优质教育的办学目标基本实现。

（一）润泽生命"课题研究成果丰硕

"十三五"生命教育规划课题（北师大生命教育中心）"农村九年一贯制学校留守学生、单亲家庭学生厌学心理对策研究"有序推进，被评为"全国生命教育科研先进集体"。"农村学校初中数学提高学困生学习参与度的研究""微课在初中理化教学中的开发与应用""农村九年一贯制学校空竹社团建设的实践研究""九年一贯制小学数学多元化练习设计实践研究"，省级课题"区域内九年一贯制学校课程融合实践研究"子课题"九年制学校编演童话课本剧的融合研究方案""客家文化传承课程融合的实践研究"等科研成果丰硕。

（二）"三学一展"生命课堂初具特色

独学、研学、导学、展学，重视能力培养，"三学一展"，四学一体，课堂成为"润泽生命"的源地和主阵地。立足学生主体，"独学"即"自润"，"研学"即"互润"，"展学"即"展润"；落脚教师全程精准"导学"，即"导润"，生命课堂水到渠成。以学科教师为主，专家指导，研究和实践，国家课程校本化，地方课程、校本课程特色化，"导学案""教案集""论文集""案例集"等成为教学成果，挖掘实践真知，课堂有生命力，学科素养和道德修养双提升。"三学一展"生命课堂初具特色。

（三）劳动教育实践研究初具特色

学校成为首批成都市"劳动教育试点学校"，劳动教育成为育人新途径。与学科教学、德育、美育、体育融合，开展清扫劳动、创新制作、烹饪、种植、养殖等课程开发与实践。调动家庭、社会资源，招募教职工志愿者，建成校内大操场和围墙之间近4亩的种植养殖劳动教育基地。指导学生对校园内的树木进行养护，体会和感悟"润泽生命"的理念。开发和实践校本劳动课程，形成劳动教育教案、论文，开展劳动教育省、市、区校级科研，开展市级劳动教育教研活动。

（四）艺术体育活动课程初具特色

2019年荣获成都市"阳光体育示范校"，2021年荣获成都市"艺术教育特色学校"。积极实践艺体润美的教育价值追求。创新实践艺术体育课程，以阳光体育示范为基准，以美育特色为目标，建好用好运动场、音乐教室、美术馆、舞蹈教室，坚持体润身、美育心，让每个孩子在阳光下茁壮成长。开展艺术体育课题研究，丰富艺术体育社团活动，全员参与，人人示范，艺术体育活动课程成为学校特色亮点。

五、未来展望

办学思想和主张，决定学校发展的高度和质量，我们砥砺奋进，追求卓越。孕育"润泽"文化，推进生命教育，建设润美校园，培养润美学生，成就润美教师。生命因"润泽"而精彩，教育因"润泽"而成功。

今天的龙王学校，"润泽"文化基本形成，"润泽"课程生动实践，师生更敬业，校风更优良，环境更优美，学校在可持续发展上行稳致远。

泉源溃溃　汇流成英

□ 成都市青白江区清泉学校　钟德强

一、提出背景

(一) 传统文化

中国特色社会主义文化，源自中华民族5000多年文明历史所孕育的中华优秀传统文化，熔铸于党领导人民在革命、建设、改革中创造的革命文化和社会主义先进文化，植根于中国特色社会主义伟大实践，积淀着中华民族最深沉的精神追求，代表着中华民族独特的精神标识，是激励全党全国各族人民奋勇前进的强大精神力量。习近平总书记在谈到中国教育事业的发展时，特别注重文化自信，强调文化自信是更基础、更广泛、更深厚的自信，是更基本、更深沉、更持久的力量。坚定文化自信，是事关国运兴衰、事关文化安全、事关民族精神独立性的大问题。"没有高度的文化自信，没有文化的繁荣兴盛，就没有中华民族伟大复兴。"习近平总书记关于教育的重要论述中，处处彰显着中国特色社会主义文化自信。

(二) 国家政策

党的十八大指出：坚持教育为社会主义现代化建设服务、为人民服务，把立德树人作为教育的根本任务，培养德智体美劳全面发展的社会主义建设者和接班人。全面实施素质教育，深化教育领域综合改革，着力提高教育质量，培养学生的社会责任感、创新精神和实践能力。

习近平总书记指出："我们要从党和国家事业发展全局的高度，全面贯彻党的教育方针，坚持优先发展教育事业，坚守为党育人、为国育才，努力办好人民满意的教育。""坚持中国特色社会主义办学方向，坚持以马克思主义为指导，坚持为人民服务，为中国共产党治国理政服务，为巩固和发展中国特色社会主义制度服务，为改革开放和社会主义现代化建设服务。要培养德智体美劳全面发展的社会主义建设者和接班人，大力培养担当民族复兴大任的时代新人。"

《国家教育改革与发展规划纲要》提出的教育重要性和战略目标如下。

教育重要性：百年大计，教育为本。教育是民族振兴、社会进步的基石，是提高国民素质、促进人的全面发展的根本途径，寄托着亿万家庭对美好生活的期盼。强国必先强教，优先发展教育、提高教育现代化水平，对实现全面建设小康社会奋斗目标、建设富强、民主、文明、和谐的社会主义现代化国家具有决定性意义。

战略目标：坚持以人为本、全面实施素质教育是教育改革发展的战略主题，是贯彻党的教育方针的时代要求，其核心是解决好培养什么人、怎样培养人的重大问题，重点是面向全体学生、促进学生全面发展，着力提高学生服务国家、服务人民的社会责任感、勇于探索的创新精神和善于解决问题的实践能力。

（三）地域文化

当前，以习近平总书记为核心的党中央坚定实施科教兴国战略、"一带一路"倡议，四川省明确了构建"一干多支、五区协同"的区域发展思路，成都市正深入落实"蓉欧+"战略，青白江区提出了"陆海联运枢纽、国际化青白江"的总体定位，并提出了建设一流教育强区，教育综合实力达到全市一流水平的总体目标。青白江区提出了"一港引领、双核共兴、四片协同"的总体布局思路（双核共兴，就是主城区和欧洲产业城以青新通风廊道为生态隔离带相向发展，成为青白江南北区域共同发展的双核心，实现繁荣在主城、实力在新城）。清泉学校地处清泉镇，"欧洲产业城"坐落于清泉镇，作为青白江南北区域共同发展的双核之一，学校的发展应当服从于国家、省、市、区改革发展大局，为区域教育质量的全面提升发挥积极的作用，并为区域内的两类高中输送德智体美劳全面发展的优秀生源。清泉学校作为全区五所名校培育对象之一，应当以名校建设为契机，狠抓内涵发展，全面提升学校的办学水平和知名度，努力成为区域名校。

（四）现实基础

清泉学校的前身清泉小学创办于1905年，2008年8月清泉小学与太平中学、云顶小学整合为九年一贯制学校，正式命名为"清泉学校"。学校现有初中部和小学部两个校区，63个教学班，在校学生2900余人，在岗教师189人（在编158人、编外31人）。合校之初，学校的办学一度陷入困境，为破解困局，学校确立了"依法治校 以德治校"的治校方略，以建立健全现代学校管理制度体系为突破口，以民主法治的方式让学校发展顺利走上良性发展的快车道，百年老校再焕青春。多年来，清泉学校一直为实现城乡教育均衡发展，让山区孩子同享优质教育而努力奋斗着。在上级主管部门的关心帮助下，学校坚持走"文化引领、内涵发展、彰显特色、提升品质"的发展之路，坚持课程课堂改革，学校教育教学水平稳步提高，学生综合素质全面提升。现在的清泉学校，校园人文和谐，学生遵规守纪、文明礼貌、积极进取，教师爱岗敬业、勤奋奉献，学校教育教学蒸蒸日上，校风、教风、学风、班风优良。

二、内涵解读

清泉学校位于成都东部龙泉山脉之下，校园内有泉源——百年古井，泉水汩汩而出汇流成溪，故而得名清泉。同时，两条小河从校园穿过。自建校一百余年来，清泉学校正如其名，如一泓清泉滋养着清泉学校，滋润着师生的心灵，陶冶着师生的情操。水的品质给人以智慧和启迪："上善若水，水利万物而不争，处众人之所恶，故几于道。""天下之至柔，驰骋天下之至坚。""智者乐水"，体现了一种智慧与求知精神；"水滴石穿"，体现了一种以柔克刚的坚定精神；"海纳百川"正是学校教育的包容精神；"碗水端平"体现了教育的公平精神，以及学校管理崇尚法治的精神；"泉源溃溃"体现了学生的奔放活力。这些都和学校的价值主张一致，即遵循学生的成长规律，培养学生清泉那样纯净无瑕的心灵、长流不息的意志、温和善良的品性和叮咚奔放的活力，让孩子们在泉水滋润下茁壮成长。基于此，我们确定了学校的核心文化——"泉文化"。提出了我们的办学理念——"泉源溃溃，汇流成英"。

水遍布天下，给予万物，并无偏私，犹如君子的道德；所到之处，万物生长，犹如君子的仁爱；水性向下，随物赋形，犹如君子的高义；浅处流动不息，深处渊然不测，犹如君子的智慧；奔赴万丈深渊，毫不迟疑，犹如君子的临事果决和勇毅；渗入曲细，无微不达，犹如君子的明察秋毫；蒙受恶名，默不申辩，犹如君子包容一切的豁达胸怀；泥沙俱下，最后仍然是一泓清水，犹如君子的善于改造事物；装入量器，一定保持水平，犹如君子的立身正直；遇满则止，并不贪多务得，犹如君子的讲究分寸，处事有度；无论怎样的百折千回，一定要东流入海，犹如君子的坚定不移的信念和意志。不断涌出的泉水就像初入学校的学生一样，充满活力，但是没有明确的目标，通过学校的教育，让他们找到努力的方向，成为国之英才。我校的办学理念高度契合学校的地理形势与校名（泉、河）。从学校层面的角度看：源远流长的发展，成就学校的今天（传承），坚持不懈的发展，成就学校更好的未来（英名、品牌、示范）；从教师层面理解：教师作为学生的领路人，自身也需要不断地学习先进的教育教学理念和技术，不断地创新教育方式，这样才能成为教师中的英才，为国家培养更多的人才；从学生层面角度看：每天进步，不断进步，汇集起来就成为国之英才、国之栋梁。这也就是师生精神"学习、吸收、创新、改革"的集中表现，也是"泉文化"精神所体现出来的奋发向上与坚韧毅力。

三、文化体系

办学理念：泉源溃溃，汇流成英

育人目标：培养"会体验、善领悟、重坚持、净心灵"的时代新人

校训：勤奋自强，厚德载物

校风：善利万物，锲而不舍

教风：循循勉勉，润物无声

学风：灵动善思，水滴石穿

管理理念：循理而行，不遗小间

教育理念：水润万物，渐以成之

办学特色：体悟式教育

四、实践探索

（一）以制度护航，实现管理规范高效化

坚持依法治校，通过多年的完善和实践，以章程为核心，一套科学合理、高效规范、职责明晰、公平公正、奖惩适度、调节有力的现代学校管理制度全面建立并有效运行，实现了学校管理规范化。同时，坚持刚性执行与人文关怀相结合的原则，既确保制度的严肃与权威，也体现以人为本，学校管理呈现出科学、法治、人文、文化的特色。

建立内部督导工作机制，坚持教代会巡视制度，充分发挥代表们民主参与、民主管理、民主监督的作用，有力地促进了学校各项工作全面提升。

结合"区管校聘",坚持实施双向竞聘选岗,优化了现有师资配置,增强了教师的危机意识、竞争意识、质量意识、协作意识。

严格而全面的绩效考核,"多劳多得、优绩优酬"的分配原则,充分地调动了全体老师的工作积极性,促进了学校教学质量的稳步提升。

(二)以文化浸润,助推校园环境特色化

坚持文化兴校,打造优美的校园环境,构建独特的校园文化。校园里,绿荫下,"清泉源""慧潭""灵溪""濯池"等系列泉文化景观美不胜收,无不让人感受到"水润万物 渐以成之"的泉文化内涵;"普法大道""法制文化长廊""法治文化回廊""法制文化广场""法治文化活动室""模拟法庭"等法治文化景观匠心独运,处处洋溢着"公正、公平"的法制气息。文化景观的打造,营造了校园浓厚的"泉文化·德教育"的文化氛围。

文化景观是外在体现,精神育人是内在灵魂。催人奋进的《清泉之歌》、法治与泉文化汇融的校徽、乖巧伶俐的泉宝宝、充满正能量的校刊《泉水叮咚》、内涵丰富的《泉润》系列、凝聚传统智慧的《国学经典》系列、记载发展历程的校史馆及《百年校志》……这些集中体现泉文化核心价值的精神力量,在潜移默化中塑造品德,在春风化雨间润泽心灵,浓厚的校园文化氛围,让师生在耳濡目染中,实现潜移默化。

(三)以课程依托,促进育人模式多元化

致力于课程建设,将课程体系建设纳入学校顶层设计,构建了以"实践育人"为核心理念的课程体系,使课程发挥育人主渠道的作用。学校基于对"泉文化"内涵的理解,遵循"五育并举"的总体原则,课程建设突出"体悟式教育"特色,主张在"体验中学习、在学习中领悟",直至达到"体验丰富、领悟深刻、勤奋自强、心灵纯净"的效果。

清泉学校"体悟式教育"课程内容框架包含国家课程、地方课程、校本课程三大板块,其基本架构如图7所示。

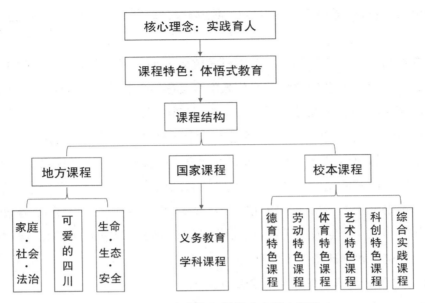

图7 "体悟式教育"课程内容基本架构

其中校本课程分为六大板块，内容涉及"德智体美劳"，集中在周三下午和课后延时服务开展，既落实了"双减"政策，又促进了育人方式的变革，使孩子们得到个性化发展和全面发展（见图8）。

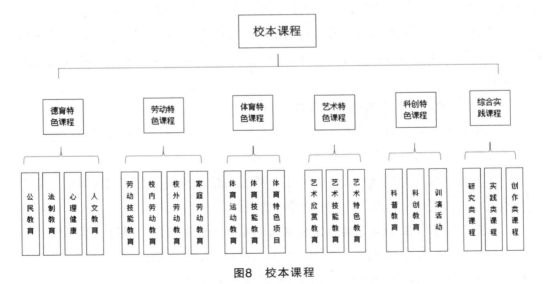

图8 校本课程

（四）以科研领航，促进课改工作常态化

坚持科研兴教，科研强校。作为一所乡村学校，现有省、市级课题各1个，区级课题5个，校级课题13个，学校科研氛围浓厚，教师的科研水平和专业能力不断提升。

在各级科研课题的引领下，以学科研究为阵地，深入探究体悟式教学的方法和策略，将体悟式课堂教学与数字化教学深度融合，提升课堂效益，将课程建设和课堂改革不断向纵深推进，开发校本教材20余门，"一导三学"导学读本经过九次修订日臻成熟，《国学文化》全套六册刊印成册，法制教材已成系列。

在原有"体悟5+1"生动高效课堂教学模式的基础上，正在探索"一驱四环、三阶递进"（以高质量的问题来驱动学生的好奇心、求知欲和探究欲，以高质量的问题来驱动学生的体验、领悟和实践；以体验、深究、领悟、活用为教学的四个核心环节；引导学生依次从经验水平提升到理解水平和实践水平）。课改活动丰富多彩，促进了教学质量稳步提升。

（五）以德育奠基，促使学生学习自觉化

学校积极探索"养成教育"的有效途径，努力实现学校"自主管理、自我完善、养成规范"的德育目标。本学年正在强力推进"三级七模块"智慧德育管理平台，探索智慧德育管理模式，探索以"三管齐下"为课程结构的"参与式德育"体系。"常规常在、常规常态"是我们的德育追求并基本得以实现。统一着装、文明有礼、整齐坐姿、列队出操、文明进餐、诚信应考已成为学生自觉。

建立三级学生代表大会制度、学生自治纠纷调解制度，尊重学生自主管理的主体地位，推进学生自治，培育学生民主法治意识，提升法治素养，实现校园人文和谐。

（六）以常规为本，落实教学管理精细化

教学管理始终坚持"常规为本、落实取胜"的策略。认真落实教学"八认真"工作，严格评价考核，教学管理努力做到规范、精细。

实行教学常规免检制度，让教师工作更加主动、积极。真正取得免检资格的教师反而做得更好，起到了良好的激励示范作用。

成立三级家长委员会，建立家校共育体系。实行家长督导制度，聘请家长督学，参与学校教育教学管理，切实落实家长对学校工作知情权、参与权、评议权，有效促进了学校各项工作的进一步改进和各层面主体责任的落实。

（七）以法治引领，实现教师队伍专业化

作为一所农村学校，学校采取了一系列措施，努力构建一支奋发向上的专业化优秀教师队伍。坚持民主法治，滋养教师法治精神。坚持共创共享，凝聚教师奋斗精神。坚持构建团队，培养教师团队精神。坚持考评激励，激发教师进取精神。坚持竞聘上岗，端正教师工作态度。坚持学习培训，提升教师专业能力。坚持名师领航，发挥名师群雁效应。坚持"青蓝工程"，促进新教师快速成长。实践证明，这些措施的实施，让清泉学校的教职工法治意识、规则意识显著增强，遵规守章已成为教职工行为自觉。教职工的竞争意识、责任意识、合作意识、质量意识极大增强。"比、学、赶、帮、超"的良好工作局面全面形成，教师整体素质全面提升。

五、取得成效

近几年来，学校先后荣获青白江区教学工作先进单位、青白江区首届"课程建设成果展评"一等奖、青白江区首届"教育科研成果展评"二等奖、青白江区首届"美丽校园，幸福学堂"；成都市首批新优质学校、成都市依法治校示范校、成都市阳光体育示范校、成都市数字校园、成都市文明校园等21项市级荣誉；四川省文明校园、四川省依法治校示范校、四川省校园安全先进单位、四川省园林式单位等7项省级荣誉；全国"十一五"科研规划课体研究先进科研单位、全国青少年普法教育先进单位、全国青少年校园足球特色学校、全国青少年冰雪项目特色学校、《青少年国学大会》国学教育基地校、国家级防震减灾示范校等6项国家级荣誉。

六、未来展望

学校将借管理体制改革之东风，积极探索党组织领导下的校长负责制试点，以名校建设为抓手，按照"高位求进、树区域品牌"的发展定位，继续健全和完善现代学校管理制度，加强校园文化建设，强力推进课程建设和课堂改革，全面提升教育教学质量，努力将清泉学校办成一所以"泉文化·德教育"为内涵的独具乡村风韵的品质品位特色学校，成为区内领先、全市知名、全省有一定影响力的农村九义名校。

当前，清泉学校面临前所未有的严峻挑战，但也有着发展史上非常难得的战略机遇。我们将怀着强烈的使命感、责任感与紧迫感，开拓创新、勇于实践，坚持"五育并举"，大力实施"双减"，为早日建成区域名校而努力奋斗，让远在山区的孩子同享教育蓝天，共沐教育之光！

建构高品质育人体系　聚焦办好高质量教育

□ 成都市青白江区城厢学校　徐　磊

一、学校基本情况

（一）学校区域地理

"在城曰坊，近城曰厢"。城厢学校地处历史文化积淀深厚的城厢古镇，建镇历史至今已有1400多年。城厢古镇原为旧时的金堂县府所在地。城厢镇历史悠久，人文底蕴丰富，是宋代名家谢湜、辛亥英雄彭家珍、现代哲学史家贺麟、当代诗人流沙河的故乡。

学校毗邻内陆开放高地国际铁路港，是贯彻落实"一带一路"倡议和成都构建"国际陆海联运"走廊的重要载体。港区拥有国家级经开区、自贸区、综保区、陆港型国家物流枢纽和中欧班列集结中心示范工程等多张国家级名片。

（二）学校根魂追溯

"绣川书院"，始建于宋代，位于城厢镇东街，初名金堂书院，乾隆十六年（1751年），依据附近有绣川河之故，更名为"绣川书院"，它是城厢学校的前身，城厢学校1905年建校于绣川书院内。

"绣川书院"曾是四川省成都地区最大的书院，晚清川西地区最活跃的书院，也是目前四川省至今保存最为完好的古代县一级的最高学府。以"博学多能养成佳士，依仁游艺勉作通儒"为教育理想。

（三）学校发展历程

青白江区城厢学校始建于清光绪三十一年（1905年），学校于2007年2月由城厢镇辖区的四所学校合并而成，是一所既具有浓厚历史底蕴又融入了国际化视野的九年一贯制学校。目前，学校占地80余亩，在校学生2391人，小学33个班，初中21个班。教职员工207人，其中中小学高级教师有61人。

学校尊重绣川书院这一文化源头，延续其文脉、文化、文德与美德，传承和挖掘"博学多能养成佳士，依仁游艺勉作通儒"的办学精神。秉承"城厢仁风、绣川文韵"校训，认真贯彻党的教育方针，落实立德树人根本任务，依托课程、课堂、课题，打造有品位、有品相、有品格、有品牌的高品质学校，深化推进学校"德智体美劳"五育五兴，着眼学生的现在和未来，构建学校特色育人体系，致力培养全面发展的时代新人。

学校先后获得"全国青少年校园足球特色学校""四川省艺术特色学校""成都市阳光体育示范学校"等多项国家省市级荣誉称号。

二、党建引领　铸就品牌

我校坚持党建引领，实行党组织领导的校长负责制。严格贯彻落实《关于加强中小学校党的建设工作的实施细则》，结合学校实际，牢牢把握"提升组织实力、发挥堡垒作用、党建引领发展"这一根本，以标准化创建为抓手，利用"带、抓、做、促、验"5个方法推动党建标准化建设。实施"三大工程"，全面加强党的领导。

（一）明方向，实施"领航工程"，强化政治引领

加强党对教育事业的全面领导，以习近平新时代中国特色社会主义思想武装头脑、指导实践、推动工作。学校现有教职工党员49人，全部活跃在教学和管理一线，其中半数以上担任学校中层干部和年级组长、教研组长、备课组长等管理职务。

（二）搭平台，实施"强基工程"，党建带"团、队"建设

强力推进党建与教学、科研、管理、服务深度融合，把党的领导落实到办学治校全过程，指导学校共青团和少先队建设。学校团组织和少先队组织机构健全，活动丰富多彩。

（三）抓责任，实施"先锋工程"，全面争优创先

以高质量党建引领学校高质量发展，建立"绣川星火"党建工作品牌。

三、"仁爱"育人　坚守初心

2014年9月9日，习近平总书记在北京师范大学看望师生时强调"教育是一门'仁而爱人'的事业，爱是教育的灵魂，没有爱就没有教育"。要求全国广大教师做"有理想信念、有道德情操、有扎实学识、有仁爱之心"的"四有"好老师，为发展具有中国特色、世界水平的现代教育，培养社会主义事业建设者和接班人作出更大贡献。

人民教育家于漪2021年接受央视网采访时说道："中国的教育绝对不是培养自私自利的人，见钱眼开的人，要培养有仁爱之心，悲悯之心，为人民造福的人"。

城厢学校地处城厢镇，城厢镇濡染儒家文化，儒家文化的核心就是"仁"，仁者的风范、气度、韵致、教化，构成了人文城厢的重要特征。

儒家的"仁爱"思想，是我国传统文化的核心思想，在几千年的传承过程中得到了不断的丰富和充实，深深积淀于国人的血脉之中，成为中华文化的瑰宝。这些闪耀着仁爱之光的理念，已走出国门，流惠世界。

城厢学校围绕"仁"的三个教育角度：

1. "人也"，将人作为一个真正的人看待；

2. "爱人"，把他人当作平等的人对待，尊重他人，爱护他人，关心他人；

3. "克己复礼为仁"，约束自己的行为使其符合于礼的规范，求仁完全是自觉的。

学校梳理仁爱教育思想，认为"仁爱"的核心就是要以人为本，一切从尊重人、关怀人、爱护人、发展人的目标出发，让国家和民族达到和谐的最佳状态，从而形成学校办学理念体系：

教育理想：仁爱教育

育人目标：文才雅致　爱满天下

育人理念：以爱立人　以文化人

校训：绣川文韵　城厢仁风

校风：文质彬彬　爱满校园

教风：敬业乐群　爱生立人

学风：乐学明志　自强不息

学校继承和发扬中华民族"仁爱"文化思想，实施"仁爱"教育理想，深挖绣川书院办学精神，以"尊重、理解、关怀、热爱"为基本内容，发扬"自爱、自尊、自强"精神；以"尊重他人、理解他人、关心他人、欣赏他人"为基本要求，以人为本，以爱立人，以文化人，传承民族文化，涵育民族特色，铸炼中国风骨，涵养世界格局，培养文才雅致、爱满天下的城厢学子。

四、物态入手　彰显特征

学校以"仁爱"价值追求为主线和特色，在"天府文化"大背景下构建"仁爱"物态文化，对校园文化进行系统主题设计。文化景观设置了书文苑、文韵苑、城厢苑、立仁路、尚理苑、崇文苑等九个主题景点，景观设计与城厢古镇建设结合，与川西民居的校园建筑风格协调，紧扣校训，体现古朴厚重、仁爱书香的特点，达成传承和教化的育人目的。

学校廊道文化分别以养慧、活文、赏艺为主题设计。一楼廊道文化与"尚理苑"照应，以"养慧"为主题，其主题语为"童年的精彩绽放　智慧的无限光芒"，用橱窗形式，展示古今名人关于"仁爱"的格言，让学生明白做人做事的道理，达到启智目的。二楼廊道文化与"崇文苑"照应，以"活文"为主题，其主题语为"文学智慧　诗意人生"，用橱窗的形式，呈现我国古代文学家、诗人的简介和经典作品的导读，让学生享受美文的大餐，从而激发学生读书作文的兴趣。三楼廊道文化以"赏艺"为主题，其主题语为"灵动画笔　创意人生"，通过师生艺术作品的展示，彰显学校传承绣川书院办学精神所取得的丰硕成果。

五、注重实践　全面培养

（一）建设体现"仁爱"价值追求的课程文化

学校站在课程的高度实施仁爱教育，以"因材施教、缤纷多元"为原则，根据学校课程实际，建设和优化学校课程体系，形成"一点多面的绣川体系"。学校课程建设包含国家基础课程、学校拓展课程、学校社团课程、学校项目课程等。课程建设不断满足学生全面素质发展的需要，为学生的终身发展奠定基础。

学校国家课程主要开设体育与健康、品格与交往、思维与创造、语言与人文、艺术与审美、自然与应用、地球与生命七大类。体育与健康包括心理健康、体育；品格与交往包括道德与法治、生命·生态·安全；思维与创造包括数学、信息技术；

语言与人文包括语文、英语、历史；艺术与审美包括音乐、美术；自然与应用包括物理、化学；地球与生命包括地理、生物。

学校拓展课程主要开设有经典诵读、艺术、健康与安全、生活技能、创客坊五大类。经典诵读包括晨读、国学经典、国际理解；艺术包括书法、花式跳绳；健康与安全包括韵律操（大课间跳的操）、护眼小能手、自救与逃生；生活技能包括社交礼仪、劳动技能；创客坊包括风车工作坊、科创。

学校开设的社团课程有：绳舞飞扬、国球、足球、篮球、排球；少儿编程、机器人；线描人生、软笔书法、硬笔书法；剪纸、管弦乐、合唱、健美操、舞蹈、非洲鼓等。

学校项目课程主要开设时间节律、地域特色、主题创生三大类。时间节律包括节日庆典、国旗下、成长课程；地域特色包括校园环境课程、游学课程；主题创生包括初中数学导学案、小学语文导学案、音乐校本教材系列、美术乡土教材、体育特色活动跳绳教材、初中物理导学案、初中地理导学案、初中历史导学案、小学语文"国学经典"选编课程。

（二）建设体现"仁爱"价值追求的德育文化

学校立足新时代新要求，以爱国主义教育、公民道德教育、社会主义核心价值观教育为重点，加强思想道德建设，筑牢学生理想信念根基，扎实推进德育课程、德育队伍、德育过程"三项建设"。

1. 完善"绣川"德育课程体系

基于"全人"发展角度构建"绣川学子德育图谱"。培养学生身心、知识、品格、思想、境界等和谐发展与全面发展。学校活动按类别和周期进行划分，以活动育人，让学生在活动中实现生命的成长。所有班级每周安排一次德育主题班会课；每天安排一次15分钟小班会课。

2. 提高教师德育专业化水平

重视德育干部队伍建设，现设有德育处、校团委和少先队等工作机构。学校通过传、帮、带等途径提升德育队伍专业化水平。学校定期开展班主任专题培训、班主任主题班会比赛和德育论文评选等活动，促进德育专业化水平提升。

建设优秀的班主任团队。聚集专家资源，拓宽班主任的视野，提高班主任的德育艺术。通过难题的专项研究，提高班主任的德育攻坚水平。通过团队激励机制的建设，激活班主任的专业发展。学校现有黄兴蓉名班主任工作室1个；区级以上优秀德育工作者和优秀班主任4人。

提高学科教师的德育意识和在学科教学中渗透德育的能力。提高全体教职员工"学高为师　身正为范"的品质。学校重视教师的示范引领作用，引导教师坚持立德树人的教育理念，开展教师礼仪培训和师德师风建设系列活动。

3. 提高德育过程育人品质

学校认真落实行为规范养成教育，规范并丰富共青团、少先队活动，以细化常规管理、活化品格教育，强化学生能力素养提升，激发学生自我发展潜能。将新生入学培训、假期作业展、主题艺术节（成长的力量）、毕业典礼、"六一"主题活动、家长开放日、主题月活动等形成序列，成为学生最美好的回忆。

4. 培育学生积极心理品质

教育是培养人的事业，让广大学生更加健康阳光，是落实立德树人根本任务的应有之义。城厢学校传承"仁"的精神，坚持"育人为本"，通过育心与育德相结合、预防与干预相结合、教学与咨询相结合加强源头治理，全面培育学生的积极心理品质，以学生优秀品格的培养为核心，构建"育心养德"格局。学校成立了校长负责、德育处主抓，班主任、心理教师为中坚力量的心理健康教育小组。心育小组成员分工明确，职责清晰，带领全校全方位开展心育工作。

以心理健康课堂为主阵地。按照国家课程标准开足开齐上好心理健康教育课，并增设"新学期入学适应""学习心理辅导""情绪的认识及调适""青春期教育""家庭教育""校园欺凌的预防"六个专题，在学期开始前对不同班级进行心理调研，对学生表现出的共性问题以及个性问题，依照各班情况先后开展生命教育、性教育、理想教育的三个心理健康主体活动，坚持以课堂为载体，从学生的实际问题出发，着力解决可能性的问题、发展中的问题，为学生个性化成长提供校本资源服务，培养学生健康、乐观的心态。

成立心理危机干预小组。制定校园心理危机干预预案，做好科学识别、实时预警、专业咨询和妥善应对。定期开展班级心理委员培训和教师心理培训；为全校学生建立心理档案，做到"一生一档案"，及时关注学生身心发展状况，保障预防与干预相结合、教学与咨询相结合的全方位"育心"，基于积极心理学理念设计，开展丰富的校园文化活动，在活动和真实的情境中激发学生的体验与感悟，营造良好氛围，实现全体学生综合素质的全面提升。

推动社工组织进校。学校主动邀请专业社会心理健康工作者到学校，协助学校心理健康专业教师开展个辅和团辅，充分发挥社工的优势和强项。班主任和社工共同开展学生的家访工作，进入学生家庭了解其家庭情况，为亲子关系、家庭监护缺失或不当的家庭提供专业指导。

（三）建设体现"仁爱"价值追求的课堂文化

教学过程是教师与学生、学生与学生、学生与文本之间生命对话的过程，无数爱的互动浸润其中。教学过程也是教师与学生感受爱和创造爱的过程。学校以打造成就他人的合作课堂和师生平等的和谐课堂为目标，建设城厢优效的"一心多态"的"绣川课堂"。课堂教学以学生为中心，充分尊重教师的教学个性和教学风格，主张教师课堂教学多样态。教师实施"分层教学""导学精讲练""自主、合作、探究""七环节模式"等多种课堂样态的教学。规范过程管理，把好"五关"教学常规。学校以"四有"——有序、有趣、有效、有用为构建"好课堂"的指标。制定《城厢学校学生课堂行为公约》。

有序：①有序的内容设计呈现——环环相扣，层层深入，逻辑无漏洞；②有序的师生语言表达——清晰、精准、干净地表达一个意思；③有序的情境物件摆放——各归其位，井然有序，给人敞亮感。

有趣：①有趣的情境设计；②有趣的问题驱动；③有趣的举例比照。

有效：①有效的核心素养提升；②有效的生成性与充分的获得感；③有效的能见智慧。

有用：①着眼于学生的生活实际，着眼于时代与未来；②激活和唤醒学生的内驱力；③形成核心素养和基本能力，完成各科学业并取得良好或优异成绩。

（四）建设体现"仁爱"价值追求的教研文化

学校发扬"个人努力　团队制胜"的教研文化，教师之间相互帮助，共同进步。大力开展"一纲多样"的教研活动，以最新义务教育课程标准为纲，鼓励教师教研活动开展多样性。通过教研活动引领教师成长，提高教师科研能力，促进教学提升发展，追求卓越教学文化。

1. 日常微教研，级部教师组团成长

扎实推进教师日常教研，充分发挥学校级部作用，同年级同学科日常有意识地进行每日课后讨论、交流，及时修改教学设计、优化作业设计、存档建立"年级教学+作业资源库"，从而为学校教师资源提供素材，有序传承。

2. 学期教材解读，追求高质量教学

固化传承的学期初教材解读不仅让教师研修落地，更是高质量课堂的保障。"自主解读+集中研修"，实现教师个体深入研究与集体智慧共享，为学期初做好充分准备。

自主解读：教师利用假期实践熟读课标、教材，进行学情、教学内容、学段目标等深度解读，初步确定本学期教学设计、教材留痕、班级阅读书目、学生分层计划等内容。同时，完成规定的教育通识类阅读和专业类阅读书籍。

集中研修：开学前一周为全校教师集中教材解读，分板块、分学科进行假期作业展示及成果汇报，并合力完成学科组学期目标与计划、学科月主题等内容。

（五）建设体现"仁爱"价值追求的家校合育文化

学校创新方式，精心耕耘持续提升家校合育实效。作为"家校社"联盟中占据主动地位的一方，学校认真筹划，精心耕耘，校园触角不断延展，家校关系愈加和谐，让家校成为师生、家长共生长的温暖"仁爱"港湾。

落实学校家访制度。随着互联网技术的日益发达，日常家校沟通主要通过网络在线完成，但学校始终认为"键对键"毕竟不等同于"面对面"，为了保证家校沟通效果，每学期入户家访是全体教师的必修课。2021年寒假期间全校教师家访396名学生，家访前根据不同学生的情况制定详细预案。家访中交流学生日常的生活和学习，了解家长对学校教育的需求，建立起家校之间的信任。

提升家长育人水平。学校长期坚持开展"仁爱"家长学堂，通过家庭讲座、家长指导微视频、优秀家长经验分享等各种方式，转变家长育人观念，引导家长科学育人。学校根据不同年龄阶段学生开设亲子课程，让家长陪孩子"在玩中"相互交流、共同学习。每年组织家长开展线上和线下家长学校学习10次以上。

挖掘家长育人潜能。学校有效挖掘家长育人资源，邀请不同领域的家长走进学校课堂，给孩子们带来别样的精彩课程。学校每学期开展一次"家长公开日"活动。学校的校服比选、食堂饭菜、艺体节活动等均邀请家委会参与和监督。

（六）建设体现"仁爱"价值追求的活动文化

1. 探索城厢课后服务模式："1+N"的"绣川模式"

学校积极研发延时课程，优化课后服务。学校根据不同年级学生的身心特点分为三个学段，目前学校已开发涉及健康、人文、语言、艺术和科技五大领域的为你读诗、趣味数学、少儿舞蹈家、剪纸、小主持等23门高品质延时课程，供学生自主选修，学生参与率达100%。目前学校已经形成"1+N"课后服务模式，"1"指作业辅导，"N"指拓展课程。建立兴趣社团、特长社团、特色社团。

2. 学校大力推动阅读活动

学校打造"智慧阅读+空间阅读"的全方位阅读场。绣川书馆、户外阅读空间、楼道阅读角、班级阅读角，实现阅读场全方位渗透。学校实施"常规+阅读"

活动，阅读全息化。学校一日常规中培养孩子阅读习惯，让阅读成为与学生呼吸同步的习惯。阅读计划、书香班级、大阅读等主题阅读活动同步进行，激发学生阅读兴趣。

3. 积极探索劳动教育活动化

学校以"全景式劳动教育"为理念，把劳动教育融入学校日常运行中，让学生切实经历动手实践。落实"1（劳动基础课）+3（校内劳动活动、校外劳动活动、志愿劳动活动）"课程体系。构建学校与家庭、基地、社区资源融合、协同共育平台体系，坚持家庭为基、学校为本、社会为重的原则，不断丰富劳动教育内容形式。完善学校、家庭、社会全方位参与的综合素质评价体系，引导学生从小崇尚劳动、尊重劳动、热爱劳动，增强以劳动创造幸福美好生活的意识和能力。学校设立了"值周班级"制度，引导学生义务劳动、服务他人。

六、价值引领 树育风骨

一个人遇到好老师是人生的幸运，一个学校拥有好老师是学校的光荣，一个民族源源不断涌现出一批又一批好老师则是民族的希望。学校以教育"仁爱"为原则，培养具有中国风骨的"五爱"先生：

以教育之爱，关心每个学生，了解每个学生；

以德行之爱，尊重每个学生的人格、个性和自尊心；

以智慧之爱，对学生严慈相济，促进学生全面发展；

以仁慈之爱，关爱处于不利状况和条件下的学生；

以生态大爱，珍爱生命，爱护环境，保护地球。

从而打造"一专多能"的教师队伍以保障学校可持续发展。教师应对本职专心，并具有胜任教育教学工作的能力、使用现代教育技术有效教学的能力、开设选修课程的能力、进行教育科研的能力。

1. 加强师德师风建设

以党建为引领，打造品德高尚、业务精湛、结构合理、充满活力的教师队伍。加强全体教师作风建设，坚持严管厚爱的思想。学校制定目标评价与过程评价相结合的教师评价体系。规范从教行为，制定《教师从教公约》和《教师课堂行为规范》。

2. 实施教师生涯规划

以树立教师发展愿景为起点，不断提升教师专业技能。制定《青年教师三年成长规划》，细化青年教师一年成长、两年成形、三年成熟的目标。实施"青蓝工程""骨干工程""名优工程"，利用区内集团校、市内联盟校、省内友好学校，跟岗学习，校际交流，开展教师培训活动，创新培训形式，丰富培训内容，提高培训实效。通过导师带徒，开展结队帮扶；立足课堂，分层级开展过关课、创优课、示范课、研究课，鼓励教师参加教育主管部门组织的各级各类教学比赛，以赛促训、以赛争优，引导教师快速成长。

3. 层级教师培训机制

名特教师的打造。主要是采用重点突出策略，培养的目标是省、市特级教师和名优教师，面向的是已经具备一定教学业务能力的教师。陈静老师参加第六届全国小学数学说课大赛，执教的"三角形的内角和"获全国一等奖；陈静老师执教"正负数"在2020年第三届全国名师工作室创新发展成果博览会获得一等奖；徐婷老师参加第六届全国小学数学说课大赛，执教的"比例的认识"荣获全国特等奖。

骨干教师的培养。骨干教师的培养主要是采用量身定做、错位发展的策略，通过学校搭建平台，提供资源，引进专家指导，派遣外出培训等方法，从而让他们能快速地成长。培养的目标是区级学科骨干教师、名优教师和市学科骨干教师，面向的主要是8年以上教龄且自身有很强发展欲望的教师。2019年10月曾常慧老师参加四川省第八届初中名师课博会"同课异构"赛课，荣获一等奖；2019年10月杨敏老师在四川省第十一届中小学美术课展评活动中荣获一等奖。

青年教师的成长。青年教师的培养对象主要是针对教龄8年以内的新教师，以学科为抓手，实行部门联动式的点对点培训。培养的目标是区级教坛新秀和市级教坛新秀。2022年陈蕴琪老师参加成都市"成德同城·阅读联动"课外阅读活动课型研讨活动，执教的《缤纷的颜色》受到专家和教师的一致好评；2019年刘红艳老师参加成都市"一师一优课、一课一名师"活动，荣获二等奖；2022年刘佳妮老师参加成都第十届体育教师技能大赛决赛，并在现场教学展评中荣获中学组二等奖。

4. 成立教育研究中心

搭建学校研发平台，提升学校创新能力，同时加快学校变革节奏，研发服务学生的可视化产品，如学校工作规范、技能标准、课程教学、评价办法等。建立教师培养培训质量监测机制和建立教师发展质量自我评估制度。统筹全校各学段各学科教研、科研工作。组织、参加、指导教研组公开课教学活动，做好评课活动的组织和总结工作，并指导教师写好教学案例；成立课题研究指导小组，确立教学研究课题，开展专题研究，撰写教学案例和教学论文，建立科研成果的检查汇报制度，提炼科研成果并推广运用。

5. 完善教师关爱机制

学校坚持"把钱花在离教师和学生最近的地方"的思想。在国家政策范围内，落实对教师"六个必"的人文关爱：①有成绩必肯定；②有矛盾必化解；③有困难必帮助；④有情绪必疏导；⑤生日必祝贺；⑥生病必看望。学校各处室殷切关心教师，即时回应教师的疑问，用爱和责任办好教育。

七、一校多品　突出特色

以"仁爱"的价值体系为依托，深挖"博学多能养成佳士，依仁游艺勉作通儒"办学追求，建立和完善与之相应的学校特色文化体系。

"依仁游艺"的"艺"指六艺，在古代分别指"礼、乐、射、御、书、数"，对标古代学子的"六艺"，学校结合新时期学生全面发展的需要，对它进行改革和创新，"礼"即礼仪，"乐""书"对标美育教育、"射""御"强身健体，抵御外敌，对标体育和国防教育，"数"即对标科学。学校以立德树人为根本，加强学生礼仪素养、美育素养、体育素质、国防意识、科学精神的培养，形成学校一校多品发展格局。

（一）体育蓄锐

学校聚焦"教会、勤练、常赛"的体育改革方向，严格落实学校体育课程开设刚性要求，将促进学生提高身体素养和养成健康生活方式作为学校体育教育的重要内容，不断拓宽课程领域。严格落实每天一小时体育锻炼，加强学生课内外体育锻炼。实施体育作业"2+3+1"方略，即固定2个常规运动项目（跑步、跳绳）；每周坚持在家运动不少于3次；有1项终身热爱的体育技能。

学校建立完善"健康知识+基本运动技能+专项运动技能"的学校体育教学模式，切实提高课堂质量和实际效能。巩固学校运动项目"1+3+1+N"发展格局：培育1个重点项目（田径），3个传统项目：足球、篮球、排球，1个特色项目：跳绳，N个新兴运动项目（体育舞蹈、曲棍球、公路自行车等）。学校制定足球、篮球、排球、田径三年发展规划，实施人才九年梯度培养机制，学校每学年举办体育冬令营和体育夏令营。

城厢学校于2018年从西南大学引进花样跳绳特色体育项目，由西南大学专业花样跳绳队对学校跳绳队进行梯队建设，学校体育教师进行跟随训练，目前学校有跳绳初级教练员4名。跳绳队自成立以来，获殊荣无数，荣获"四川省跳绳锦标赛团体一等奖""成都市中小学生跳绳比赛团体一等奖""成都市跳绳先进单位""青白江区中小学生跳绳比赛一等奖"等各类奖项。2020年代表四川队参加中华人民共和国第14届学生运动会，获得单项第8名的好成绩。

（二）艺术塑美

学校以提高学生审美和人文素养为目标，弘扬中华美育精神，以美育人、以美化人、以美培元，把美育纳入学校人才培养全过程，学校逐步完善"艺术基础知识基本技能+艺术审美体验+艺术专项特长"的教学模式。学校在开设音乐、美术课程的基础上，积极开发美育校本课程，开设舞蹈、戏剧、戏曲等选修课，大力开展高雅艺术和中华优秀传统文化进校园活动。学校按照小学段和中学段分别高水平建设了"三团一队一坊"（舞蹈团、乐团、合唱团、鼓号队、美术工作坊），建立常态化学生全员艺术展演机制，每年举办艺术节、音乐节、画展等活动。

学校借助风车和城厢古镇西街的文化背景，将创新、匠心、发展融为一体，让我校学生在古镇与风车结合的文化中感知、认可、践行中华优秀传统文化，传承非遗文化，建设风车工作坊。代表青白江区参加成都市中小学生艺术节工作坊展示活动，荣获了成都市第十三届中小学艺术节艺术工作坊一等奖。

（三）科技创新

学校在开设数学、物理、化学、生物、科学、信息技术的基础上，开展丰富多彩的科学探究活动和社团活动。目前开设了机器人、科学探吧等科技社团，提高学生的参与度，培养学生的科学精神、科学素养、科学方法和科学探究能力。

近年来，学生获得省、市级科技创新大赛共103个奖项，发明创造作品荣获市级奖项学生20人，科技论文荣获市级奖项学生45人，科幻画荣获市级奖项学生38人，教师科技作品荣获市级一等奖2人。2名学生分别获得国家级科技制作比赛一等奖、2013年四川省机器人大赛一等奖。学校在2018年青白江区第五届机器人大赛、2019年青白江区第六届机器人大赛、2022年青白江区第九届机器人大赛中均获一等奖和优秀组织奖。我校在2022年12月还将派出两支队伍参加2022年世界机器人大赛。

姚梦致远　竞渡同美

□ 成都市青白江区姚渡学校　张盛林

一、提出背景

（一）传统文化

习近平总书记多次强调中国文化的独特性和价值，提出了文化自信的重要性。在全球化的背景下，中国应该有自己的文化立场，自主地发展自己的文化产业，推动中华传统文化走向世界。

2015年习总书记在祝贺中国中医科学院成立六十周年上讲：中医药文化是打开中国传统文化的一把钥匙。加强中外交流，讲好我们自己的中国故事。

习近平总书记2016年3月4日在文艺工作座谈会上的讲话中指出："文化自信是一个国家、一个民族的软实力，重要程度不亚于经济实力和军事实力。"

习近平总书记2015年10月15日在中国文联、中国作协座谈会上的讲话中指出："中国人要有文化自信，有自己的独立自主精神，才能发出属于中国人自己的声音。"

习近平总书记关于文化自信的重要论述，激励我们对中华文化的重视和信心，弘扬中华文化对于一个民族、一个国家的发展至关重要，而且文化自信是一个国家软实力的重要来源。

培养什么人，也是教育的首要问题。古人云："国有贤良之士众，则国家之治厚；贤良之士寡，则国家之治薄。从历史和现实的角度看，任何国家、任何社会，其维护政治统治、维系社会稳定的基本途径无一不是通过教育。我国是中国共产党领导的社会主义国家，这就决定了我们的教育必须把培养社会主义建设者和接班人作为根本任务，培养一代又一代拥护中国共产党领导和我国社会主义制度、立志为中国特色社会主义奋斗终身的有用人才。我们推行的教育绝不能培养社会主义破坏者和掘墓人，绝不能培养育出"长着中国脸，不是中国心，没有中国情，缺少中国味"的人！那将是教育的失败。我们决不能犯这种历史性错误！这是推进教育现代建设教育强国必须把握的大是大非问题，没有什么可隐晦、可商榷、可含糊的。姚渡学校的育人目标是培养新时代的争渡人，坚定文化自信。没有高度的文化自信，没有文化的繁荣兴盛，就没有中华民族的伟大复兴。

（二）国家政策

百年大计，教育为本。教育大计，教师为本。党的十八大提出，把"立德树人"作为教育根本任务。不但体现了党中央对教育事业的高度重视和优先发展教育的坚定决心，而且抓住了教育的本质要求，明确了教育的根本使命。作为教师，我们有责任、有义务做好教书育人，为人师表，弘扬"以爱育人，立德树人"的育人精神，把崇高的师德播撒在教书育人的各个环节，以爱心传道授业解惑，让学生德智体美劳全面发展。全面实施素质教育，深化教育领域综合改革，着力提高教育质量，培养学生的社会责任感、创新精神和实践能力。

习近平总书记指出："我们要从党和国家事业发展全局的高度，全面贯彻党的教育方针，坚持优先发展教育事业，坚守为党育人、为国育才，努力办好人民满意的教育。""坚持中国特色社会主义办学方向，坚持以马克思主义为指导，坚持为人民服务，为中国共产党治国理政服务，为巩固和发展中国特色社会主义制度服务，为改革开放和社会主义现代化建设服务。要培养德智体美劳全面发展的社会主义建设者和接班人，大力培养担当民族复兴大任的时代新人。"

教育是民族振兴、社会进步的基石，是提高国民素质、促进人的全面发展的根本途径，寄托着亿万家庭对美好生活的期盼。强国必先强教，优先发展教育、提高教育现代化水平，对实现全面建设小康社会奋斗目标、建设富强、民主、文明、和谐的社会主义现代化国家具有决定性意义。

（三）地域文化

高举中国特色社会主义伟大旗帜，优化区域教育资源配置，办好人民满意的教育。青白江是中欧班列（成都）的始发地和成都国际铁路港、四川自贸区，拥有亚洲最大铁路集装箱中心站和四川省唯一的铁路货运型国家对外开放口岸。根据成都青白江区"一港三城六个特色小镇"的发展布局，毗河北岸将打造成为全国知名的天府历史文化古镇、国际物流小镇、国际会议度假小镇。青白江提倡多元文化交流、支持艺术教育发展、强化传统文化保护与传承、推动科技与文化融合、加强文化设施建设。通过不断探索和实践，青白江区逐步提升文化教育水平，丰富居民的精神文化生活，促进青白江区的全面发展，打造一流教育强区。姚渡镇地处成都市青白江区中部，毗河以南，东与金堂县赵镇接壤，南接清泉镇，北与城厢镇隔河相望，紧邻成都国际铁路港和欧洲产业城。姚渡学校的发展严格按照上级部门要求，为区域教育教学质量的全面提升发挥积极作用。姚渡学校根据地域特点和发展需要，狠抓内涵发展，不断提升学校的办学水平，努力办好人民满意的高品质学校。

（四）现实基础

成都市青白江区姚渡学校坐落在美丽的毗河之畔，位于青白江区姚渡镇清泉大道二段999号。前后历经数次变革：1906年，在姚渡场川主庙办起了第一所小学，校名为"姚家渡国民学校"；1931年，本乡集镇上场的福建会馆之中，又办起了一所初级小学，后两校合并；1970年建立起姚渡历史上的第一所中学，定名为"金堂县姚渡公社中学"，这便是姚渡小学、中学并存之始；1981年，姚渡中学、小学分别改名为"成都市青白江区姚渡中学""成都市青白江区姚渡小学"；2007年，两校合并成新的九年一贯制学校，改名为"成都市青白江区姚渡学校"并沿用至今。

学校占地面积56667平方米，绿化面积23800平方米。现有建筑面积14953平方米，运动场面积14149平方米。现有教师74人、学生957人，教学班26个。生均运动场面积约14.15平方米。学校现有技术装备价值584.22万元，图书馆藏书4.12万册。

学校建校以来，以落实"立德树人"为根本任务，在"整体育人"的基点上，遵循"三化"原则，教育内容"课程化"、课程内容"全面化"、课程结构"体系化"，努力将育人目标转化成课程目标，取用"纵横结合"的图式，构建课程体系的基本结构。学校多年来致力于教育教学改革和育人模式的探索，以"姚梦致远竞渡同美"为核心理念逐步总结建构起"姚梦课程"体系。

二、内涵解读

姚梦致远："姚"，"姓氏""美好""通遥，远"之意。此处，"姚"取"美好"之意，古有"美哉德乎！姚姚者乎！——刘向《说苑·指武》"，"姚梦"是教育学生们从小树立美好的梦想，立根乡村，胸怀梦想，追求理想。"致远"即凝神、致力于美好梦想，远大理想，筑梦行远。"姚梦致远"，意即全校师生应树立美好梦想、远大理想，立足现实，凝神聚力、矢志不渝、实现理想。

竞渡同美："渡"，姚渡此地古有"渡口、码头"，"竞渡"原意是划船比赛，争先而行。学习生活当如行舟划桨，协力同心，勇往前行，不甘人后，敢于担当，勇于作为；"同美"，共同培育"德美、心美、体美、言美、行美"的"姚梦学子"，共享美的教育，美的过程，美的成功。

"姚梦致远 竞渡同美"作为学校办学理念，我们基于三个方面思考。一是将"姚渡"地名、校名融入其中；二是顺应中国梦，学校教育应有美好追求；三是基于现状，从意识到实践培育千帆争渡，共行同美的美好品格，从办学理念中提炼出"姚梦"这一学校精神品相，不断丰富，建构"姚梦德育""姚梦课程"，培育"姚梦学子"，建设"姚梦教师"队伍。

三、文化体系

姚梦先锋顺应中华民族伟大复兴的中国梦，全校党员同志引领全体师生心怀美好梦想、远大理想，立足现实，凝神聚力、矢志不渝、实现理想，为办好人民的满意教育，促进乡村文化发展贡献力量。在"姚梦先锋"党建品牌的引领下，完善了学校的办学理念、三风一训。

办学理念：姚梦致远 竞渡同美

育人目标：培养新时代的争渡人

校训：创优创新 向善向美

校风：立德立志 美言美行

教风：爱岗爱生 精心精业

学风：勤学勤思 自信自律

办学特色：中医药特色文化

四、实践探索

(一) 以课程依托，促进育人模式多元化

姚渡学校作为乡村九年一贯制学校，学生受家庭、环境、地域等诸多因素的影响，在梦想及视野上略有欠缺，学习内驱力不够强。学校依据"姚梦致远 竞渡同美"的办学理念，建构姚梦课程体系，坚持以立足乡村、心怀梦想、奔向远方作为课程建设理念，培养会生活、会学习、会合作、会创新的姚梦少年。

姚渡学校姚梦课程按照层级分为：国家课程校本化和校本课程系列化两类。

国家课程集中体现了国家的意志，是决定一个国家基础教育质量的主要因素。姚渡学校在开齐开足国家课程和地方课程的基础上，结合学校实际情况，积极探索国家课程的校本化，旨在培养学生的学习习惯，提升学习能力，夯实学科知识，掌握学习方法（见图9）。一方面，学校充分发挥九年一贯制学校的优势，将中小学的课程内容进行整合，在相关知识教学时进行适当的拓展和回顾，例如，小学科学教学时对涉及的物理知识进行拓展，初中字音识记时对拼音知识进行回顾等。这样既有利于中小学的知识衔接，又有利于学生知识框架的构建；另一方面，在同册知识教学中根据学生的实际情况对课程进行整合，调整及拓展，如学科之间的融合、单元教学的调整、群文阅读等。

办学理念：姚梦致远 竞渡同美 育人目标：培养新时代的争渡人

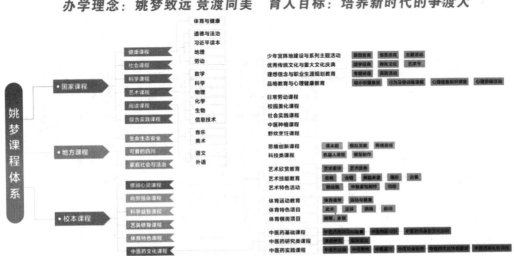

图9 姚梦课程体系

在校本课程建设上，姚渡学校根据课程目标，将课程内容分为：生活类课程、学习类课程、合作类课程、创新类课程，包括社会实践、劳动技能、模拟法庭、美术工作坊、中医药特色课程等。主要以校本课、少年宫及各类活动为载体开展教学。在校本课程的建设上，姚渡学校紧紧围绕"姚梦致远 竞渡同美"的办学理念，引导学生立足乡村、心怀梦想、奔向远方，打造个人梦、追寻学校梦，最终奔向"中国梦"。学生根据自己的兴趣和理想，自由选择课程进行学习，在学习的过程中逐步掌握生活的技能，学习的技巧，培养学生合作的精神，创新的意识。作为一所乡村学校，劳动教育有着得天独厚的优势，学校开辟了种植基地和烹饪实践基地（野炊基地），在野炊基地，学生既可以学习关于野炊的诗词和故事、药理知识，还可以开展野炊绘画和摄影作品。学生积极研制中医药文化特色野炊菜谱，如藿香鲫鱼、山药红枣炖鸡、韭菜饺子、川贝炖雪梨等，并写下心得体会。学生拥有更直观的体验，充分发挥劳动教育"以劳启智、以劳修德、以劳健体、以劳育美”的积极作用。

（二）以文化浸润，助推校园环境特色化

结合学校地域特色，以“中医药文化进校园”为契机，以中医药资源为载体，建设好中外人文交流试点学校（与菲律宾宽柔一小），成都市传统文化传承示范学校，传承、展示中国优秀传统文化，促进学生发展，提升学校品质（见图10）。

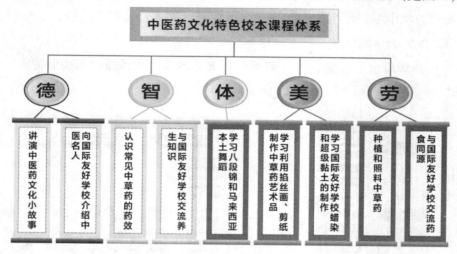

图10 中医药文化特色校本课程体系

作为成都市中医药文化传承基地，姚渡学校中医药文化氛围浓厚。学校先后打造中医药陈列馆，李时珍雕塑，4亩余的中草药基地，中医药文化劳动实践基地，中医药文化特色野炊基地，中医药文化特色宣传长廊和楼道，3座中医药文化宣传古亭。中草药种植品种丰富：蒲公英、芍药、菊花、麦冬、何首乌等。中医药文化特色野炊基地，主要用于药食同源项目体验。

姚渡学校拥有一所规格高级的中医药陈列馆，展示的中药约106种。进入陈列馆，映入眼帘的是约1米高的纯铜制针灸小铜人。中草药标本已有20幅。陈列有关古代名医的剪纸画17幅，展示了我校师生对古代名医的崇拜与尊敬以及对中华国粹之中医药的热爱与传承。四川省老教授协会专家捐赠的医学古书、历史悠久的中医医疗器具、中医药文化雕塑等。此外，学校正在开展中医药文化进班级活动，各班级正在打造中医药文化特色展示区。同时，学校结合中医药特色文化，开设了中医药特色文化课程，让学生在学习的过程中既增长了知识，又更深刻地感受到中华民族传统文化的魅力。

（三）五育融合课程

学校校本课程由德润心灵课程、尚劳强体课程、科学益智课程、艺美修身课程、中医药文化课程五大类组成，其结构如图11所示。

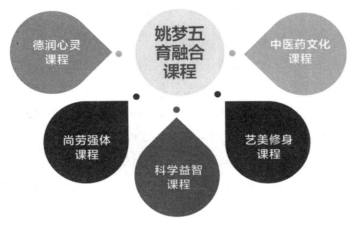

图11　全力构建五类校本课程体系

1. 德润心灵课程

（1）少年宫阵地建设与系列主题活动（爱国教育、主题教育、感恩教育）

（2）优秀传统文化与重大文化庆典（国学经典、中医药文化、艺术节）

（3）品格教育与心理健康教育（幼小衔接、行为习惯训练、心理健康讲座、团辅活动）

2. 尚劳强体课程

（1）日常劳动课程

（2）校园美化课程

（3）社会实践课程

（4）中医种植课程

3. 科学益智课程

（1）思维创新课程（课本剧、模拟法庭、几何画板）

（2）科技类课程（机器人课程、模型制作）

4. 艺美修身课程

（1）艺术欣赏教育（艺术美学、艺术修养）

（2）艺术技能教育（钢琴、合唱、舞蹈表演、摄影等）

（3）艺术特色活动（掐丝画、中医香包制作、剪纸）

5. 中医药文化课程

中医药特色课程（中医的诗词和故事、药理知识，中医绘画、中医药摄影，中医药文化特色野炊、中医药菜谱等）

五、取得成效

近年来，姚渡学校在市级及以上各类特色示范校创建中共有12个项目创牌成功，市级5项、省级3项、国家级4项。先后获评成都市艺术特色学校、成都市依法治校示范校、成都市阳光体育示范学校、成都市环境友好型学校、成都市卫生示范校；四川省节水型示范单位、四川省园林式单位、四川省级防震减灾科普示范学校、四川省首批校园足球示范学校、中外人文交流试点学校、四川省无烟学校、四川省卫生学校、全国青少年校园足球特色学校、全国冰雪运动示范校、中外人文交流特色学校建设计划学校、中国人生科学学会美育研究会"十三五"美育科研工作先进单位等。

学校参加市级以上各类比赛获奖30多项，区级50余项，主要集中在体艺音美等活动，其中市级22项、省级6项、国家级2项。比较有代表性的是：成都市校园舞蹈大赛一等奖、成都足跑初中组连续三年（2019年，2020年，2021年）获得一等奖、第一届成都市教育国际化精品课程"熊猫走世界"评比一等奖、校园剧作品比赛省一等奖、全国普法知识竞赛一等奖、安全教育平台工作一等奖。

六、未来展望

姚渡学校借管理体制改革之际，积极探索党组织领导的校长负责制学校管理。以学校历史文化为起点，营造充满正能量的工作场所；以中医文化为基点，实现五育融合的教育；以教学改革为载点，优化并建构高效课堂教学模式。学校坚决贯彻落实"五育并举，全面发展"的育人要求，开齐开足音体美劳课程。在巩固成都市艺体特色学校、阳光体育示范校发展成果的基础上，积极争创成都市劳动教育试点校，以劳动教育为切入口，提升学生人格素质，发挥劳动教育"以劳启智、以劳修德、以劳健体、以劳育美"的积极作用。

姚渡学校将从完善制度建设入手，通过教师师德建设、学生品格教育和校园显性文化的打造培养师生主人翁意识，秉持"姚梦致远 竞渡同美"的办学理念，在全校培育"姚梦"文化，建构"筑梦争渡、共行同美"的文化氛围，培养学生"勤学勤思 自信自律"的学风，形成团结进取、和谐共美的教学氛围，办好人民满意的优质学校。

基于实，勇于创

——我在实验小学的办学思想实践

□ 成都市青白江区实验小学　程　辉

一、理念源起

我从事教育工作已进入第30个年头，校长生涯也进入第17个年头。驻足回头思考自己的教育工作过往，特别是在不同学校的治校历程，认识到：校长办学有一事甚是重要、最为紧要，就是明确学校的办学思想。因为办学思想体现了校长对教育的理想追求，对学校发展与改革、理想与现实、教与学等基本关系的价值信念，以及实现学校办学目标所实施的路径方法，是校长对教育的哲学思考。在实验小学担任校长的这一年多时间里，我把较多精力放在思考和梳理学校过往65年的办学历史及已有的办学经验、办学成果，尝试解密这所我区曾经最牛小学的办学密码。

（一）历史传承

实验小学建校之初原为成钢厂子弟学校，到1978年更名为团结村学校时已是成都市的重点小学，1981年成为四川省重点小学，1994年因办学质量高获得社会和家长认可，更名为实验小学。曾经的实验小学，在青白江教育的这片沃土上，给人的第一印象就是教师队伍强、学生发展好，"团小"曾长期是我区小学教育的一张名片。从"让心中的琴弦响起来"的教育浪漫理想到"顺木致性，各尽其能"的办学哲学思考，几十年来，学校融"实验"于学校管理、课程、课堂、德育、教科研、艺术、体育、科技等工作中，不断挑战，不断试验，不断创新，不断超越。作为青白江区第一所以"实验"命名的学校，学校理应承担起区域教育发展的重任，与区域发展同频共振，走实验创新的发展之路。

（二）区域文化

历史的车轮飞速前进，载着我们进入了新时代。随着青白江"陆海联运枢纽，国际化青白江"战略定位的提出，青白江抢抓多重发展机遇，依托成都国际铁路港建设及系列政策红利，地区的经济、社会、文化事业快速发展，青白江改革、开放、创新、国际化的文化旗帜正高高飘扬。正是这种文化，引领着青白江区实现了由内陆腹地向开放枢纽、由老工业基地向港口城市的历史性转变。当前的青白江，正在高质量发展的轨道上一路奔涌，通向世界，连通未来。为了适应青白江区的快速高质量发展，如何开门办教育，面向未来办学校，是当前学校改革聚焦的热点和难点，是学校办学理念需要解答的必答卷。

（三）政策依据

党的二十大报告把教育科技人才单独成章进行布局，吹响了加快建设教育强国的号角。我们要建设的教育强国，以立德树人为根本任务，以为党育人、为国育才为根本目标，以服务中华民族伟大复兴为重要使命，以教育理念、体系、制度、内容、方法、治理现代化为基本路径，以支撑引领中国式现代化为核心功能，最终办好人民满意的教育。因此，新时代的学校教育，必须以先进适时的办学理念为指导，坚持创新精神，才能办好高质量的学校。

2021年的"双减"政策以及配套的作业管理、五项管理、评价改革、课后服务工作、教研工作、教师管理等，教育生态在彻底的颠覆多年来的惯性思维和惯性做法。2022年义务教育新课程方案和各学科新课标的颁布实施，围绕核心素养培养人成为教育的关键，进一步明确了"培养什么人、怎样培养人、为谁培养人"问题。面对新形势、新要求，我们只有不断去探索实验，创新实践，才能适应日新月异、深刻变化的新时代。

"为党育人，为国育才"，这是新时代教育人的使命。为全面贯彻党的教育方针，落实立德树人根本任务，面向未来培养德智体美劳全面发展的社会主义建设者和接班人，使学生有理想、有本领、有担当，反映时代创新特征，体现时代学校特色，响应未来教育召唤，突出实验小学的"实验"基因，我们孕育出了我们在新时代的办学理念——实验创新，通达未来。

二、理念解读

（一）"实验创新"是办学路径

习近平总书记说："坚持创新发展，就是要把创新摆在国家发展全局的核心位置，让创新贯穿国家一切工作，让创新在全社会蔚然成风"。因此，实验小学致力于未来学校、未来学习方式、未来教学方式的创新，试图走出一条未来教育的探索之路，为区域教育整体提升提供实验创新样本。

1. 创新学校的组织样态

学校将逐步由行政化管理向扁平化、多中心运转的方向转变。即从传统的金字塔管理结构走向现代化的网状管理结构，在这个结构里，人人都扮演着多个角色，并在这个角色上独立承担责任、自我管理，同时和其他角色形成协作关系，人人自主管理，持续成长。

2. 创新课程形态

按照新课程方案，紧抓新课标落地，推动学科融合课程，整体架构国家课程、校本课程，融合课程体系，构建"创·生"课程体系。

3. 创新课堂实践

打破学校"围墙"，不断提升课堂的实践性，打开课堂，不断提升课堂的有效性、开放性、生成性，建设"五心"课堂。

4. 创新学习空间样态

重视学校空间的对话性、开放性、自主性、可变性，从整体视角建设各类学习空间、休闲空间、交流空间等，突破正式学习和非正式学习的边界，实现空间的多元可变。

5. 创新师资培养

完善教师专业成长个人档案，推动互助团队、名师工作室、集团帮扶等学习共同体建设，促进班级学科教师、不同学科教师、课题组内教师、集团内教师的合作，强化教师的创新思维，促进教师终身学习，以专业成长提升教师的获得感和幸福感。

（二）"通达未来"是办学追求

杜威说过：如果我们用过去的方法教育现在的学生，就是在剥夺孩子们的未来。而科技革命的不断加速，给教育带来了巨大的挑战和机遇。一方面，新业态、新职位、新需求不断涌现，对教育人才供给能力与供给结构提出新的要求，为教育的定位、理念、形态、学习过程、体制机制建设带来了新的挑战；另一方面，数字化、网络化、智能化、多元化、协同化的技术革命集群突破，为落实以学习者为中心的教育理念创造了可能，将重新定义学习、课程、教师与校园。

因此，面向未来的教育应该主动识变、求变、应变；面向未来的学习应该更加多元、灵活、自主、多样；面向未来的课堂应该更加凸显自主性、交互性、创新性，体现激励和驱动学习者自主学习的机制设计；面向未来的教师在进行知识传输的同时，带动学生全面成长，培养学生的创新精神；面向未来的校园不再是一个封闭的系统，而是成为知识和信息的引力中心，终身学习和创新能力将成为学生的重要评价指标。因此，实验小学要立足未来的人才素养模型，为未来人才培养奠基，面向未来办教育，办一所未来学校。

三、文化体系

（一）办学目标

创新是一个国家、一个民族发展进步的不竭源泉，是推动人类社会进步的重要力量，也是一个学校能够持续发展的首要动力；党的二十大报告指出，必须坚持"创新是第一动力"。因此，在学校"实验创新，通达未来"办学理念的引领下，结合学校新校徽的高铁形象，实验小学犹如一辆高速列车，动力十足，驶向未来。我们把实验小学新时期的办学目标确定为：办一所动力十足的学校。

一所动力十足的学校，是学生充满成长内动力，教师充满职业内驱力，人人动力十足、活力满满的学校；是一所个性化、多元化、国际化、创新型的学校。

（二）育人目标

21世纪的今天，人类已经从IT（信息）时代进入AI（人工智能）时代，日新月异的科学技术重新界定了未来的教育发展趋势。未来已来，未来社会对人才的需求也将更加多元化，既需要脚踏实地的建设者，更需要富有创新能力的人才，因此实验小学必须为未来世界所需要的人才培养奠基。学校将致力于为学生铺设胜任未来的五彩跑道，通过培养优秀的能力和心态，让他们习得面对未来所需的素养及能力，为未来的学习、工作和生活做好准备，并能胜任未来的不确定性。在学校"实验创新，通达未来"办学理念的引领下，我们把实验小学的育人目标确定为：培养通往未来世界的中国人。

我们给"通往未来世界的中国人"一个"画像"，那就是实验小学的学生都拥有"TRAIN校本素养"。

T代表思考能力（Thinking Ability）。具备强大思考能力的人，才能成为更加理性的思考者和更为主动的行动者。青白江实验小学致力于培养儿童独立思考的能力、全局思考的能力和本质思考的能力，促进他们拥有坚持自己的观点和意见的勇气。

R代表身心健康（Robust Physique & Heart）。小学阶段是人生长发育初期，心理则几乎从零开始，儿童的性格、情绪、意志、品质、人格、兴趣爱好及各种技能等都将在这一阶段初步形成。因此，青白江实验小学致力于培养生理和心理都健康的学生，促进他们有良好的生活、运动习惯，视力达标，体态匀称，体质强健；悦人悦己，友善乐群，乐于助人，学会感恩，有阳光积极的心态。

A代表审美品位（Aesthetic Taste）。美是人类的最高追求。懂得欣赏美、发现美的人，才能真正享受世界和生命。青白江实验小学引领儿童善于感知美、发现美、体验美、欣赏美，并能表达美、传递美、创造美。

I代表创新合作（Innovation & Cooperation）。青白江实验小学努力培养儿童的好奇心、探究思维，促进他们善于解决问题和反思改进，敢于质疑，喜爱求证，乐于包容，值得信赖，善于归纳总结、合作沟通，成为终身学习者，富有服务精神，乐意成全他人。

N代表文化自信（National Culture confidence）。文化自信是面对挑战和处境的底气，也是面对和参与未来多样化世界的关键品格。青白江实验小学引领学生扎根中华，拥有强大的文化自信，能向全世界讲述中国文化、中国故事，做一个自信的文化传播者。

（三）教师发展目标

为了"培养通往未来世界的中国人"，我们需要教师是"胜任未来教育的创变者"，即具备"6C素养"的"Changers"，它们是：

关爱学生（Care）。心中有爱，关爱学生，真诚地尊重和理解学生，平等对待每一个孩子，善于倾听学生的心声，学会欣赏、激励、理解、支持与成就，把每一个学生放在心上。

奉献精神（Commitment）。拥有爱岗、诚信、尽职、图强、服务社会的崇高师德；拥有奉献社会、奉献人生的执着信念；拥有刻苦拼搏、坚韧不拔、无私奉献的职业精神。把自己的教书育人事业与国家、民族的奋斗目标、前途命运联系在一起。成为筑梦人、追梦人、圆梦人，忠诚于党和人民的教育事业，为实现中国梦培养更多更好的人才。

专业自信（Confidence）。掌握较高的相关学科知识和技能体系，能够准确把握学科学术现状和发展趋势。知识结构更加综合化、体系化。崇尚科学精神，让教育研究成为一种习惯，潜心钻研业务，勇于探索创新，不断提高专业素养和教育教学水平。人人会做课题，人人能做课题，有自己的教学思考和教育理解；有自己的研究目标和研究方向；有自己的成长个性和培养特色。

创意思维（Creation）。具有强烈的创新意识和时代意识，能与时俱进，思想具有开放性，不墨守成规、故步自封。在教育教学上有许多创意的做法、想法等不断涌现，终身学习。

沟通能力（Communication）。共情是教师与学生、与家长、与同事沟通的基础。从对方的表达中听出潜在的信息和主要问题，多使用接纳性和鼓励性的语言，少使用批评、责备，或者对方难以接受的语言。

合作意识（Cooperation）。主动打破教师科层之间的壁垒，形成跨专业、跨年龄、跨年级、跨学科的高效协同，形成全员、全时、全域协同育人共同体。关注家校共建，视每个学生的家长为平等的教育主体，开展家校活动。除了言语交流，老师还可以组织家校活动。

（四）一训三风

学校以"实"为基础，以"创"为动力，把学校的"一训三风"凝练为：

·学校校训：每天前进一点点——寓意师生同心同行，奔赴未来，每天前进一点点，创造未来无限可能！

·学校校风：务实务本，创新创先——务实务本是务育人之实，务教育之本；创新创先是改革思维，争先意识。

·学校教风：树德树人，爱岗爱生——树德树人体现的是以立德立人为育人根本任务，爱岗爱生体现的是以敬业仁爱为从教根本准则。

·学校学风：立志立业，好学好奇——立志立业体现志存高远，自强不息；好学好奇体现乐学善思，乐于探索。

四、实践探索

基于学校"实验创新，通达未来"的办学理念，"务实务本，创新创先"的校风和"通往未来世界的中国人"的培养目标，我校的育人体系围绕着"实"和"创"，提炼出了学校的办学品牌——"实·创"教育，目标是：在实验小学的教育中，培养身体结实、基础扎实、情感朴实、实事求是，具有实践能力、实验精神和创新精神的通往未来世界的中国儿童。

"实·创"教育围绕着管理、德育、课程、课堂、教研、场域、家校社等七大维度构建了实小特有的"实·创"教育育人模型（如图12所示）。

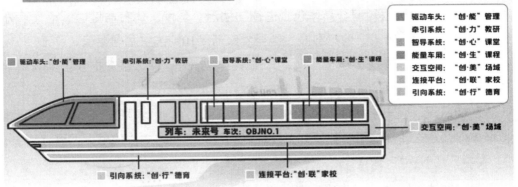

图12 "实·创"教育育人模型

当前，学校已在实践中创新性的生成"创·生"课程、"创·心"课堂、"创·力"教研等工作体系。

(一)"创·生"课程

课程是学校最为重要的产品，也是学校的核心竞争力。基于"实验创新，通达未来"的办学理念，以培养"通往未来世界的中国人"为育人目标，实小搭建"创·生"课程体系（见图13）。

"创·生"课程体系

<table>
<tr><th>TRAIN素养</th><th colspan="11">T-Thinking ability 思考能力　R-Robust Physique & Heart 身心健康　A-Aesthetic Taste 审美品位　I-Innovation and Cooperation 创新合作　N-National Cultural Confidence 文化自信</th><th>实施时间</th></tr>
<tr><td>"创·根"课程（基础课程）</td><td colspan="11">语文、外语、数学、科学、信息科技、体育与健康、心理健康、生命生态安全、艺术、劳动、综合实践、道德与法治、可爱的四川</td><td>"创·生"课堂（在国家课程规定的课时完成）</td></tr>
<tr><td rowspan="5">"创·干"课程（校本课程）</td><td>侦探学院</td><td>剧本思维探案（福尔摩斯）</td><td rowspan="3">体育学院</td><td>君子好球</td><td>篮球（灌篮高手）
足球（足够精彩）
气排球
乒乓球（乒出快乐）
网球</td><td>美术学院</td><td>创意线描（游走线中）
多彩粘土（手塑童心）
陶艺（因泥精彩）
儿童画（七彩世界）
国画（水墨丹青）
烙画（火笔秀）</td><td>信息学院</td><td>机器人总动员
电脑绘画</td><td>礼仪学院</td><td>文化礼仪</td><td rowspan="6">信息课
课后服务（含社团）
（周末及假期）托管
综合实践、班团队、升旗仪式等</td></tr>
<tr><td>数学学院</td><td>网络画板</td><td>武动乾坤</td><td>散打
跆拳道（旋风跆拳）
武术
太极</td><td>书法学院</td><td>软笔书法（墨韵书香）
硬笔书法</td><td>科学院</td><td>木工（鲁班大师）
搭桥（桥行天下）</td><td>表演学院</td><td>小主持
表演社
英语话剧</td></tr>
<tr><td rowspan="3">编程学院</td><td rowspan="3">石榴云农场
（图形化编程）
Python编程</td><td>竞技</td><td>田径（体适能）（奔跑吧）
Superego啦啦队
跳绳（绳彩飞扬）
滑板（无畏滑板）</td><td>舞蹈学院</td><td>中国舞
街舞</td><td rowspan="3">劳动学院</td><td rowspan="3">指尖生花（竹编、编织）
烹饪小达人
小石榴服务岗
校外家庭农场</td><td rowspan="3">文学院</td><td rowspan="3">古诗词吟唱
跟着诗词游四川
蜀道蓉歌</td></tr>
<tr><td>心理学院</td><td colspan="2">心理健康（心灵驿站）</td><td rowspan="2">音乐学院</td><td rowspan="2">鸣鸠琴
口风琴
钢琴（独奏、四手联弹）
管乐
少儿合唱</td></tr>
<tr><td>医学院</td><td colspan="2">急救卫生</td></tr>
<tr><td>"创·枝"课程（融合课程）</td><td colspan="9">石榴探世界、玩转绘本、创意纸雕、创·美课程</td><td colspan="2"></td></tr>
</table>

图13 "创·生"课程

（1）课程理念：时时创新，天天进步。

（2）课程目标：重基础、开视野、强能力、优合作、求创新。

（3）课程分类：秉承"顺木之天，以致其性"思路，将学校课程分为创根课程、创干课程、创枝课程三大类型。

创根课程，是依照国家课程标准开设的国家基础课程，针对全体学生开设的，课程内容专注学科内知识。具体包含道德与法治、艺术、体育与健康、语文、外语、数学、科学、劳动、信息科技、综合实践活动10门国家基础课程。

创干课程，是专注于学科拓展、开阔学生视野的课程，重在提升学生利用学科知识解决现实问题的能力，是学校校本课程的集中体现。

创枝课程，突出学科间的融合和实践性应用，强调跨学科整合和学生综合能力整体提升。主要开展跨学科研究，设计以项目式学习为中心的融合课程。

（二）"创·心"课堂

实小的课堂学习，使儿童在课堂教学中动心、专心、齐心、开心、润心，最终使儿童获得扎实的基础，积极的情感体验，创造的灵感，逐步具备必备品格和关键能力（见图14）。

图14 "创·心"课堂

（1）动心：教师能从教学目标出发，创造性地设计适合儿童身心发展特点的场景、活动与内容。学生能感受到教师的个人魅力，课堂氛围融洽，学生有较高的学习兴趣和探究欲望。课堂评价关注是否有新度。

（2）专心：教师组织教学能力强，教学目标明确、具体，有层次、有梯度、重难点突出。学生参与度、专注度高，有解决问题的意识与能力，能较好地掌握本节课的教学内容，学科素养得到提升。课堂评价关注是否有梯度。

（3）齐心：教师能根据课程要求设计适切的小组活动，并有效组织实施。学生在小组合作中积极参与、团结协作、悦纳他人、敢于质疑、勇于表达。课堂评价关注是否有亮度。

（4）开心：课堂氛围融洽、有师生、生生间的思维碰撞与生成，多对学生鼓励性的正向评价。学生在课堂中有愉悦的情感体验、有学习的成就感、乐于分享。

课堂评价关注是否有温度。

（5）润心：教师注重对学生心灵的陶冶、思想的引领和文化的浸润。学生能形成积极的情感、态度、价值观。课堂评价关注是否有深度。

针对"五心"课堂中教师的教和学生的学的总体情况，我们用五颗心的亮度来反映和评价课堂。

（三）"创·力"教研

围绕"建设一所动力十足的学校"的办学目标，激发教师的内驱力是关键。基于"力"，我的思考是：教研组的工作要有正确的方向，有目标引领；在教研组内，个人力量和集体力量要形成合力，通向未来。因此，我们构建的"创·力"教研管理机制从计划、资源、备课、上课、作业、辅导、评价、反思、总结九个环节加强指导与考评（见图15）。

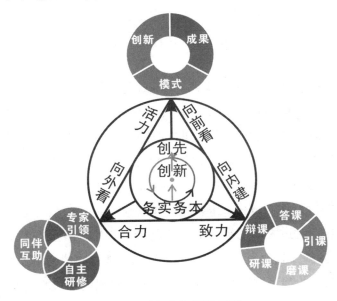

图15 "创·力"教研模型

为全面促进教师团队建设，促进每一名教师找到自身的定位、方向和目标，学校努力完善教师专业成长个人档案，大力开展师徒结对、名师工作室、集团帮扶、组内互助等，促进班级学科教师、不同学科教师、课题组内教师、集团内教师间的合作，潜移默化增强教师创新思维，促进教师终身学习，以专业成长提升教师获得感和幸福感。

设立"创·力"教师发展中心。包括专业发展中心、师宣中心、团建中心、教科研中心四个部分。广泛开展教师沙龙、优秀教师、党员风采、课题研究等活动。

设立首席教师制度。针对各个科目，首席教师主要负责听课、教研等活动，对所有教师的成长有专业引领的职责。

设置"创客奖"。奖励在教育教学中做出实验创新的教师。每月、每学期、每学年均可在不同学科、不同年级进行表彰。

建立导师制。每位学科任课老师都是导师，1名导师匹配8~15位学生，导师与学生实行双向选择。导师全面了解学生状况，针对学生的个性差异，因材施教，指导学生的思想、学习与生活。导师制贯彻全员育人、全程育人、全面育人的现代教育理念。

五、初步成效

2023年以来，通过管理团队、教师团队、专家团队的不断探讨研究打磨，学校"实·创"教育初具雏形，"创·生"课程和"创·力"教研正在有效实施，成效开始显现。

（一）务实务本，解放思想，凝练"实·创"教育哲学

在数十次管理干部与骨干教师的深入交流探讨中，在学校历史文化的内涵和教师的精神内核以及学校教育价值追求的挖掘中，务实务本、实事求是、唯实唯真，成为学校教师心中的立校之本；与时俱进、批判创新成为学校发展的永恒动力。"实"与"创"两个字在教师的共情话语中不约而期地反复汇聚，由此学校"实·创"教育的价值体系逐渐变得清晰可辨。"实·创"教育成为我们"脚踏实地"的依托，它是对过去成功经验的守正与继承，它让我们在教育的改革进程中把握方向；"实·创"教育是对"通达未来"的憧憬，它成为解放我们教师思想枷锁的钥匙，让教师能够穿过那既定的城垣壁垒，仰望到未来的美丽星空。在"实·创"教育办学思想引领下，学校教育教学改革破字当先，立在其中。名师引领、项目带动、课题引领、机制创新让学校的教育教学焕发出新的活力。从2022年至今，"程辉名校长工作室""易成勇网络画板名师工作室""何静少先队工作室""陈晓霞群文阅读工作室"等学术团体应运而生，省、市、区、校四级课题并驾齐驱，学校课程、课堂、教研焕发勃勃生机。

（二）整合资源，拓展路径，化育"创·生"课程

如果把学生核心素养看作是一棵大树上结出的果实，那么课程则是这些果实

赖以生长的"根、干、枝"；而我们的教师则是课程这棵大树的守护园丁。为了让课程这棵大树枝繁叶茂，果满枝头，我们从"课程资源、课程管理、教师研修、信息赋能"四个维度，对学校"创·生"课程的实施进行系统架构。

1. 整合资源　丰富课程

为了弥补教育资源不足，模块的开发不够专业，特色化不明显的问题，学校积极整合一校三区资源、社区资源，专业家长资源，企业资源，为课程开发、实施提供了充分的资源保障和师资保障。三校区形成基于学校特长教师的校本"创·干"特色课程64门。其中，古诗词吟唱、鸣鸠琴、电子钢琴、陶艺、舞蹈、创编未来、机器人、网络画板、"语"你同行、纸雕、鲁班坊、泥塑、啦啦操、篮球、足球等深受学生喜爱。在社区资源应用上，我们采取"走出去"与"请进来"的策略。一方面通过校外研学、社会实践的方式，让孩子走出校园，走进社区、青白江工业园区、蓉欧铁路港、实小校外家庭农场、青白江博物馆、绣川书院、家珍烈士园林、敬老院，让教育在生活、实践中真实发生。另一方面，我们邀请社区的非物质文化遗产的传承人和部分特长家长到学校开办特色课程、家长课程，其中武术、书法、古琴、面塑、厨艺、校外家庭农场等受到学生追捧。

2. 项目推进　优化管理

在校本课程开发与实施的管理上我们采取课程项目化的管理机制，设立专项课程项目经费，建立项目课程反馈与考评机制和家长学分机制。通过项目奖励机制，提升教师在课程建设与实施中的幸福感，通过家长学分机制提升家长和校外专业人员对学校课程建设与实施的参与感和成就感。

3. 融合培育　优长发展

为了让更多的教师参与到学校的课程建设与实施中，最大限度地激发教师的创造力与想象力，我们在支持教师专业化发展的同时，鼓励教师融合发展。例如鼓励数学教师在掌握专门的数学学科软件"网络画板"的同时，跨学科学习scratch编程和CAD建模等软件，为我校的创编未来、3D建模、鲁班坊等课程的开设提供了强大的师资保障。

4. 信息赋能　优化评价

在课程的评价上，我们通过"钉钉"平台，搭建智慧校本课程选课窗口，同时通过"钉钉"平台的统计数据，科学分析各种课程的受众面大小，通过"班级优化大师"对课程的实施过程、学生的学习情况进行跟踪评价。基于大数据统计结果对学校课程的实施者进行绩效考评，从而进一步促进校本课程的规范管理。

创新务实的课程建设与管理机制，让学校课程的育人成果喜挂枝头。2022年，我校啦啦操队参加杭州迎亚运中外人文交流小使者舞蹈表演，获得一等奖；2022年，我校网络画板社团的孩子参加全国小学生网络画板创意设计大赛，共有7人获得一等奖；2023年，我校创编未来社团的小伙伴参加成都市纸桥设计比赛获得一等奖和最佳科技创意奖……

（三）求之于心，践之于行，聚焦"创·心"课堂

当我们仰望着学校这棵不断生长的"创·生"之树时，学校的课程已然干壮枝繁，然而它的根生之处却是我们脚下的这片土壤，这就是我们每天耕耘着的课程与素养得以生长的场域，我们都把它叫作"创·心"课堂。求之于心，践之于行，我们本着教育的初心，在内心里去寻求与揣摩，在行动中去实践与批判，从而发现"创·心"课堂的本真面目。当我们把"创·心"课堂的"五心"评价推及各个学科的教学中，我们的学科教学焕发出新的活力。

1. "创·心"课堂之于"数学三学堂"

从"心"到"行"嬗变，是数学学科推行"创·心"课堂学科实践的行动路径。通过技术赋能，我们将数学学科教学内容进行整合，推出网络画板美学堂、易学堂、趣学堂。通过近两年和数十节研究课的反复研磨，逐步勾画出"致性创享"的数学实验课堂"画像"和基于数学实验的个性化教学模式。网络画板"数学三学堂"为孩子们在课堂上提供了更多"做"的机会，让他们在数学实验的过程中找到了数学之美，体验到了数学之趣，积累了探究之法，领悟了通达之易。课堂因为心灵、思维和双手的解放，而让学校的教育哲学在学科教学中得到具象的表达。

2. "创·心"课堂之于"融创语文"

"创·心"课堂在语文教学实践中，孕育出"融创语文"的教学特色。"融创语文"课堂之"融"在于通过"望远镜思维"将知识板块进行纵向的构建，同时跨学科、跨单元、实践活动实现知识的横向建构；"创"在于通过"放大镜思维"向内深挖，思考文本与人文主题、文本与语文要素、文本与文本之间的关系等。同时通过做"阅读漂流瓶""阅读银行""做阅读手杖""古典名著配音""情景即兴表达"等实践活动实现学生从课堂读写到课外表达，从课堂学习到生活实践的高阶跨越。

（四）"外寻内求，生生不息"构建"创·力"教研

课堂质量是教学质量的关键，而教师则是课堂的掌舵人。为此，要强质量，则先强教师，要强教师，则先强教研。通过构建沉浸式的"创·立"教研模型，让散漫化、碎片化、形式化、表面化的教研活动逐步走向专题化和细节化。在"创·力"教研的实践中，我们从研前、研中、研后三个时间维度以及向外、向前、向内三个空间维度构建创立教研的基本模型。

从时间维度来看，我们可以把创立教研的流程简单地概括为"6+6+3"流程，即研前"六定"即定主题、定资源、定任务、定流程、定成果、定时间；研中"六课"即上课、说课、评课、辩课、答课、重构课；研后"三环"即反思得与失、再上同一课、撰写好经验。

从空间维度来看，"向外看"主要是寻求教研主题的相关资源，如通过专家引领和三校区同伴互助的方式实现人力资源的引进，通过自主研修的方式实现相关文献、视频、案例资源的检索，找到所需的教学资源。当人力资源与教学资源在研究者身上发生有效整合时，我们就说"创·力"教研形成了合力。"向内求"主要是基于同一专题，通过教研组内的"六课"活动将力量集中于一点，致力于某个问题和困难的解决，形成沉浸式的深度研修，从而形成致力。"向前走"是通过教研活动过程与研前"六定"的锚定，让教研活动，有靶、有序、有章、有度、有效。

六、未来展望

"实验创新，通达未来"，为未来世界所需要的人才培养奠基，是青白江实验小学培养学生的基础思考。

未来的实验小学，"实·创"教育品牌将日益深入人心，"创·生"课程将成为学校最重要的产品，"创·根"课程（国家课程）、"创·干"课程（校本课程）、"创·枝"课程（融合课程）将培养身体结实、基础扎实、情感朴实、实事求是，具有实践能力、实验精神和创新精神、具有典型"TRAIN素养"的通往未来世界的中国儿童。

未来的实验小学，"创·力"教研将集中学科团队、课题团队、管理团队、骨干团队的力量，激发教师的职业内驱力，为教师发展集智、集力、集心，教师

"6C素养"特征明显，"创·心"课堂上的师生关系会更加民主和谐，教师的教学设计更加贴近学生"最近发展区"，学生的学习表现更加自然真实，学生的情感价值观将在润物无声的生长生成。

基于实，勇于创，青白江区实验小学"向未来进发"！

致美教育，让童年与世界和美共生

——我的办学思想与实践

□ 成都市青白江区大弯小学　肖　洪

　　美，是很多人对大弯小学的第一印象。走进这座满园苍翠欲滴、四季红绿相伴的校园，俪亭池轩，花魂竹韵，池塘静观鱼跃龙门，浮雕仰止大师先贤。

　　20世纪90年代中期，美育教育方兴未艾，大弯小学成为最早一批实施美育的学校，并开设了"综合美育课"，是全国较早开设美育课的小学之一。从此，"美育"就成为学校办学特色的代名词。

　　历经30余年"美育特色立校、美育文化兴校、美育课程强校"的探索发展，大弯小学始终秉持"以美育人　一以贯之"的办学理念，其思想核心就是要点亮孩子心中的"真、善、美"，让童年与世界和美共生，努力成为具有"求真精神、善良品行、审美和人文素养"的现代小公民。

一、致美教育，点亮孩子心中的"真、善、美"

　　美是纯洁道德、丰富精神的重要源泉。美育是审美教育、情操教育、心灵教育，也是丰富想象力和培养创新意识的教育。美育是有目的、有计划、有组织的，通过美的事物，培养学生的审美欣赏力、审美表现力、审美创造力，同时促进其德智体美劳全面素质和谐发展的教育。

　　致美教育，致，有"给予""集中（力量、意志等）于某个方面""达到，实现"之意。在此，力图传达这些理念：学校要立足"一切有积极的元素"都是审美因子，运用审美化思维，充分发掘学校学习生活中管理服务、教育教学的每一个审美因子，给予学生美的教育，即"以美育人"之意；学校将集中、汇聚一切"美"的因素，以培养全面发展的人；通过学校教育，通过营造轻松、愉悦、适宜的教育氛围与环境，科学设置致美教育的培育机制，培养学生审美能力，使学生各得其所、各美其美，塑造学生美好人生。

（一）"以美育人　一以贯之"的办学理念，将美育融入学校教育的全过程

在教育改革的新时代，在青白江区确立"陆海联运枢纽、国际化青白江"的总体定位，加快"一流教育强区"建设的进程中，学校将持续拓进"美育特色"的创新发展，将全面贯彻《中共中央关于深化教育改革全面推进素质教育的决定》中提出的"将美育融入学校教育的全过程"的理念及精神，从校园文化建设、课程体系优化、课堂教学变革、教师队伍建设、班级审美化活动开展等方面，汇集"美"的内容、采用"美"的途径、运用"美"的形式，落实在培养学生"核心素养"上，落实在"立德树人"上。

"一以贯之"，出自《论语·里仁》子曰："参乎！吾道一以贯之"。在此，表明学校将把"以美育人"的办学主张贯穿于与学校教育相关的一切事物中，持续推进，并随着时代、社会的发展进程，不断优化、迭级、提升。

（二）"让童年与世界和美共生"的核心价值观，以期真正实现从"美"到"人"的转变

儿童的发展是现代教育核心价值的定位，儿童立场应是现代教育的立场。

学校将秉持"尊重儿童、发现儿童、发展儿童、引领儿童"的教育路径，将每一个孩子的童年视为"整体世界"中不可缺失的"美"的一部分，同时，也充分肯定每一个"童年"都因其各自不同、独具魅力的"美"，丰富、充实着"整体世界"的"美"。同时，学校也将用"世界的美"来陪伴、引领、助力儿童更健康、优质地成长。

儿童与世界都具有不确定性、发展性和未来性。学校的核心价值观还彰显出对"立足现在、放眼世界、链接未来"的教育责任和担当的认知与理解。

"让童年与世界和美共生"核心价值观体现了学校基于"儿童现实生活"的教育追求，以期真正实现从"美"到"人"的转变。通过"以美育人"和"以美化人"，真正把与美相遇的过程，变成育人的过程，让每个人成为最好、最美的自己。同时，也用自身的"美"去创造世界的"美"，在与世界的多义性关联（人与自身、自然和社会）中建构更为丰富的、更有价值的"我"的存在方式与生命内涵。

（三）"学真知、练真才、求真理、做真人"的四真校训，奠基并培养影响孩子一生发展的价值观

真，基本义是本质、本性，引申为真实，又指明确清楚。求真，就是要认识

世界，探索规律，崇尚科学，坚持真理。

"求真"语出平民教育家陶行知"千教万教教人求真，千学万学学做真人"。这是他总结出的教育真谛，阐明了教育的价值观与道德观，指明了教育最本质的属性、最核心的灵魂、最根本的使命。

真善美从来都是一体的，真与善是美的基础，美一定是建立在真与善，首先是真的基础上的，美首先要符合真的标准，真之于美，犹如一幢高楼大厦的基石。从施教的角度讲，美又是"育真"的内容与手段。

作为校训，学校期望每一名学子潜心学问学真知，用心做事练真才，科学探索求真理，永葆赤诚做真人，逐渐成长为"敢于坚持真理，并具备不断追求真理的才智""品行善良，并用自己的言行去影响世界""向美而行，并拥有欣赏美、创造美的素养和能力"的未来社会的优秀建设者。

（四）"各美其美、美美与共"的校风，构建更人文、更和谐的教育生态系统

1990年12月，在就"人的研究在中国——个人的经历"主题进行演讲时，著名社会学家费孝通先生总结出了"各美其美、美人之美、美美与共、天下大同"这一处理不同文化关系的十六字"箴言"。

在此，学校将"各美其美、美美与共"作为校风，贴合"以美育人 一以贯之"的办学理念及"让童年与世界和美共生"的核心价值观，意在唤起全体师生"对自身个体之美"的认知和尊重，彰显个体生命"独一无二"的价值，同时，倡导对他人以及对周围世界之美的"发现"和"尊重"，形成"个体"与"个体""个体"与"群体"之间的"万物共生、相辅相成"的辩证意识。学校致力于营造师生之间、师师之间、生生之间以及"家校社"之间和美同行的良好风气及育人环境，以更人文、更和谐的教育生态系统，助力孩子成长。

（五）"教人求真、引人向善、和美共育"的教风，为全体学生的"和美"成长提供支撑

学校主张教师群体要以"崇尚真理、追求真理"的精神和教育教学方式奠基学生"勤奋学习、辨识真伪，追求真知识、真学问"的意识和能力；教师群体要以自身的师德风范，在日常教育教学过程中，去影响、引领学生"不断完善自身言行、追求美好事物"的主动意愿和实践行动。

倡导全体教师都应成为"身心健康""德才兼备"的至美之师；倡导全体教师以"言行之美""人格之美""教学之美"去引领学生优质成长；特别在践行《义务教育课程方案和课程标准（2022年版）》的新时代教育改革的历程中，学校

主张教师以"打破学科界限""贯通学段育人"的意识与行为，各学科教师之间应当取长补短、协调优化，以更"和美"的育人内容、育人途径和方式，为全体学生的"和美"成长提供支撑。

（六）"勤学真知、乐群友善、创美笃行"的学风，奠定"中华民族共同体"和"人类命运共同体"的意识和情怀

勤学真知，强调学生以学为主的"本位"以及学习过程中的"慎思、明辨"的能力，《义务教育课程方案和课程标准（2022年版）》也强调对"理想信念"及"正确价值观"的培养，这对全体学生对知识、信息等的辨别、选择提出更高要求。

乐群友善，是从"个体与群体"的辩证关系方面对学生提出的成长要求，只有"乐群友善"的人才能养成合作、共进的意识，才能发现、欣赏别人身上的"美"，也只有这样的人才能从小奠定"中华民族共同体"和"人类命运共同体"的意识和情怀。

创美笃行，是从发挥主动性、能动性以及创新实践层面提出要求，一个能"创美笃行"的人，才能是一名"有理想、有本领、有担当"的新时代好少年。

二、多点并进，致美教育成就至美师生

（一）营造致美环境，让校园更有故事

一个校园，有了内涵，有了故事，才有了生命力和活力。我始终认为"学校，不仅是孩子们学习知识的地方，也是给孩子们留下童年记忆的地方，更是孩子们梦想起航的地方。"

近年来，学校文化设计以生为本、面向未来，体现对话、合作、创造、灵动、个性的精神，进行了校园文化"四一""两馆""多室"打造：一座至美亭、一个美育小广场、一个少先队活动阵地、一条艺术走廊；蕴含智慧生态的低碳科技馆、充满生命历程的美育馆；充满无限想象的陶艺室、翰墨书香的书法室、演绎韵律的舞蹈室、博弈厮杀的围棋室等。校园文化有内涵有品位，影响和教育了一批又一批的大弯学子。学校文化不再是停留在文件上、墙壁上，而是切实将文化植入全体师生的信念和价值观，打造文化体系，让学校文化成为无处不在、潜移默化的强大教育力量，从而达到以文化人、以文育人的效果。

（二）构建致美课程，让发展更有内涵

课程是学校教育的载体，课程的品质决定着学校教育的质量。大弯小学全面

贯彻党的教育方针，在落实国家课程的基础上，用大课程观规划学校特色课程，用视点结构等理论武装美育课程体系，建构"一体多维致美课程系统"。

该课程充分体现"致美价值、五育融合、面向未来"的课程建设理念。具体而言，"一体"即"致美价值"，指以学校办学思想的美学追求为导向；"多维"指课程内容，包括致美育人"校园文化形象课程系统"（校徽、校歌、校训、校园环境、多彩活动等校园文化课程，班徽、班歌、班训、班级故事等班级文化课程），"致美基础学科课程系统"，"致美多学科融合课程系统"，"致美未来课程系统"，"致美家校社共育师生评价课程系统"等。

"一体多维致美课程系统"工程，遵循大美逻辑，充分调动学校师生全员参与。多维课程体系之间相互融合渗透，在不同阶段创生最适合学校自身发展的可能性，实现师生的"至真、至善、至美与和谐人格"的发展。各圈层之间的内在逻辑联系是视点结构教学模式，借此模式将课程与课程有机联系，形成序列，持续推进美育教学。

（三）打造致美课堂，让学习更有意思

课堂教学是学生学习的主阵地，一定要随着时代的发展、学生需求的转变而改变，今天的课堂教学要不断优化课堂结构，把学科教学转变为学科教育，促进"教"的行为变化，从而推动"学"的方式转变。

运用"审美化视点结构教学六环节+"模式，推进学科课程审美化，打造"致美课堂"。视点导入简洁有趣、铺垫得当、引发思考、衔接过渡自然，紧扣学习主题；揭示环节要使教学视点能够清晰而明确地建构在学生头脑中；在强化环节要巩固视点，让学生学习的新知能够内化；延伸环节从清晰的视点出发，按照一定的知识联系拓展教学视野；在检测环节，检测材料要有科学性和针对性，能根据检测结果反馈教学或补救教学，目标达成当堂见效；回归环节能回扣教学视点再度指向教学目标，归纳简明系统，规律总结明了科学。至此，教学活动的一个基本"逻辑循环节"运行完成，六环节环环相扣，层层深入，致美课堂浑然一体。

同时我们认为，艺术学科教学是小学阶段学校美育课程的主体，要注重激发学生艺术兴趣，传授必备的基础知识与技能，发展艺术想象力和创新意识，帮助学生形成一两项艺术特长和爱好，培养学生健康向上的审美趣味、审美格调、审美理想。为此，在音乐学科教学上，推行"体验式"音乐课堂教学模式，让孩子们在每一堂音乐课中去参与、体验、表达、享受音乐之美。在美术学科教学上，以"陶艺"为视点，将美术课程标准中的相关目标整合于陶艺特色课程中，以陶艺为课程载体，培养学生创作、鉴赏、表达的艺术之美。

（四）凝聚致美力量，让团队更具活力

"滴水不成海，独木难成林"，一所学校的成长与发展，关键是要有一个好的团队。俗话说，没有完美的个人，只有完美的团队。而一支支思想型、研究型的至美团队则是大弯小学灵动的血脉。管理提升团队、信息素养提升团队、学科专业指导团队、未来课堂团队、数据化分析团队……一支支团队通过学校各个层面的推进，让教师眼界保持在课改发展的前沿，教师思维不停运转，改变教师行为，从而促进教师专业发展。

2019年6月大弯小学校北区分校投入使用，2022年6月大弯小学南校区正式招生，至此大弯小学实现了一校三区新格局。三个校区平台共建，资源共享，师资共研，协同发展，联动提升，高品质打造教育发展共同体。雄厚的师资力量是每一位大弯小学学子健康发展、致美成长的坚强保障。这一群志同道合、醉心教育的至美教师将引领大弯小学学子一起为建设致美大弯，建设青白江高标准、高品质教育，共向致美未来。

三、面向未来，"致美"与"智未来"相融合

未来的社会将是数智化的社会，必将对人类生活结构、学习空间和行为方式带来深刻影响。在数字化和智能化教育转型过程中，教育将呈现何种发展趋势，大弯小学的美育之路将怎样与未来衔接？这些问题，值得我们关注与思考。未来已来，将至已至，也许它很远，但也许它很快就会到来。为此，我们从空间图谱、课堂图谱、课程图谱、评价图谱等方面进行了系列变革。

空间图谱变革，学校在功能区设计、校园色彩搭配、空间布局上关注学生诉求，遵循科学原则，坚持儿童立场，坚持为教学服务。"教学逻辑的设计"转向"儿童立场的变革"，鼓励儿童参与学校建设，策划属于自己的标识，从吉祥物设计到中心花园布置，再到亭台楼阁布局，进一步扩大非正式教学空间，加强开放设计与智慧元素的应用，努力建造人与自然和谐共处的致美新校园。

课堂图谱变革，"无边界美学堂"与领办学校成都东部新区石盘小学校、集团5所小学进行远程直播课堂、直播教研，促进"互联网+至美教师团队"的互动与交流；采用"小先生制"模式，建立特色学生发展机制；结合信息技术和互联网大数据，建立学生发展心理健康监测、辅导、矫正机制；建立分层跟踪的"双

师制"，推动不同层次学生持续进步。

课程图谱变革，用大课程观规划学校特色课程，用视点结构等理论完善美育课程体系，推出致美云课堂，开展致美课程线上线下互补型创新型教学模式，支持每位学生课程路径设计的个性化，实现个性化的课程实施；STEAM课程通过合作探究、深度学习等方式，深入真实场景，发展了学生的核心素养和高阶思维；环境陶艺课程融入校园文化建设，校园的人文内涵得以体现。

评价图谱变革，致美课堂实现了数据化的评价，研发了视点结构教学数据化课堂观察平台，用数据进行观课、评课，对师生教学行为进行记录与评价；自主开发的绩效考核管理系统，对教师的教育教学基本行为进行过程化管理和分析，为后期管理调控提供数据化信息支撑。

俊彦荟萃，学子于此而宜读；积淀厚重，西席仰止以思贤。大弯小学向美而生、立美而兴、至美而强，将美变成信仰和追求，变成执着而美丽的坚守。"以美育人　一以贯之"，大弯小学继续在路上……

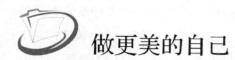

做更美的自己

□ 成都市青白江区大弯小学北区分校　阳铁桥

"以美育人　一以贯之"的美育思想是大弯小学教育集团20世纪60年代以来逐步凝聚出来的办学理念，经过半个多世纪的发展，逐步形成了集团学校的办学思想。

大弯小学北区分校继承和发展了大弯小学本部的美育思想，两所学校既有相同的美育文化基因，又有各自的特色，和而不同。大弯小学北区分校提出了"做更美的自己"的办学主张，《礼记·大学》里讲："苟日新、日日新、又日新……是故君子无所不用其极"，每天进步一点点，就是进步，就是"更美"；学校的师生的每一天都在不断追求美的道路上，就是"更美"。在学校的办学理念下，大弯小学北区分校提出了以学生成长为中心的"健康的身、温暖的心、聪明的脑"的育人目标，围绕学校的办学目标，建设学校的课程体系：以美育人、课程育人、服务育人。

一、以美育人，建设以师生共创共生为主体的美好育人环境

学校的育人环境需要逐步积淀，逐渐生成。经过反复研判，我们学校确立了以师生共创共生为主体的书香校园文化作为校园环境的建设路径，进一步提升学校的办学品质。

校园环境是学校办学思想、学校文化的具象化，是凝聚人心、展示学校形象、提高学校文明程度的重要体现，对学生的人生观、价值观产生潜移默化的深远影响。

在育人环境的建设中，我们逐步总结出以下三条路径。

（一）学校的环境建设可以慢一点，但必须有总体规划

校园环境建设受限于人力、资金、学校需要、上级部署等因素，很难一蹴而就，校园环境是在校园的发展中，逐渐生成、固化，形成学校特有的育人环境和育人文化。校园的环境建设是校园文化的具象化，不必风风火火一下子建设出自己需要的、理想的校园环境，可以根据实际需要、资金多少、特色发展等逐步建设。但校园环境的建设，必须在学校办学思想的指引下，有总体的规划，环境建设应该在总体规划下逐步实施，保证校园环境建设的整体性，校园文化生成的一致性和发展性。做到慢而不乱，陆续而有序。大弯小学北区分校在建校之初，梳理了学校的办学理念、育人目标和实施路径，在此基础上对学校的校园文化进行了整体设计，在后续的校园环境建设中，根据总体规划，逐步推进，在推进的过程中，根据实际需要进行了微调，既解决了受限于财力、人力的问题导致的不连续性，又保证了校园环境建设的整体性。

（二）校外参与可以少一点，以师生共建、共创、共生为主体

学校在不断的发展过程中，自然环境在朝着"美"的方向逐渐进化，人文环境也朝着"美"的方向逐渐生成，环境在优化，文化在沉淀。美好的校园环境能够让教师在校园中看得到自己留下的痕迹，让学生在校园中看到自己的成长，让师生的作品能够凝聚出学校的文化精神。大弯小学北区分校在学校的环境建设方面进行了初步的尝试，学校根据学校历史基因，设计的吉祥物"小'弯'豆"，得到了全体师生的喜爱；美术教师带领孩子们共建、共创、共同生成的美术文化墙，每一次孩子们路过这里，都会驻足观看，回味自己的创作过程，自豪地告诉小伙伴这是自己的成果；枯死的树木，学校发动孩子们捐赠树苗进行栽种，并让孩子命名这棵树木，每次孩子都会自豪地对同学讲："这棵树是我栽种的！"引得其他孩子纷纷向往自己有机会在校园栽下一株属于自己的树……这是最好的教材，这是最好的校园环境的建设路径。

（三）百花齐放是春天，出墙红梅更精彩

学校的校园环境在建设的过程中，在总体规划的指引下，有序推进。无论是自然环境，还是人文环境的建设，不可避免地出现差异性。例如自然环境中，树种的选择，学校根据需要和地理位置的不同，需要营造出高低错落的、搭配自由的景观格局；人文环境中，不同学科沉淀出的人文环境也各有千秋。正因为如此，学校的自然环境和人文环境需要兼容并包，也因为如此，学校的环境失去了自己的特色，让人记不起，好像都很美，但具体让人记忆深刻的又说不上来。我们记

得武大的樱花、电子科大的银杏，青白江的学校，我们知道人和学校的柚子……是因为他们在环境建设的时候，不仅做到了兼容并包，更注重特色突出。大弯小学北区分校在校园建设之初，将樱花作为学校的校花，在自然环境的建设中，就以樱花为主题；在人文环境的建设中，学校从一年级下学期开始开设书法课，从三年级开始，根据学生的书写情况和个人爱好，开设精品书法社团，邀请区书法协会主席陈岩老师到学校任教，并结合周末托管、寒暑假托管开展书法素质拓展班，学校里的一批小小书法家正在成长。我理想的校园，是学生人人都能写一手好字，学生的书法作品挂满校园，每一张书法作品都能看到学生的成长，每一张作品都能给人精神上的启迪。学校的书法课程不仅能让学生写好字，还能让学生认识到中华民族悠久灿烂的文化艺术，激发他们热爱祖国文化，继承祖国文化，提升学生的审美情趣。

二、课程育人，建设以学生成长为中心的至美课程体系

在学校的办学理念下，大弯小学北区分校提出了以学生成长为中心的"健康的身、温暖的心、聪明的脑"的育人目标，围绕学校的办学目标，建设学校的课程体系，在开齐开足国家课程、地方课程的前提下，利用延时服务、托管等，建设学校的课程体系。

（一）围绕"健康的身"的育人目标

着眼于"健康与技能"的培养，秉持陶行知的"健康第一"价值观，以体育运动促身体健康，用营养配餐促饮食健康，开设了"健康课程"。培养学生一种终身受益的运动爱好，掌握一项终身受用的运动技能。

1. 首次将传统武术长拳纳入体育课

学生在学习传统武术的时候，一招一式，堂堂正正，尽显豪侠精神。武术之武，不仅在于招式，更在于培养学生那一身武术正气精神！

2. 全区首个引入了气步枪射击课程

射击运动目前在全区中小学还处于空白，为国家去发掘、培养射击运动员，为国家作贡献是学校义不容辞的责任。学校根据自身条件，率先开展这项课程，旨在丰富学校课程体系的同时，丰富育人路径，发掘国家人才。

3. 学校开设了多达12项体育课程，充分满足学生的需要

学校在体育多样化发展的同时，也在发掘学校体育教师的特长。我们发现，

学校的教师在跳绳训练上，能够充分激发学生的积极性，学校参加了两届跳绳比赛，均获得了全区第一名。

4. 开设膳食课程

不仅每周公布我们的"健康营养膳食谱"，利用节日，还邀请学生和家长走进食堂，和学生一起包粽子、做汤圆等，既是学校围绕"健康的身"打造的课程项目，也是学校劳动教育的一部分。下一步，学校将建设校园"厨工坊"，将生活教育、劳动教育融入其中，"生活即教育、教育即生活"。

2021年，学校体育类比赛中，教师、学生、团体在区级及以上的比赛中获奖多达60多次；其中我们小学一二年级的跳绳比赛，连续两年获得了全区第一名。

（二）围绕"温暖的心"的育人目标

着眼于"道德与品质"的培养，开设"德美课程"：涵盖传统文化教育、爱国主义教育、卫生管理等。

1. 有"礼"有"节"

（1）隆重"开学礼"，让新生一年级爱上学校。每年的9月1日，新生报到的时候，学校全体教师都会行动起来，营造轻松欢乐的入学氛围，"葱"明伶俐、一"鸣"惊人，步步"高"升……一系列的小活动，让学生在不知不觉中爱上了学校，充满了乐趣和仪式感。

（2）盛大毕业礼，难忘母校。每一年的六年级学生毕业之际，学校校长会亲自送别每一个班级、每一个学生，送给他们对前程的祝福；学生也会制作卡片，表达对母校的祝福与思念。

（3）进校礼和放学礼，每一声问好和再见，不仅是学校的要求，更是对学生习惯的培养，培养学生做一个有礼貌的人。

（4）集队集会礼，国旗下的教育，庄重的仪式，让学生用行为表达对国旗的尊重，对国家的热爱，是"为谁培养人"的大问题。

学校围绕"节日节气"构建"双节"德育体系。利用传统节日：春节、元宵、清明、端午、中秋、除夕等，开展学生活动，继承和发扬中国传统文化。利用建党节、建军节、教师节、国庆节培养学生尊师重教，播下爱党爱国的思想种子。利用"五一劳动节""六一儿童节""世界地球日""世界节水日"等节日，加强学生的环保意识，培训学生的国际化意识和爱自己、爱生活、爱自然的情感。学校结合自身的优势和特点，还开设学校的节日，如体育节、艺术节、学术节、科技节等。

2. 树立劳动者最美的思想理念

在校内开展"小'弯'豆"服务岗，用自己的劳动，维护爱惜我们的校园。开展劳动实践基地，体验劳动的艰辛，"一粥一饭，当思来之不易"。

3. 开展"至美之星"的评选

学校在每年的9月至10月，开展"至美之星"的评选。评选出十个类别的"至美学生"；后面我们还增加评选了至美家长、至美教师、至美团队。每年的9月至10月，盛大的节日，不仅是对新入校的学生和家长的一种激励，也是学校对学生、家长、教师、团队的一种肯定。

（三）开设"智慧课程"

围绕"聪明的脑"的育人目标，着眼于"传承与创新"的培养，开设"智慧课程"。

科创社团是全校最受欢迎的社团之一，学生们在课程中的思考和探索，动手实践和不断纠错，都成了课堂的乐趣，更重要的是培养学生的求知探索精神。2021年，在学校的推动下，将书法课纳入全校美术课程之中，1~3年级，每个孩子都要进行软笔书法的学习，邀请青白江区书法协会主席陈岩老师开设书法精品社团，不仅是对孩子的书写提出了要求，更是对传统文化的继承和发扬，提升民族的文化自信。和花园沟川剧团合作，在校园内开设川剧课程，目前，小朋友表演得有模有样。除此以外，学校还开设管乐团、国际象棋社团、影视戏剧社团等27个社团。

"聪明的脑"的"聪明"，我们理解的是对学生智慧的启发，对文化的传承，对未来的创新。

三、服务育人，提升以服务家长服务社会的社会美誉度

2021年，学校在"以美育人""课程育人"的基础上，又提出了"服务育人"的办学思想。学校有义务、有责任做到"教化一方百姓、服务一方人民"，提高自己的思想站位，为区域经济发展和社会稳定勇担当，作出自己的贡献。

（一）打好"双减"牌，有减更有加，量减质不减

2021年7月，中共中央办公厅、国务院办公厅印发了《关于进一步减轻义务教育阶段学生作业负担和校外培训负担的意见》，这是一次重大的教育变革。学校在认真落实上级政策的时候，也在思考这次重大变革带给学校的挑战和机遇。我们

都认为，每一次重大的变革，都是学校的发展机遇，当我们认真落实双减减少的内容的时候，更多地在思考增加的部分。"双减"过后，学校在校时间增加了，如何利用好增加的时间，让学校真正做到"量减质不减"？我们统筹校内资源，拓展校外资源，发掘家长资源；提升教师的课前准备，提升课堂教学效率，提升作业设计的质量；增加丰富的、多样性的课后育人活动，在校内满足学生多样化学习需求。这一系列举措得到了家长的认可，提升了学校的美誉度。

（二）打好"托管"牌，内容更丰富，学生有成长

2021年暑假，学校率先在全区范围内开展了暑期托管服务，开班仅有31人，全部是来自大弯小学本部和北区的孩子；本着"民有所呼、我有所应"的"服务育人"的教学理念，学校将这项工作坚持了下来，解决社区居民暑假孩子"看护难"的问题；得到了家长的高度赞誉。2021年寒假，学校再次开展寒假托管的时候，已经有200多人参加学校的托管服务，此时，不仅有本校学生参加，还有校外学生参加我们的寒假托管服务，学校的课程服务得到了家长的进一步认可。学校在做好托管服务的基础上，优化学校的管理、优化师资配备、优化课程设置，优化托管内容的安排，让托管服务不仅是孩子托管的地方，更是孩子快乐成长的天地。2022年暑假，我们暑期托管第三期，有30%的学生来自其他学校，其中不仅有来自区内学校的，更有来自区外的学生参加我们的托管服务，让大弯小学北区的口碑逐渐远扬。

（三）打好"沟通"牌，响应更及时，家长更信任

宣传和沟通，是学校的一张名片。办学是一个系统性工程，需要多方发力，除了自身努力外，还充分调动和开拓办学资源，在政府、社区、家长等诸多力量支撑下，才能激发办学活力。在遇到困难的时候，学校主动积极和上级、社区、家长沟通，主动邀请社区、家长到学校，参与学校的建设、管理工作，让社区居民更了解学校，让老百姓更信任学校。

做更美的自己，对"美"的一以贯之的追求，是学校的办学思想，根植于学校的"血脉"，也是学校前进的方向。如何进一步提升学校的办学品质，需要学校在发展中不断地进行总结、思考、践行，以学生为中心，以人民为中心，大弯小学北区全体教师将共同努力，进一步提升学校的办学品质，将学校建设成为老百姓家门口的好学校！

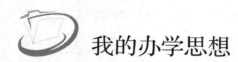

我的办学思想

——温暖守护，让每个生命精彩绽放

□ 成都市青白江区特殊教育学校　高　原

一、提出背景

从党的十七大"关心特殊教育"，党的十八大"支持特殊教育"，到党的十九大"办好特殊教育"，可以看出党和国家对特殊教育的重视程度和支持力度在不断加大。新时代特殊教育迎来新的发展机遇，也面临新的发展任务。

随着《残疾人保障法》《残疾人教育条例》的修订，2014年国务院颁布了《特殊教育提升计划（2014—2016年）》，2017年又颁布了《第二期特殊教育提升计划（2017—2020年）》，去年又出台了《"十四五"特殊教育发展提升行动计划》，这些都为残疾儿童接受公平优质的教育提供了法律及政策支持保障。随着国家关于特殊教育方面的政策、法规越来越成体系，残疾儿童的教育、生活、劳动、福利保障等社会生活的各个方面都有法可依。

残疾儿童享有平等的受教育权，这已经是社会共识。

这些年来，我区特殊教育发展进入了快速发展阶段。特殊教育的办学水平、办学规模、教育管理、基础设施、师资队伍、教学质量等都取得了显著成就。残疾儿童不管是何种类型的残疾，都能通过特教学校、随班就读或送教上门等不同方式接受教育。而且除了九年义务教育阶段，职业教育、高等教育阶段也都逐渐发展起来。目前，我区残疾学生逐步从过去的"没学上"到"有学上"，正朝着"上好学"的目标前进。

二、内涵解读

青白江区特殊教育学校成立于2006年，学校占地约6500平方米，建筑面积约5000平方米，现有教学班10个，学生128人（其中22人为送教上门服务对象）、教师34名。目前学校主要为九年义务教育阶段的中重度心智类障碍特殊儿童提供教育康复服务，包括智力障碍、肢体障碍、言语障碍、精神障碍、多重障碍及其他障碍类型的特殊儿童。

我自2006年学校成立开始接触特殊教育，至今已有16年。作为一个特殊教育的建设者、参与者、推动者，一路走来，我经历了最初的迷茫、发展过程中的不断探索，到如今对特殊教育有了深刻的理解。

2006年刚办校的时候，我只是想着能给特殊孩子提供一个可学习的场所，让他们能像普通孩子一样进入校园接受教育。然而，16年的特教路，让我对特殊教育有了更加深刻的认识，特殊教育是促进残疾儿童全面发展、帮助他们将来更好地融入社会的基本途径。发展特殊教育本身就是尊重人的多样性、推进教育公平的重要途径。党的十九大以来，随着特殊教育发展环境的重大变化，为残疾儿童提供公平又有质量的教育，成为新时代进一步实现残疾儿童平等权利和尊严，提升残疾儿童生命价值的新要求，这也成为特殊教育工作者的重要使命。实现所有残疾儿童公平公正地享有尊严、幸福生活，成为特殊教育工作的终极目标。

特殊教育不是简单地让残疾儿童有机会进入学校接受教育，更要看学校尊重学生个性及差异，真正以学生为中心，关照每一个残疾儿童的潜能开发、个性发展，让每一个残疾儿童都有机会充分参与教育的全过程，这才是特殊教育的理想状态，是教育追求平等的终极形式，是平等和公平的完美体现。

在全面贯彻党的教育方针，落实立德树人根本任务，弘扬社会主义核心价值观，更加重视关爱残疾学生的办学实践中，提出了"温暖守护，让每个生命精彩绽放"的办学思想。

三、文化体系

（一）办学思想：尊重生命，尊重差异，因材施教

特殊教育不仅是生命精神活动，更是一种文化责任，其根本使命是要唤醒人的生命意识，发掘生命潜能，引导生命发展，提升生命质量，促进生命的解放和实现。对于我以及学校所有教师来说，就是要关注生命、尊重生命、呵护生命、成全生命。

残疾儿童的个性和智力发展水平千差万别，所以教育的方法也不能千篇一律，必须因人而异，随机应变，讲究策略，因材施教，使教育的深度、广度、进度适合残疾儿童的知识水平和接受能力，使每个人都得到发展。在教育实践中，我们每一个教师以承认和尊重学生的个别差异为出发点，有的放矢地进行教育，使每一个学生都能各尽其才，学有所用。

（二）办学理念：用教育创造奇迹，用爱心静候花开

选择了特殊教育，就选择了爱与责任。我们的学生身有残疾，但这丝毫无损于他们有一颗和健全孩子一样纯洁善良的心，也不能阻挡他们的生命焕发出动人的光彩。当我们走进他们的心灵深处，我们会被他们的坚强乐观而震撼，我们同样能感受到生命和生命对话的喜悦。学生的残疾给我们带来更多教育教学上的难题，但也是他们让我们变得更加专业、耐心、坚韧和智慧。特殊教育既是孩子们实现梦想的过程，也是教师成长的历程。特殊教育是一门"慢"的艺术，是一个静待花开的过程，教师就是陪伴学生生命绽放的园丁，是学生在生命生机盎然之际放眼世界的精神导师。

特殊教育没有捷径，要用专业，要有爱，唯有爱，可以创造奇迹。用爱与耐心去浇灌，静候花开。

（三）办学宗旨：一切为了残疾儿童

一切为了残疾儿童是全体特教工作者的信念，也是我校的办学宗旨。残疾儿童是一个特殊的群体，他们在生活和学习中有许多难以想象的困难和障碍，需要特殊的关爱和特殊的教育。关心和帮助这些孩子，是政府和社会义不容辞的责任。近年来，通过实施两期特殊教育提升计划，大家可以欣喜地看到，特殊教育普及水平、保障条件和教育质量得到显著提升。近期，国家又制定了《"十四五"特殊教育发展提升行动计划》，目标是到2025年初步建立高质量的特殊教育体系。特教学校及特教人存在的目的和意义就是一切为了特殊儿童，促进残疾儿童自尊、自信、自强、自立，实现最大限度的发展，切实增强残疾儿童家庭福祉。

（四）校训：阳光奋进，感恩自强

心向阳光：学校重视师生心理健康，注重学生积极心态的养成。教师们追逐阳光，变成阳光，并把阳光洒向孩子。

奋进不止：特教教师们，为了孩子能说出一句完整的话，能多走上几米，一天又一天地付出。孩子们克服身心缺陷带来的重重困难，努力发挥自己的优势，坚持不懈努力康复和学习。

永怀感恩：学校将感恩教育寓于各种活动中，引导学生用一句谢谢、一张小小卡片、力所能及的家务劳动去表达对教师、父母、社会、党和国家的感恩之情。

自强不息：学校用丰富的课程和多彩的活动，帮助学生提高自理能力、磨炼坚强意志。

（五）办学目标

为每一个孩子的幸福人生奠基。根据每个孩子的特殊需要，满足特殊儿童多样化的特殊教育需求，提高特殊儿童的生活能力和生存能力，让他们将来有能力平等参与社会，过上自立而有尊严的生活。

（六）学校Logo

彩虹代表天空，也代表多姿多彩的人生；小绿芽代表学生，也代表希望；蓝色片状条代表青白江广阔的大地；绿芽与彩虹之间形成了一颗爱心。整个标志寓意：在同一片蓝天下，在青白江这片广阔的大地上，特殊儿童在学校和老师爱心的灌溉下，通过教育的引导，能破土发芽，充满希望，也能像正常人一样拥有多彩的人生，健康快乐地成长！（见图16）

图16 青白江区特殊教育学校Logo

（七）校歌：静候花开

静候花开

青白江区特殊教育学校校歌

作词人：吉芮瑶　周朝莲

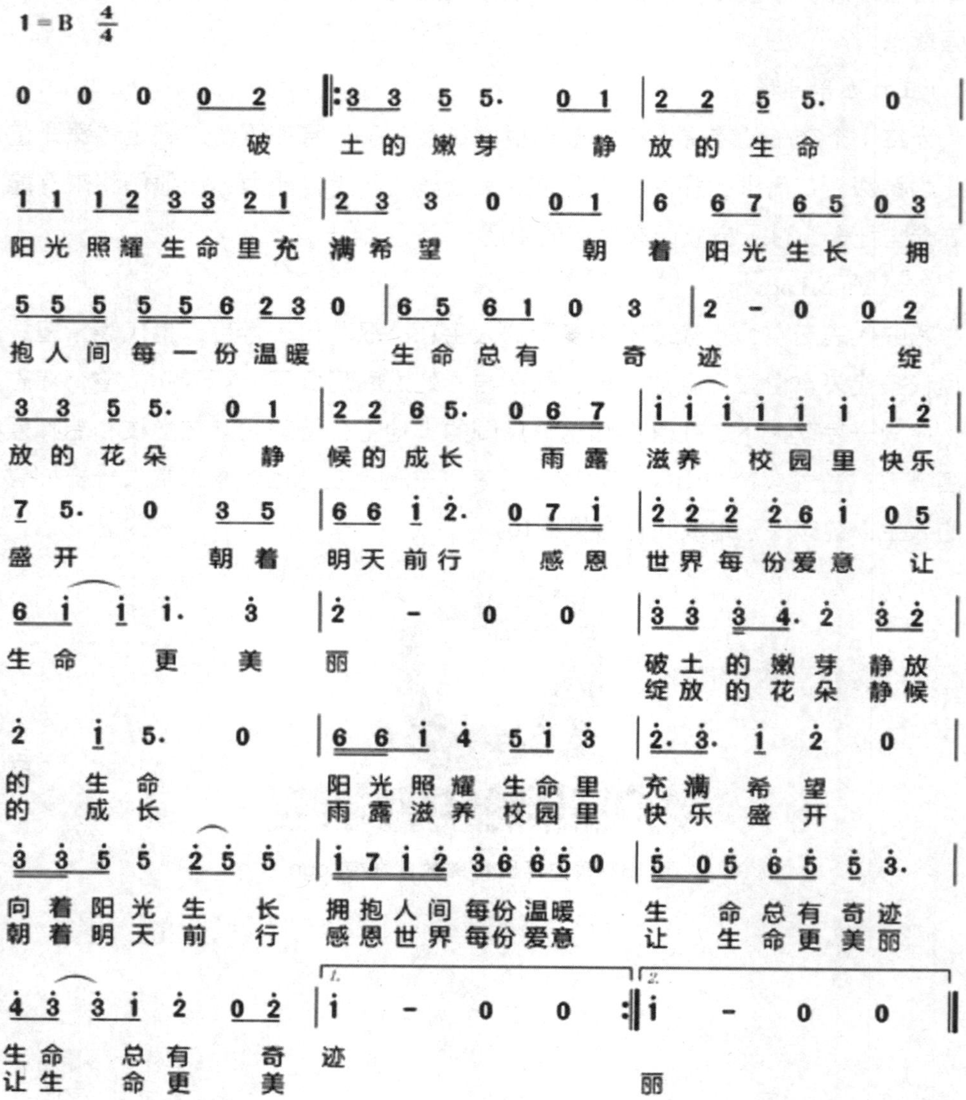

1 = B　4/4

```
0  0  0  0  2 ‖:3 3  5 5. 0 1 | 2 2  5 5. 0 |
                 破 土 的嫩芽   静 放 的生命

1 1  1 2 3 3  2 1 | 2 3  3  0  0 1 | 6  6 7 6 5  0 3 |
阳光 照耀生命里充  满 希望      朝  着阳光生长  拥

5 5 5  5 5 6 2 3  0 | 6 5 6 1 0  3 | 2 - 0  0 2 |
抱人间 每一份温暖    生命总有    奇 迹      绽

3 3  5 5. 0 1 | 2 2 6 5. 0 6 7 | i i i i i i i 2 |
放的 花朵   静  候 的成长   雨露 滋养 校园里快乐

7  5.  0   0 3 5 | 6 6  i 2. 0 7 i | 2 2 2 2 2 6 i 0 5 |
盛 开     朝着 明天前行  感恩 世界每份爱意  让

6 i  i  i. 3 | 2 - 0  0 | 3 3  3 4. 2  3 2 |
生命  更 美丽          破土 的嫩芽 静放
                         绽放 的花朵 静候

2  i 5.  0 | 6 6 i 4 5 i 3 | 2. 3. i 2  0 |
的 生命    阳光 照耀生命里 充满 希望
的 成长    雨露 滋养校园里 快乐 盛开

3 3  5 5  2 5 5 | i 7 i 2 3 6 6 5 0 | 5 0 5 6 5 5 3. |
向着 阳光 生  长  拥抱人间每份温暖  生 命总有奇迹
朝着 明天 前  行  感恩世界每份爱意  让 生命更美丽

4 3  3 i 2 0 2 | [1.] i - 0  0 0 :‖ [2.] i - 0  0 0 ‖
生命  总有 奇迹      生 命 总有 奇迹
让生  命更 美         让生 命更 美
                               丽
```

图17　青白江区特殊教育学校校歌

四、实践探索

（一）扩建食堂综合楼

基于融合教育理念和特殊学校建设标准的扩建建议被采纳，在校内扩建了食堂综合楼。

（二）"教育+康复"社会化课程体系

架构以"生活"为核心，以"融合"为导向，架构适合培智学生的"教育+康复"社会化课程体系。开设了由爱国主义教育、秩序行为、节日活动、艺术表达、性教育等组成的专项德育课程，由生活语文、生活数学、生活适应组成的核心课程，由运动与保健、绘画与手工、音乐与律动、劳技、特奥训练、烹饪、休闲等组成的艺体——康复课程，由语言康复、动作康复、感统训练、作业治疗、艺术治疗、心理治疗等组成的专项康复课程。

（三）个别化教育

如何承认和尊重特殊儿童个体之间的差异，使每一位特殊儿童受到适合身心发展的教育，学校为每一个学生制订个别化教育计划，制作教师教学设计模板。教师要研究每个学生的身心特点，找准他们的学习起点、补偿重点，达到每个孩子都能接受的、适合自身特点和发展需要的教育。

（四）校园显性文化融入办学思想与课程

①视觉提示

②无障碍：电梯全开放

③班级、楼道、厕所等文化

④种植园、果树

（五）一日活动皆课程

学校全时、全程和全员实现学生在入校的全时段、全过程享受到全课程服务。进校、洗手、上卫生间、午餐、午休、放学、就寝等活动全部植入学习目标。

（六）特奥打开新世界

2014年开始尝试，田径、篮球、游泳、轮滑、旱地冰壶、旱地冰球……越来越多的运动项目被引入校园，学校每年有上百人次走出校门，参加特奥、艺术等融合教育活动，为孩子们开启了广阔的成长与发展空间。

（七）社区融合活动

特殊教育的目的之一就是让特殊儿童融入社会。学校充分拓展教育载体，利用充足的社区资源，开设社区融合实践教育。每周星期二上午，教师按照教学计划，带学生进入银行、超市、医院、快餐店，参观新农村、凤凰湖公园等，让学生体验生活，增加阅历，拓宽视野，使学生进一步了解社会，增强融入社会的能力。

五、取得成效

"用教育创造奇迹，用爱心静候花开"。办学16年来，学校点亮了特殊儿童的生命，温暖了特殊儿童的家庭。教师引领着孩子们从不懂规则变得文明有礼，从懵懂无知到收获知识技能，从自卑敏感到阳光自信，带领他们从封闭的家庭走入学校，走向更广阔的展示自我的舞台。

六、未来展望

对特殊教育未来的发展，我们充满了信心。随着"十四五"特殊教育提升行动计划的落地落实，我们坚信，我们的孩子可能不是天上最闪亮的那颗星，但我们不抛弃、不放弃、不嫌弃，要让每一个孩子都有人生出彩的机会。

以和润心　以美育人

□ 成都市青白江区人和学校　廖　茂

我刚到人和学校时，发现开学后的前几周，是我们生活老师、班主任、管理干部最辛苦的时期，不仅白天忙碌，晚上我们还要忙碌，忙碌什么呢？因为我们是一所寄宿制学校，有部分低段的孩子晚上睡觉会哭，我们要安慰孩子。晚上我到寝室里，有个一年级的小女孩拿着纸巾一边小声地哭泣，一边擦着眼泪。我轻声地问："乖乖，睡觉了，怎么还在哭呢，你白天都那么勇敢。"小女孩小声地回答："我想奶奶了，我哭一会儿就不哭了。"这个回答让我心里一阵酸楚，都不知道怎么安慰孩子了。

孩子哭是正常的和司空见惯的问题，但我认为往往这些司空见惯的问题，就是我们教育要深入思考的问题，就是推动我们办学发展的问题。我就问不同的人，孩子为什么哭，我们有什么办法？家长说娃儿小，在家还跟着大人睡；生活老师说刚开学还不习惯、不适应；班主任跟我讲娃儿缺乏安全感；管理干部又对我讲学校缺少家的感觉。他们说的都对，但我认为除了这些原因之外，学校里丰盈孩子内心、滋润他们心田的东西还偏少，学校里美好的期待还不足。

针对这些原因，我就带领团队做了一些尝试，探寻寄宿制学生的管理与教育，虽然不能替代亲情，但可以让孩子内心更丰盈，在学校有更多期待、更多快乐。一是把高段的孩子安排到一年级寝室陪同晚睡，一方面有了哥哥姐姐温暖的陪伴与关爱，低段的孩子有了安全感和家的感觉，结伴成长；另一方面高段的孩子也得到成长，体验了服务他人的劳动教育、自身人格的塑造，更有责任感与爱心，学校文化也得到传承。二是把寝室广播安好，每天播放睡前故事和起床故事，让孩子在有声陪伴中进入梦乡，晚上有了故事期待，就不觉得孤单，还把听故事延伸为系列活动，从听故事延伸到讲、写、演故事。三是在楼梯处建图书角，在柚子园建书屋，在教室里建班级阅览室，随时都可以开展绘本阅读，心灵得到抚慰。

四是周二晚辅时间，不再有作业，在教室里欣赏精选的动画片和纪录片，开怀大笑、拓宽视野、增长见识。五是增加学校活动、丰富延时课程，增加体育课和运动，让多巴胺分泌更多，快乐不断。

这只是我们学校的一个故事，但促使我思考，我们办学就应该扎根学校实际、扎根学校土壤，除了要贯彻国家教育方针外，办学还要从教师、从学生存在的问题着手。所以结合学校65年办学的深厚人文积淀，从教20余年对教育的感悟思考，以及学校一个个来自师生鲜活的教育故事，促生了我的办学思想和主张，那就是：以和润心，以美育人！

一、以和润心　以美育人的内涵

"和"是中华文明的追求，家庭、学校、社会、国家和谐，则世界和平；"和"是中国哲学的重要范畴，是规律，是万物最佳状态，万物得和以生；"和"是民族和个人的内在气质，是身心健康的标准和幸福的本质。"美"指教育的追求与品质，是"好"与"善"的总括。"和美"是事物发展的至高境界，教育如此，人生亦如此。

基于以上内涵，教育要致力于营造一个与自然、与他人、与自己和谐的"适性扬才"的教育空间，以"和"为手段去思考办学、去滋润师生心田，以"美"为方法和目标，达成立德树人的根本任务，为人生奠基。

二、办学定位和办学路径

我有了办学的思想和主张，就带领团队制定了学校准确的办学定位和清晰的办学路径，这样才能实践和实现我们的办学目标与愿景。

（一）办学定位

1. 办学理念：和谐校园　和美人生

办学理念的提炼基于三点：一是"和"文化的传承和地域文化的深厚积淀；二是学校内在精神的传承与教育期盼；三是国家、社会的发展理念与教育本质的追求。

学校位于青白江区原人和乡（目前已经撤并到福洪镇），地名取自于孟子"天时不如地利，地利不如人和"。因此地域有着深厚的"和"文化的积淀，学校又是地域文化中最核心的集中和体现。人和乡是客家人聚集区，位于龙泉山脉带，虽偏居一隅，但这里山清水秀，四野静美，以安宁祥和闻名。山区条件艰苦，民风本真，崇尚和睦，耕读传家，自强不息，改变命运，追求美好生活是人和人不懈的努力和梦想。

人和学校建校历史悠久，钟灵毓秀，人文荟萃，学校里树木常绿，自然而成，花果飘香，多年来尤以柚子种植为主，花果为辅，积淀了人和人的精神内核："坚贞　自强　高尚　砺志　蓬勃　奋斗　和雅　淳厚　团结　奉献"，用树木启迪树人的道理与规律。追求人与自然、与他人、与自己的和谐统一。在学校建设发展、学校内部、师生发展、教育质量等方面还存在矛盾，因此追求和谐美好就是学校的教育期望。

"和谐"是国家核心价值观之一，是社会发展的理念。现代教育的本质是美，目标是追求幸福。那怎样才能幸福呢？只有在和谐的环境、关系、文化中塑造和谐的人，当一个人的发展处于和谐的时候，他才是一个幸福的人，人生也才能和美。

2. 一训三风

校训：登高行远　道通人和

校风：以人为本　以和为贵

教风：教学相长　音声相和

学风：立于规律　和于自身

3. 办学愿景

以"和"润心，以美育人，力求建成一所和乐致远的高品质最美乡村特色学校——和美学校。

（二）办学路径

1. 打造品牌学校——和美学校

（1）近期品牌建设：2021—2023年创建一所和谐向上、特色鲜明、优质引领的新优质学校。

（2）中期品牌建设：2024—2026年创建一所宜学宜长、和谐美好、花果常在的生态学校。

（3）远期品牌建设：2027—2030年创建一所和乐致远、高质量、高品质的特色最美乡村学校——和美学校。

2. 内化文脉传承——和美文化

文化是一个学校的灵魂，是厚重的历史积淀过程中所形成的优良的学校价值表达。因此要对学校"和美文化"挖掘、深化、传承，从而实现文化引领，以文化人、以文育人，全体师生内化于心、外化于行。学校文脉传承重点立足于三项建设。

（1）党建文化：和美先锋，建设好柚根党小组、柚杆党小组、柚叶党小组，注入红色文化基因，党建引领学校发展，红色精神提供驱动力，制度筑牢发展边界，支委把握好办学方向，落实好立德树人的根本任务。

（2）外显文化：和谐统一，一是校园景观、环境育人，让每一面墙壁都说话、让一草一木都饱含深情，让每一寸空间都育人，让每一块石头显灵性；二是班级文化延伸和美文化，各班自有特色，班风、班训、班名等都潜移默化浸润道德情操，百花齐放，显隐兼达，自我调节、自我约束、自我成长，潜移默化浸润道德情操；三是寝室文化，睡前故事陪伴成长、丰盈内心，上下关爱温馨如家。

（3）精神文化：和美精神的载体和物化是柚树精神，由树木启迪树人的规律。柚根深厚知自力更生、坚贞不移；柚杆坚挺知高风亮节、砥砺志节；柚叶翠绿知生机勃勃、傲霜斗雪；柚花芳洁知德操和雅、品格和淳；柚果紧实知团结协作、无私奉献。

3. 完善治理体系——和美制度

在学校章程的统领下，完善学校各项规章制度，制度的制定民主合法、公平正义，关注相关主体的心理体验和情感需要，让师生在管理与育人的过程中切实体会到获得感、幸福感和安全感。思考、完善学校治理体制以顺应高质量发展和未来学校发展，也是学校品牌建设的主要路径之一，完善的学校治理总体上达到：

党建引领，支委决策，科学和谐。

制度完善，职责明确，民主和顺。

依法治理，有效执行，法治和用。

督导评估，文化浸润，高效和睦。

4. 丰富课程建设——和美课程

课程是一所学校的核心竞争力，是一所学校文化、品牌、育人的载体。学校和美课程理念为：和谐生命，美好成长。分别为教师、家长、学生设置了针对性课程。

（1）教师课程：和美教师课程将教师分为四类，即新晋教师、经验型教师、骨干型教师、智慧型名师；每种类型教师分设三类进阶课程：通用素养课程、专业素养课程、时代素养课程。

（2）家长课程：生活引导课程、品德示范课程、心理辅导课程、学习陪伴课程。

（3）学生课程："和美课程"由和博课程、和悦课程、和新课程三大类组成。

5. 狠抓教师培育——和美教师

学校要把队伍建设、教师培育放在学校办学的重要位置。以党建引领，加强教师师德师风教育，结合实际，制定了"和美"教师"四和四美"培育标准，四和：信念和粹、德操和雅、学识和通、育人和悦；四美：格局美、示范美、业绩美、生活美。完善教师成长路径，提升教师专业素养。

6. 聚焦学生培养——和美少年

学校着力培养"四和四美"学生：身心和畅、品格和淳、言行和敏、志向和鼎；品格美、情操美、素养美、生活美。制定学校德育工作指南，建立"党支部—大队部—班主任—家庭"四位一体的德育工作网络，注重队伍建设，培养优秀的班主任团队，将德育教育融入丰富多彩的活动中，实现活动育人，狠抓养成教育、赏识教育，实施三全育人。

三、办学取得成效

在办学思想和办学理念的统整下，经过全校师生的大讨论、大学习，办学理念可谓初步内化于心、外化于行，有了较高的认可度。领导班子精诚团结，竭力谋划，全校教职工奋发图强，人和学校强校有了清晰的路径，那就是：品牌建设（和美学校）、文化传承（和美文化）、治理体系（和美制度）、课程多元（和美课程）、教师培育（和美教师）、学生培养（和美少年）；有了明确的强校策略，一是强思，思想觉悟：愿景 奉献 价值，思想观念：教育观 教学观 学生观；二是强行，行动力：自制力 领导力，执行力：操作能力 战斗能力；三是强制，制度 治理。

这些年来也取得了一些成就，校园文化深入人心，以文化人成效显现；花园式、果园式的生态学校粗具规模，育人环境氛围浓厚，办学特色逐步彰显，办学经验在《中小学教育》《教育家杂志》《成都日报》和市区内外教育论坛交流分享，先后被评为全国生态文明示范校、成都市阳光体育示范校、成都市劳动教育示范校、四川省卫生单位、全国冰雪运动示范校等。

四、未来展望

以和润心，以美育人，这是我对"和美教育"的精神追求，我认为最好的教育，是实现教育资源无差别化，是学生宜长宜学的乐园，是教师有认同感、幸福感、归属感的家园，实现教育共赢。作为一所乡村学校，学校教育面临着重大的机遇与挑战，挑战是城市化进程的推进。山区在生源流失、留守儿童、隔代教育、家校合作等方面矛盾凸显、困难重重，机遇在于乡村振兴的深化、"双减"的持续发力。我将迎难而上，深化办学思想，内化办学理念，明确办学路径，丰富办学内涵，提升办学品质，传承好"和美"文化，实施好"和美教育"，成就好师生"和美人生"，为办成学生喜欢、家长满意的好学校而砥砺前行，永不退缩。

百年公学　幸福大同

——为学生幸福成长奠基

□ 成都市青白江区大同小学　晏世明

　　成都市青白江区大同小学始办于1894年，当时学校名为"南阁书院"，1906年办新学时更名为"同文初等小学堂"，1915年更名为"金堂县第二初等小学堂"。新中国成立后，1950年3月学校更名为"金堂县大同乡小学"。1960年7月设立青白江区，更名为"成都市青白江区大同公社小学"。1984年更名为"景峰中心小学校"，1996年又恢复"大同中心小学校"校名。2009年7月更名为"大同小学校"。

　　2011年春，因汶川地震灾后重建，迁入现在规划合理、设施齐备、环境优美的新校区，确立"传承百年校魂、创办一流精品"的办学目标，以"幸福教育"为核心价值观，努力诠释"为学生幸福成长奠基"的办学理念。

一、文化体系

（一）办学理念

以"为学生幸福成长奠基"为学校的办学理念，"实施幸福教育，争做幸福教师，培育幸福学生，创办幸福学校"为全体师生共同的价值追求。

（二）育人目标

培育"体健、德美、智高"的幸福少年

（身体健康，心理健康；知法明礼，崇德向善；五育并举，全面发展）

（三）办学目标

传承百年校魂，创办一流精品学校

（"环境美，队伍精，特色明，质量高"的区内一流学校）

（四）一训三风

校训：传承　守正　创新

校风：文明　民主　团结

教风：敬业　爱生　博学

学风：阳光　积极　好学

二、内涵解读

幸福教育：可以表述为关爱学生、激励学生，使他们成为品德高尚、特长明显、健康快乐的一代新人的一种教育。穆尼尔·纳素夫有言："真正的幸福只有当你真实地感受到人生的价值时，才能体会到。"学校幸福教育的目的就是使学生感受到学校对于学生的关怀，让幸福的情感伴随学生终身成长，实现自身价值。因此，"幸福教育"可以简单表述为用以人为本的理念关怀学生，促进学生全面发展，让学生在学习生活中获得快乐，体会成功。

大同：中国古代思想，指人类最终可以达到的理想世界，代表着人类对未来社会的美好憧憬，强调人与人和谐相处，生活幸福。《礼记·礼运》有言："大道之行也，天下为公，是谓大同。"大同思想历史悠久，蕴含人们对美好生活的向往与倡导，学校以"幸福教育"为办学理念，契合了儒家"大同"思想，凸显以人为本，以学生幸福快乐成长为学校发展之本。

"幸福大同"的文化主题正是对学校百年办学历史、深厚文化底蕴、特色教学理念的完美诠释。主题简洁得体，寓意深厚，让人易于了解学校教育品牌及办学理念，对学校充满期待：游走在美丽的凤凰湖畔，微风徐徐吹来，樱花树随风摇摆，花瓣飘散在校园中，耳畔传来孩子们充满童真而又执拗的琅琅书声，幸福的喜悦洋溢在每个人的脸上，让人倍感欣慰。

三、实践探索

（一）构建幸福课程体系

紧紧围绕"为孩子的幸福成长奠基"理念，不断探索"幸福教育"实施路径，首先要让学生的身体达到健康的状态，其次要让学生在学校感到高兴和愉快，最后才是学有所成。以"体健、德美、智高"三个维度，全面构建大同小学"13N同"课程体系。

开发校本课程，关注学生身心健康，严格执行课程计划，开齐课程、上足课时，严格落实"双减"政策。此外，学校充分利用少年宫和社团活动平台，开发了国学经典、心理辅导、思维潜能开发、体育活动等校本课程。建立心理活动室，配备专职心理咨询教师，开设心理辅导课程，时刻关注学生心理健康发展，学生心理素质良好。

结合《小学社团活动的开发和管理》课题全面展开了社团活动。从开始的体艺3个社团，到如今的近30个社团兴趣活动组（篮球队、足球队、田径队、陶情炼艺绘画书法、剪纸、科技之光、轻舞飞扬AB组、听音读语、潜能开发、科学实验室……），参与学生由几十人到如今的全校参与，使孩子们真正快乐地玩、幸福地学！

（二）做幸福教师

教师幸福是教育幸福的前提，在这个过程中起到的作用是至关重要的。学校按照教师专业成长方案让师资向高学历、年轻化转变，使得教师产生积极的能量，心情愉悦，幸福感增强。

一是结对帮扶，加速青年教师专业成长。学校长期实施青蓝工程，开展"师徒结对"活动，骨干教师梯级培养计划让一部分中青年教师脱颖而出。

二是情系教师，彰显教育情怀。以教职工为中心，从大处着眼，小处着手，把关心教职工的工作做好、做细、做实，退休教师荣退及退休后关怀、弹性工作时间等制度的实施让教师身心健康。

三是校本教研建设，培育教师成长土壤。学校每周二、周四、周五集中开展语文、数学、工科校本培训。组织教师积极参加网络学习和区上各类培训，加强在职老师学历、专业再提升。

四是名师引领，提升教师教育理念。鼓励教师积极参加各级各类培训活动，促进教师的专业提升。目前学校已有2名省级骨干教师、8名市级骨干教师、1名市级学科教学带头人、20余名区级骨干教师，多名教师参与了全区的送教活动。

五是科研并重，助推教师专业发展。近年来，学校进行了"小学语文读写结合""以花卉培植为依托的小学生劳动教育实践研究""小学道德与法治课程中渗透心理健康教育的研究"等课题研究。

六是搭建平台，增强教师成长动力。学校开展了广泛的教学、管理等交流活动。与结对学校互派干部教师交流学习，并将学习成果在全校教师会上交流汇报。教师参加的区级以上的各类赛课活动都取得了较好的成绩。

七是团队协作，增强队伍凝聚力。在学校的管理与发展过程中，学校出现了领导班子团结、分工合作、相互补充、干群关系和谐的良好局面，全校教职工都充分发挥了主人公的精神，积极参与学校的民主管理，为学校的发展建言献策，针对学校的教育教学工作、校园文化建设、班级文化建设、社团活动开展乃至食堂管理等各个方面提出合理化建议，知无不言，言无不尽。我们的教师在创造幸福的同时，也感受着幸福。多名教师荣获了市、区"优秀教师"、"学科教学带头人"、十佳"班主任"、十佳"教学能手"、"教育终身奉献奖"等荣誉称号，教师的风采日益得到显现，教师们体会着"幸福教育"带来的快乐。

（三）育幸福学生

教育的对象不是分数，而是一个个鲜活的生命，效果要最终体现在"学生幸福地学"上来，要最终落实到学生的终身幸福生活上来。因此学校坚持以人为本的教育思想，真正让孩子感知幸福。

一是幸福有路线图和指向标。学校高度重视通过开学典礼、国旗下的演讲、班级晨检、主题班会和选课学习等让孩子得到浸润，感受主动学习的快乐。在课堂上，教师带着孩子参与到学校劳动基地的花卉种植项目上，孩子们亲自动手，看着种子发芽、成长、开花、装扮校园，获得成就感；教师带着孩子参与到水火箭制作中，孩子们在动手思考中增强爱国情感仪式感，让幸福有了指向标。

二是幸福有生活的色彩。要让学生幸福地学，那就要帮助学生摆脱题海战术、机械训练的苦海，要减轻学生作业负担，要给学生提供更多自主学习的时间和空间，不断提升课堂教学质量，为孩子提供更为充分的课下休息时间，无忧无虑的童年生活让幸福有了色彩。

三是幸福有贡献的力量。在假期里都会积极主动参与志愿工作，平凡工作中都会出现我们不平凡的小小身影，贡献自己的一份力量，获得社会的赞誉，幸福也有了力量。

四、取得成效

近年来，大同小学在不断践行"为学生幸福成长奠基"的办学理念过程中，教育教学殊荣接踵而至，先后被评为"全国教育科学规划国家教委重点项目学校美育系统与美育心理发展研究"实验基地，国家级篮球、足球、网球示范校，国家级冰雪运动进校园示范学校，四川省"施行《国家体育锻炼标准》先进集体"，四川省"教师职业技能示范学校"，成都市"新优质学校"，成都市阳光体育示范校，成都市"艺术教育特色学校"。

五、未来展望

回首昨天，几经栉风沐雨，几经筚路蓝缕，几经春华秋实，几经辉煌跌宕，几经弦歌不辍，代代薪火相传。展望明天，长空搏击展宏志，不用扬鞭自奋蹄。学校将紧紧围绕办学理念深刻思考，大步挺进，跟上时代的发展，学校的办学水平日益得到提升，在教学、德育、科研等各方面工作中将继续坚持"为学生幸福成长奠基"的办学理念，努力实现"传承百年校魂、创办一流精品"的办学目标，把大同小学打造成为青白江区"环境美、队伍精、特色明、质量高"一流学校。

适性扬长　多元共生

□ 成都市青白江区实验外国语小学　陈周民

青白江区外国语小学于1957年建校，前身系四川川化集团公司子弟小学，在近70年的办学历史中积淀了深厚的文化底蕴，一代又一代外小人在这片热土上跟随时代的步伐，秉承与时代相符的办学理念，在学校教育发展历程上留下了深深的烙印。为了实现学校新的发展目标，结合青白江区域文化、集团精神、学校实际、时代潮流等方面的综合考虑，学校在继承发扬优良传统文化基础上重新建构了办学思想体系。

一、继承与创新，重构理念体系

办学理念是学校各项工作的航标灯，像一双无形的手，在理想、信念、价值观等方面统领着办学的全局工作，指导着学校的各个系统。基于学校发展现实，青白江区外国语小学秉承"共生教育"哲学思想，以生生共生、师生共生，学科共生、跨学科共生，学段共生，家校社共生、民族与世界共生等内容，创设"开放环境，锐意创新"教育环境，秉持"包容个性，多元交融"育人思想，通过"贯通整体，合作共赢"实施路径，实现"根植生命，焕发生机"的教育目标。

理念缘起：

老校名里的"化工""化学"蕴含着"多元""共生"育人生态；新校名里的"外国语"指向国际化包含人类世界"共生"的教育胸怀；校名的历史变化遵循应时面新的"适性"规律。学校长期以来沉淀的核心文化根脉体现着"珍惜每一个生命的独特存在与发展"的价值观，"生命""潜能""适性""多元""共生"正是这一价值观的核心精神元素。

学校近年来的各项成就与发展，也折射出学校"尊重学生潜能，促进学生多元发展"的改革活力，这些改革活力与学校历史以及校名蕴含的"适性""多元"
"共生"等元素自然匹配，共同构成了学校价值文化建设中"适性""潜能""多
元""共生"等基本文化要素。

理念框架：

根据学校的特色文化资源和教育改革的主要设想，结合国家及省、市、区对
小学教育的发展要求，整合教师对学校文化建设的主要追求和小学教育的未来发
展趋势，以"适性扬长，多元共生"主题为统领学校办学思想框架。

办学愿景：建设一所活力无限、精彩不止、具有国际视野的优品学校

办学理念：适性扬长　多元共生

教育理想：共生教育

育人目标：百花齐放　共赴远方

办学口号：让每一个生命都精彩

校训：拥抱多彩世界

校风：发现独特　成就美好

教风：温暖生命　创造未来

学风：发现独特　成就美好

教风：阳光向上　人人精彩

核心理念解读：

办学理念：适性扬长　多元共生

核心内涵：顺应孩子天性，激活生命潜能；珍视独特个性，成就共同精彩。

适性：顺应天性。根据学习者自身的差异性来实施与之相适应的最优质的教
育或学习行为。就是根据学习者的差异有选择地进行教育，也是根据学习者的个
性、人格、兴趣和能力的差异，进行灵活的选择教育。正所谓"有教无类"，但要
"因材施教""因势利导"和"人尽其才"。

扬长：激活潜能。从学生禀赋和个性出发，引导和激励学生发现和发挥自己
之所长，通过"以长促长，以长促全"之教育方法，培养在某一方面的突出优势。

多元：珍视个性。加德纳的多元智能理念告诉我们，每个儿童的智能都是八
种相对独立智能以不同方式、不同程度组合，每个儿童都有自己的智能特点。教
育者要善于发现和挖掘儿童的优势智能领域，在有目的、有计划、有组织的教育
教学活动中，其优势智能得以最大化、最优化地发展。

共生：共同精彩。从"共生"内在的异质共存、尊重多元的理念出发，使得每个个体可以张扬自己的个性，实现和而不同、美美与共的育人景象。

二、在新理念引领下，重构课程体系

课程建设是在学校教育哲学引领下的学校课程系统架构，它是撬动学校发展的杠杆。在"共生教育"学校文化品牌的引领下，结合学校实际、育人期待和发展愿景，青白江外国语小学系统建构"共生课程"，创造性地提出了适用学生参与课程学习和学校进行课程体系建构的共同理念："学思并进，知行合一，多元共生"。

围绕学生发展目标，构建共生课程"人文博积、科创精思、身心健康、品德笃行"四大课程群，围绕课程群设计核心素养目标以及核心素养的校本理解（见图18、表3）。

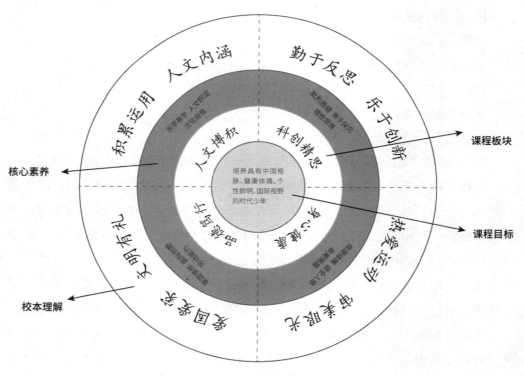

图18 "共生课程"目标体系

表3 课程框架

课程目标	培养具有中国根脉、健康体魄、个性鲜明、国际视野的时代少年			
课程理念	学思并进，知行合一，多元共生			
课程群	人文博积	科创精思	身心健康	品德笃行
核心素养	乐学善学 人文积淀 文化自信	批判质疑 勇于探究 理性思维	健康体魄 健全人格 审美情趣	家国情怀 国际视野 劳动能力
核心素养 校本理解	积累运用 人文内涵	勤于反思 乐于创新	热爱运动 审美眼光	爱国爱家 文明有礼
基础性课程	语文 英语 书法	数学 科学 计算机	心理健康 安全教育 体育 音乐 美术	品德与生活 品德与社会 劳动教育
拓展性课程	小小主持人 国学诵读 书法 影视 少儿作文	元智科学 思维体操 动漫世界 电脑绘画 科创小发明	"羽"你同行 快乐足球 篮球世界 健美操 快乐乒乓 太极	生命教育 十字绣社团 国家理解教育 种植
探究性课程	国学进社区	参观博物馆 科技馆 海洋馆 种植园 科学种植园	心理团辅 体育大课间 秋冬季运动会 区运会	国旗下演讲 敬老院服务 环保小卫

　　课程实施是课程规划的重要环节，是将课程计划付诸实践的过程，也是落实课程目标、提升办学质量的途径。学校建立并实施以"专家引领切入、依靠校本研修、狠抓有效教学、完善教师队伍"为主要内容的整体课程实施方案，在课程实施过程中取得了可喜的成绩。

　　学校以教育部规划课题——生命教育课题为龙头，提高学校的科研水平，先后开展"小学生英语阅读能力提升研究""小学校园足球训练梯队建设方法初探""国际理解课程的开发与应用""小学川剧课程体系建设实践与研究"等课题的研究，涌现出一大批科研先进工作者，连年获评区科研先进单位。学校被北师大生命教育课题组评为全国生命教育先进科研单位。

　　近年来，学校开发了一系列配套教材：风采展示平台——校园自编杂志《雏凤声》，传统文化熏陶教材《莲之语》，校本阅读教材《绽放》《花枝》，培养学生国际化视野的《走遍世界》，为中波国际理解课程开发的配套课程……课程与教材相结合，实现了学校课程的开放化、本土化、特色化、国际化。

正确的教育思想和先进的办学理念对校外是一面旗帜，对校内是一个纲领，对历史是一个总结，对未来是一个目标。青白江区实验外国语小学将永远贯彻中国共产党教育方针，坚持正确的教育思想和先进的办学理念，努力建设一所活力无限、精彩不止、具有国际视野的优品学校。

立德成慧　求新力行

——弥牟小学办学理念解读与实施路径

□ 成都市青白江区弥牟小学　李昌华

一、理念形成背景

成都市青白江区弥牟小学是一所全日制乡镇小学，始建于1903年，它的前身是一所古庙，名为弥陀书院。1976年，学校更名为青白江区弥牟中心小学。2009年，学校更名为成都市青白江区弥牟小学校。坐落在成都市青白江区弥牟镇东北角，东临川陕公路，南望诸葛孔明的弥牟镇八阵图，西靠宝成铁路，北倚青白江粮食储备仓库。

国家中长期发展纲要明确提出，学校发展要"注重教育内涵发展，鼓励学校办出特色"。作为一所百年老校，在第二个百年开启之际，弥牟小学如何切合时代脉搏，如何把握发展契机，如何响应青白江区"一流教育强区"战略，如何做好"国际化青白江"的教育支撑？外界的冲击和学校自身的突破引领着学校传承发展，开拓创新。

二、理念内涵解读

为了适应社会的发展要求，迎接教育的新挑战，继承和发扬学校优良传统，全面提升学校办学内涵和特色，为乡镇孩子提供更加优质的成长平台。学校从孔明身上提炼出了"德""慧"两个关键品质，确立了以"立德成慧　求新力行"为办学理念；以"让每个孩子成为最好的自己"为办学思想；着力打造"孔明"文化特色校园文化；构建"三慧"课程体系；培养学生的"六忠"（爱国、爱党、守法、敬业、诚信、求真）、"六孝"（孝敬父母、尊敬长辈、感恩老师、善待他人，回馈社会、报效祖国）传统美德。

校训：树人律己　博学求新

校风：崇真向善　明志致远

学风：乐学多思　勤学力行

教风：博学多识　修身启智

（一）立德成慧

在"立德树人"的旗帜下，将"德"作为学校持续发展的基础，以德立校、以德立学、以德施教、以德育德，坚持教书与育人相统一、言传与身教相统一。将"慧"作为学校蓬勃发展的根本保证，启慧明礼、启慧明志、启慧明智、启慧明行。现代教育的要求也不仅仅是"德"，在这个日新月异的时代，知识的重要性前所未有。只有让学生获得深厚智慧、成为有用之才，这样的学校才能真正兴盛。

"立德成慧"还可以倒过来读作"慧成德立"——以慧而成、以德而立。我们要成就学校的发展，需要智慧；我们要立稳学校的品牌，需要德行。这四个字，正读就是从因到果，反读就是从果到因；正反之间，别有深意，也能给我们更多的启迪。

（二）求新力行

"求新"是工作突破之源，指的是要变习惯性思维、经验性思维为超前性思维、主动性思维，不断破除安于现状的思想，树立争创一流的意识，拿出新举措，务求新进展。创新工作思维，打破固有的思想牢笼，让"不可为"变为"可以试一试"；创新工作方法、学习方法，勤学善思，在学习先进经验的基础上深入剖析问题，多角度提出更多解决之策，让一道难题有多个解。

习近平总书记对广大青年提出的要求中有一点是力行，知行合一，做实干家。"道虽迩，不行不至；事虽小，不为不成。"这是永恒的道理。做人做事，最怕的就是只说不做、眼高手低。不论学习还是工作，都要面向实际、深入实践，实践出真知；都要严谨务实，一分耕耘一分收获，苦干实干。"纸上得来终觉浅，绝知此事要躬行。"学到的东西，不能停留在书本上，不能只装在脑袋里，而应该落实到行动上，做到知行合一、以知促行、以行求知，正所谓"知者行之始，行者知之成"。每一项成绩，不论大小，都是靠脚踏实地、一点一滴干出来的。

三、学校实施路径

学校主要从打造"孔明"文化特色校园文化、构建"孔明"课程体系、大力实施高效课堂和创新德育活动等方面，力促学校的内涵、特色发展。

（一）承孔明，行君子——打造浓厚"孔明"文化

（1）结合弥牟镇与孔明文化的渊源，汲取孔明熠熠生辉的睿智和精神。打造校园文化和班级文化特色，突出孔明文化的爱国、恤民、敬业、自强、智慧、谦虚和创新等中华民族文化中的优秀元素。

（2）挖掘"孔明"文化的忠孝文化，结合新时代的要求与形式，以"六忠""六孝"为抓手开展新时代德育活动，六忠即：忠于祖国（爱国）、忠于党的教育事业（爱党）、忠于法制（守法）、忠于职守（敬业）、忠于朋友（诚信）、忠于理想信念(求真)。"六孝"即：孝敬父母、尊敬长辈、感恩老师、善待他人，回馈社会、报效祖国。结合重大节日，创新开展每月主题活动，每月开展1个品格教育主题活动，月末以班为单位评出优秀品格之星。

（3）重视家庭、社会与学校教育的配合。多渠道、多形式开展家长学校活动。通过召开家长会、班主任家访工作、家长进课堂等活动，加强家校合作，努力争取家长对学校的支持，形成学校、家庭和社会相互沟通与合作的教育网络。

（二）以德养慧，提升质量——构建孔明课程体系

（1）以"基础课程、拓展课程和探究课程"为框架构建学校"三慧"课程体系，"三慧"课程即：慧智课程（基础性课程）、慧心课程（拓展性课程）、慧行课程(探究性课程)。开设一年一度的"八阵杯"足球赛、"卧龙杯"乒乓球赛、"诸葛杯"书法比赛、"明致杯"文学大奖赛、"致远杯"技能大赛，让弥小娃的学习生活更加精彩，让孩子们的人生收获更多。

（2）向课堂四十分钟要质量，加强各学科的教学管理。教师调课、代课由教导处统一登记管理，教师病、事假或因公出差等向办公室请假并报教导处备案，原则上不私自调课。实行行政和学科中心组集中听课、常规巡课，对巡课过程中发现的问题，做到如实记载、及时反馈、及时整改。

（3）落实"双减"和"五项管理"要求。精心设计作业，精选作业内容，体现梯度，形式多样，在巩固基础中求提高。要求学科教师将学生作业设计作为教研的主要内容，精心设计，分层布置，形成弥小作业库。

（4）学校根据新课程所提倡的"自主、合作、探究"教学思想，构建"三学再教当堂练"课堂教学模式。即：三学（个人自学、同桌帮助、小组讨论）；再教（引导、点拨、提升）；当堂练（巩固、总结、变式），真正实现"把课堂还给学生"。

（三）博学多识，修身启智——建设德慧师资队伍

1. 提升学校核心竞争力，树立优秀教师典范

加强师德师风建设，开展"清风校园"行动，营造风清气正的教育生态。教师节开展"德慧杯"优秀教师评选活动，并利用各种平台大力宣传优秀教师。

2. 搭建学习交流平台，助推教师专业成长

（1）抓实教师业务培训。一是继续做好教师继续教育；二是做好"走出去，请进来"的工作，聘请专家到校作指导，组织教师外出参加集中培训。

（2）做好师徒结对工作。为新入职教师、代课教师安排学科骨干教师担任其师傅，帮助年轻教师迅速适应并卓有成效地开展教育教学工作。选送青年骨干教师进各级各类名师工作室参加学习培训。通过开展"新教师过关课""同课异构""同课异教"和重点帮扶、作业设计、试题命制等多种形式的分层培养锻炼机制，促进各级教师在自身原有的水平上有一定的提高和发展。

（3）开展教师读书活动。每学期精读一本教学方面的作品，撰写教育随笔，每月开展读书分享活动。鼓励参加学历提升和其他的学习。

（四）党建引领，立德树人——培养优秀忠孝学子

1. 以目标为导向，推进党建规范化

把建"乡镇示范校"作为党建工作的出发点和落脚点，抓好党风廉政建设和反腐败工作。结合新时代新思想，开展主题党日、党史教育等主题教育系列活动，培育党员先锋，推进教育教学改革的发展。

学校制定的各项规章制度、考核方案都经教代会讨论通过。

2. 坚持立德树人，促学生健康成长

以活动为载体，促进学生全面发展。开展文明礼仪教育、感恩教育、理想未来教育、自信心教育、心理健康教育、劳动教育等。运用现代教育理念，创新教育方法，创设德育育人情境，讲好学校故事。

四、在办学理念引领下取得的可喜成绩

如今，从历史中走来的弥牟小学，傲立诸葛八阵，名驰青江家园，正以崭新的面貌、全新的思维，用心书写着"碧血催桃李，丹心树栋梁"的教育发展新诗篇！学校先后荣获国家级"心中有祖国　心中有他人先进集体""四川省少先队红旗大队""四川省爱路护路先进集体""四川省品格教育示范学校""成都市新优质学校""成都市文明单位""成都市中小学校本研究基地""成都市家长示范学校""成都市阳光体育示范校""成都市节水型学校""成都市安全示范单位""青白江区德育工作先进单位""青白江区财务管理先进单位""青白江区安全管理先进单位""青白江区中小学足跑比赛第一名""青白江区第十届青少年机器人大赛冠军""青白江区中小学运动会'团体总分第五名'""青白江区课堂器乐大赛二等奖""青白江区啦啦操比赛第四名"等荣誉，学校美育特色"古韵青花"获得广泛好评。

蒙以养正　辉光日新

——办学理念诠释与实践

□ 成都市青白江区日新小学　温国驰

青白江区日新小学创建于1914年，1957年更名为龙王第二小学，1962年更名为日新小学，1981年青白江区政府和青白江区教育局决定恢复新建日新中心校，下属14个教学点。因学龄儿童减少，教学点逐年合班并校，到2006年并为现在的1所学校，更名为成都市青白江区日新小学。

一、办学思想历史发展

蒙以养正（汉语成语），意思是指从童年开始就要施以正确的教育。出自《易·蒙》："蒙以养正，圣功也。"

作为中华教育智慧，"蒙以养正"揭示了教育的功能和价值。"养正教育"的内涵包括"正身、正心、正气、正能"有形的正与无形的正四层含义。

正身：《荀子·法行》："君子正身以俟。"此取"端正自身，正直不阿，正衣冠"之义。指向人的品格，意旨培养品格端正之人，这是一个人的立身之本。正直是一种遵从良知与自我约束的高贵品质，是一种明辨是非与曲直的道德准则，是美德形成的基石。小学是品格形成的关键时期，正直人格的养成，是美德培养的骨骼和血脉。

正心：《礼记·大学》："格物、致知、诚意、正心"。"欲修其身者，先正其心；欲正其心者，先诚其意"。"正心"即"使人心归向于正；公正无私之心"。小学生须从小"正德行，正规矩，树立正向的理想"。培养学生永葆一颗赤子之心。明代文学家李贽在其《童心说》一文中写道："夫童心者，绝假纯真，最初一念之本心也。若夫失却童心，便失却真心；失却真心，便失却真人。人而非真，全不复有初矣。"李贽的观点表明，"童心"即"真心"，是人的自然人性和素朴心灵。赤子之心作为一种最原始的东西，本身具有本色、纯真之美，是人性中最真诚、最自然状态的代表。赤子之心是心灵之源，是智慧之眼，学校教育就是要适应、引导、涵养人的天性，呵护最初的真心。

正气：指向人的言行气度，是立身处世的人生准则，意旨培养学生言行得宜。秉持学生立场，通过文化传承和行为塑造，让学生存心养性，崇德向善，一身正气。

正能：做有信念的教育。这是日新小学教师要遵循的教育原则。教育信念，是教育工作者对教育事业、教育理论及基本教育主张、原则的确认和信奉。徐特立有句名言："做教育工作的人，一般总是先进分子。"对于教育工作来讲，它属于通过人格培育人格，通过灵魂塑造灵魂的一种劳动，还属于人和人之间全面接触、相互作用的劳动，更属于"做人"与"育人"紧密相连，互相统一的一种劳动。因此，要求教师在实际的教育工作中永远拥有非常高标准的责任感及积极向上的事业心。

"养正教育"的价值核心是正心养性。正心，出自《礼记·大学》"欲正其心者，先诚其意"，是指自己的知、情、意与外界融合。养性，出自《孟子·尽心上》，"存其心，养其性，所以事天也"，意思是使心智本性不受损害。所谓正心养性，从学校教育的层面来说就是指立足教育原点，遵循教育规律，从"正体、正德、正行、正知、正雅"五个维度出发，内化于心、外化于行，不断提升学生的品格。

辉光日新（汉语成语），指一个人在道德、学问、艺术等方面日有长进。出处《周易·大畜·象传》，其原文是："大畜，刚健笃实，辉光日新。"

"蒙以养正，辉光日新"：通过适应儿童成长的科学的养成教育，培养学生良好的学习、生活习惯和端正的品格，让每一个学生日新其德、日新其智、日新其艺，在德、智、体、美、劳各方面日有长进。

二、办学思想实践

学校依托"养正教育"的学校教育哲学，确立"惟正笃行，日有所新"的课程理念，秉持"正体强身，正德育心，正行融创，正知明慧，正雅博趣"的功能定位，设计正体课程、正德课程、正行课程、正知课程、正雅课程五大课程模块。对应"五正课程"，学校有机统整基础课程、拓展课程和品牌课程，形成了结构化的"养正课程"体系。

学校课程规划是对学校课程蓝图的勾画，是学校整体发展的核心内容，需要综合考虑各方面的因素，对国家课程、地方课程的具体内容和构架进行分析。

课程规划的路径就是要不断缩小学校的发展愿景和学校现有基础之间的差距，探寻适切的组合方式，使各种形态的课程在类型、层次、序列上有机统整，形成一个完整的"课程蓝图"。

"一核"是指以"惟正笃行，日有所新"为内核，它是学校的课程核心理念，是"养正"课程建设构建的根基。在这一课程理念指导下达成"强身、育心、融创、明慧、博趣"的课程目标。"五维"是根据"养正"课程的功能定位从整体上分为五个维度，用"正"字的五笔分别表示不同课程："正体课程""正德课程""正行课程""正知课程""正雅课程"。每类课程在课程体系中独具地位并具备不同的教育功能，意旨在实现"学会求知、学会做事、学会合作、学会生存与发展"的育人目标。

正德课程：国家基础课程主要是语文、音乐、道德与法治、生命与安全课程；学科拓展课程主要是经典诵读、品德全人、礼仪教育；个性提升课程是校级主持人、校级诵读。除了课程以外，学校还加强德育工作，学校在显耀位置展示日新小学学生文明礼仪歌，要求孩子们不仅会唱而且必须将文明礼仪歌的内容时时践行。每学期德育处利用母亲节、父亲节、重阳节等节日进行文明礼仪教育、助老爱幼教育，每学期组织学生深入社区、敬老院关心慰问老年人，以此践行学校礼仪教育。

正雅课程：国家基础课程主要是音乐、美术、书法；学科拓展课程是乐器舞蹈、麦秆画创作；个性提升课程是校级艺术团。学校从2022年年初确立了以麦秆画为特色的美术特色，学生从家里自带麦秆到学校，教师教授孩子们进行麦秆画创作，以此培养孩子们去追求美，对家乡的热爱之情。学生所创作的麦秆画参加2022年青白江区第八届艺术展示活动深受好评。

正知课程：国家基础课程主要是语文、数学、科学、英语、信息技术；学校学科拓展课程是数学思维、科学实验；个性提升课程是英语角、机器人、编程。学校通过"全国网络画板应用"子课题研究，打造"三段三导"教学模式。数学"三段三导"教学模式中的"三段"指从学生学的角度看分为课前——思、课中——做、课后——玩，"三导"指从教师教的角度看分为课前导疑、课中导学、课后导悟。"三段三导"教学模式的实施已见到效果，学校教育教学成绩已经有了明显的提升。在2022年11月，青白江区数学网络画板研讨活动将在我校举行，我校两位教师向全区数学教师展示我校网络画板环境下的"三段三导"教学模式课例。

正体课程：国家基础课程主要是体育；学科拓展课程是篮球、排球、乒乓球；个性提升课程是体育代表队训练。学校常年开展篮球、排球训练，学校是成都市唯一的姚基金希望小学，学校篮球社团多次代表学校参加姚基金希望小学全国比赛，并多次获得全国比赛前8名。

正行课程：国家基础课程主要是劳动教育、心理健康；学科拓展课程是种植、家务、自理；个性提升课程是项目探究课程。在开展正行课程的同时，学校逐步改善学生的学习环境，促进学生养成良好的劳动行为习惯。利用班队活动进行主题班会，加强劳动教育，认识劳动的意义；定期开展爱国卫生运动，全体师生齐参与，共同劳动，创建良好的校园环境；积极开发学生的劳动实践基地，为各个班开垦一块实验田，按照各班级计划，进行种植活动。学校劳动实践基地种植活动的开展，让日新小学师生的劳动意识不断增强，增长学生的劳动技能，激发他们对劳动的热爱，丰富学生的课余生活。

三、办学思想成效

为了将日新小学办成一所老百姓家门口的品质学校，日新行政团队正带领全校教师不断朝着高品质学校奋进，学校近三年来硬件条件、教育教学质量、校园环境都有了很大的提升与改善。

（一）环境优美

近年来，在区委、区政府及区教育局的大力支持与指导下，学校硬件设施不断完善，先后完成了学生食堂修建、阶梯教室装饰装修、运动场改造、图书阅览室打造、教师单身宿舍改造等，通过近三年来硬件提升，学校的环境优美了，办学条件得到了很大的改善。学校将以成都市新优质校要求为标准，结合学校的校园文化，打造日新小学校园文化景观，用景观时时处处影响孩子。

（二）质量提升

从2020年开始，学校以区级在研课题《提高农村小学生课外阅读自主性的策略研究》为入手点，大力推进学校阅读活动在校的开展。每周三中午固定半小时统一读书时间，安排教师进行督促值守，行政及时巡查，实时表扬。利用国旗下演讲、写读书摘录、写读后感等活动，培养学生参与读书活动的兴趣。强化学校每月教学常规检查，做好教师的备课、上课、作业批改、学生辅导等常规检查，固定教研活动时间与内容，开展扎实有效教学工作，学校的教育教学质量稳步提升。

（三）打造特色

学校依托罗世银名师资源打造书法、根雕特色项目，每周采取固定时间、固定场所让师生练习书法，选拔部分优秀学生参加市区各级比赛，学校师生在市、区各级比赛中多次获奖。学校正在加大艺体特色打造，依托姚基金希望小学篮球，着力打造篮球特色；利用乒乓球场地，打造乒乓球特色。开展好学校的艺体节、校园篮球联赛、气排球联赛，以此促进学生综合素质的提高，丰富学生课余生活，让学生爱上学校。

将学校办学理念落实落地，让办学理念贯穿学校课程、师生活动、育人目标等，真正融入师生在校的所有活动，以此不断提升学校办学条件，提升教师专业技术水平，提高学生综合素质，美化良好育人环境，为建设一流教育强区、办好日新老百姓家门口好学校贡献出日新力量。

立德树人　劳育彰显

□ 成都市青白江区至佳中学　张宝图

2020年5月，中共中央、国务院发布《关于全面加强新时代大中小学劳动教育的意见》（以下简称《意见》），要求"把劳动教育纳入人才培养全过程，贯通大中小学各学段，贯穿家庭、学校、社会各方面，与德育、智育、体育、美育相融合"，为劳动教育提供了理论基础支持。

习近平总书记指出："要在学生中弘扬劳动精神，教育引导学生崇尚劳动、尊重劳动，懂得劳动最光荣、劳动最崇高、劳动最伟大、劳动最美丽的道理，长大后能够辛勤劳动、诚实劳动、创造性劳动。"要学习、领悟、落实习近平新时代中国特色社会主义思想，应当真正理解劳动教育的重要性和紧迫性，将劳动教育落到实处。

一、本质内涵

劳动是人类创造物质财富或精神财富的活动，包括体力劳动和脑力劳动。劳动是推进人类社会进步和发展的最基础力量，是美好未来的源泉，也是人民生活质量提升的源泉。只有依靠辛勤劳动，创造性劳动、诚实劳动、才能实现我们的奋斗目标，开创人民生活的美好未来，"民生在勤，勤则不匮"。

劳动教育是对人们（特别是对学生）进行热爱劳动和劳动人民、珍惜劳动成果、树立正确的劳动态度（观），通过日常生活培养劳动习惯和技能的教育活动。

劳动教育是一个动态、发展的概念，其内涵随着时代的变化而不断丰富、发展和完善。

二、劳动教育的重要性和紧迫性

劳动教育"具有树德、增智、强体、育美的综合育人价值",学校教育必须高度重视,"坚持立德树人""把劳动教育贯穿于人才培养的全过程"。新时代劳动教育立足于人的整体性,融合多学科知识,对人、社会和自然进行整合,将理论知识有机融入现实社会,对学生健全人格发展起着重要作用。

劳动教育可以让学生在系统的文化知识学习之外有目的、有计划地参加劳动实践,出力流汗,实现知行合一,获得身心全面发展;避免学生身心发展失衡,不能健康成长。基于育人价值,学校生成各类课程资源,为学生品德人格发展奠定基础。

(1)基于新生活教育理念,丰富教育的精神内涵,践行"自主合作实践"的德育模式,注重在实践劳动中培养学生的动手能力和劳动习惯,引导学生在劳动生活中发展个性,从而帮助学生创造新生活。学校积极开展承包责任田制度,以班级为小组制订种植规划,松土播种、除草采摘,明确任务分配方案,责任到人,落实到事,培养学生学会观察,发展思维。

(2)设置劳动主题班会活动,教授劳动知识技能与培养劳动习惯相结合,通过劳动实践活动培养学生热爱劳动的思想、吃苦耐劳的精神和对工作的责任心,养成良好的劳动习惯。班级开展有针对性的活动,促进学生劳动能力的提高。比如,"今天我当家""我为学校环境作贡献""公益小天使""我是家务能手"等活动丰富学生课余生活,增加其对劳动的兴趣,同时锻炼和提高学生自理能力、动手能力。

(3)组织学生参加社会实践活动。深入社区开展各类实践活动。学校通过"假日小队""红领巾特别行动小队"等形式,定期带领学生参加社区劳动,参与社会公益劳动,为学生劳动技能的提高创造条件。这些活动开阔了学生的视野,对学生养成良好的劳动习惯也起到积极的作用,从而促使学生在家里改变劳动态度,在学校认真做好值日,在社会上自觉践行社会实践。

(4)开展讲座,家校共育。学校定期开展家庭教育讲座以指导家庭教育,帮助家长克服来自思想上的障碍,端正家长的教育思想,不断增强其对孩子进行劳动教育的意识。引导家长严格要求自己,不断提高自身素质,改进家庭教育的方法,提高家庭教育水平。健全家校合一的评价体系,共同培育学生劳动习惯。家校共育使学生在劳动实践中学会劳动，学会生活，学会创新。

现在家长过分关注孩子的学业成绩，包办家务或雇人代劳。社会上贪小便宜、没能力却贷款享受高品质生活、不努力付出却想要收获、每天幻想自己一夜暴富的思想有所蔓延。这些不良思想的影响导致劳动教育在学校中被人为弱化，在家庭中被无形软化，在社会中被人们漠视，认为劳动不重要，教育也就无从说起。一些学生轻视劳动、不会劳动、不珍惜劳动成果、不尊重普通劳动者的现象时有出现。学校在这样的形势下，要把准劳动教育价值取向，引导学生树立正确的劳动观，崇尚劳动，尊重劳动，增强对劳动人民的感情，报效国家，奉献社会，做新时代的奋进者、开拓者和奉献者。

三、现实状况

劳动教育缺乏连续性、稳定性和系统性，教育目标不明确、内容陈旧、形式单一等问题比较突出。这就要求各学校在育人培养目标上，要不断深入挖掘开拓，培养学生劳动素质的深度，构建进阶式一体化目标体系。

在我国现有的课程体系中，德智体美劳教育发展不平衡、不全面，劳动教育课程地位较为弱化。劳动教育课时经常被占用，课程地位明显不足。新时代，学校要加强劳动教育课程建设，坚持独立劳动课程与多学科课程的相互渗透和结合，打破学科、课堂、学校边界，创新劳动教育课程新形态，完善劳动教育课程体系，打造学校新型劳动课程，落实劳动课程，实现课程培育新时代新青年。

由于对劳动教育的独特育人价值认识不足，当前的劳动教育还存在片面依赖学校的倾向，家庭、劳动教育在社会中的作用发挥有限。新时代劳动教育下，学校要起到中心链接者的作用，积极构建家庭、学校、社会的责任链条，压实各主体责任，强调要以学校为主阵地，统筹协调家庭和社会各方的资源，拓宽劳动教育渠道。家庭在劳动教育中要鼓励孩子积极动手，掌握必要的家务劳动和生活技能，树立崇尚劳动的优良家风，引导孩子从小养成热爱劳动的好习惯；学校在劳动教育中应加强劳动教育课程建设，集中与分散结合灵活安排，培养学生形成马克思主义劳动观，掌握必要的劳动技能；社会通过开放实践场所、增加劳动体验等方式为学生参加多种多样的劳动教育提供保障。各方主体相互补充，积极引导学生参与家务劳动、生产劳动、公益劳动、实习实训等劳动实践，努力画好劳动教育同心圆，形成齐抓共管、多方协同的劳动教育育人合力。

劳动教育在一定程度上决定着劳动教育质量。反观当前的劳动教育现状，各地、各学校劳动教育形式较为单调，课堂内以教师系统讲授劳动理论知识为主，课外校外劳动实践来源有限、类型相对单一，大多是来自社区、传统手工业或机械制造业中的传统劳动项目，与学生生活实际关联不够紧密，吸引力不够强大，尚不能充分调动学生主动参与劳动的热情。学校要"深化产教融合，改进劳动教育方式"，倡导通过共享、联建、创建等方式多措并举，拓宽劳动教育实践场所，深入挖掘现代企业劳动教育新元素，创新体制机制深化劳动教育实践课程，使劳动教育与新产业、新业态、新技术紧密结合，为学生在现代企业中参与劳动体验、实习实训搭建平台，使学生在具体劳动实践中领悟劳动在社会发展中的作用，树立正确劳动观念，激发创新意识。

根据现状，学校培育学生从隐性课程着手凝聚校风校训类课程资源、复兴家风家教类课程资源、创新社会风气类课程资源，让学生在良好的劳动风气和氛围中，培养正确的劳动观念，不只思想，更在行动。

四、价值意义

（一）培养有崇高理想的学子

新时代劳动教育作为落实立德树人根本任务的有效载体，寓理想教育于劳动实践中，引导学生通过劳动实践认清劳动的本质、理解劳动的内涵，形成正确的世界观、人生观和价值观，增强社会责任感，将个人成长与国家发展相结合，把坚定马克思主义信念、树立共产主义远大理想和中国特色社会主义共同理想作为出发点和落脚点。努力使学生在劳动实践中树立劳动意识，培养劳动情怀，养成热爱劳动、崇尚劳动、尊重普通劳动者的习惯，在劳动体验中涵养德行、升华人格，充分发挥其价值导向和综合育人功能。

（二）培养有专业本领的学子

习近平总书记明确指出，劳动者素质对一个国家、一个民族发展至关重要。广大学生只有练就过硬本领，成为知识型、技能型、创新型的高素质劳动者，才能担当起社会主义建设重任。

新时代劳动教育以提升学生劳动素养、促进学生全面发展为培养目标，强调以提升劳动者综合素质相关的知识、技能、思维等的学习，"强化诚实合法劳动意识，培养科学精神，提高创造性劳动能力"，"着力提升学生综合素质，促进学生全面发展、健康成长"。做到学思用有机结合，提升本领能力，为将来走向社会、创造未来奠定基础。

（三）培养有责任担当的学子

依靠劳动为人类谋福利是马克思主义劳动观的重要思想。新时代承载新使命，新使命呼唤新担当。习近平总书记强调，要"培养担当民族复兴大任的时代新人"。在实现中华民族复兴的伟大新征程上，每个大中小学生都是书写者、创造者。学校以《意见》为基础，为新时代劳动教育实施提供实践支持，引导大中小学生理解、认同马克思主义劳动观和中国特色社会主义劳动教育实践，鼓励学生通过辛勤劳动、诚实劳动、创造性劳动以及职业体验和各种实习实训，在实践中学习，在担当中历练，在尽责中成长，强化使命担当，增强社会责任感和历史使命感。

学校教育要站在新的历史方位，精准把握新时代劳动教育的内涵、特征和价值，增强劳动教育的实效性，促进大中小学生在热爱劳动、尊重劳动的社会氛围中健康成长，是顺应时代发展变化的应然之举，是培养德智体美劳全面发展的社会主义建设者和接班人的应有之义。

大科普发展格局下的学校特色培育

——以成都市青白江区实验小学为例

□ 成都市青白江区实验小学　李　虹

一、引言

党的二十大报告明确要求"加强国家科普能力建设"，"培育创新文化，弘扬科学家精神，涵养优良学风，营造创新氛围"，"推进文化自信自强，铸就社会主义文化新辉煌"；2021年6月，国务院印发《全民科学素质行动规划纲要（2021—2035年）》；2022年8月，科技部、中宣部、中国科协联合印发《"十四五"国家科学技术普及发展规划》；2022年9月，中办、国办印发《关于新时代进一步加强科学技术普及工作的意见》，一系列的文件构成了新时代大科普发展格局的顶层设计。2022年4月，教育部印发2022年版义务教育课程方案及16个义务教育课程标准，明确了义务教育的培养目标，突出素养立意、育人导向。2023年5月，教育部等十八部门联合印发《关于加强新时代中小学科学教育工作的意见》，明确提出通过3~5年努力，在教育"双减"中做好科学教育加法的各项措施全面落地。提出了"面向全体学生、立足素养发展，聚焦核心概念、精选课程内容，科学安排进阶、形成有序结构，激发学习动机、加强探究实践，重视综合评价、促进学生发展"的课程新理念。

信息科技课程（2022版）以提升全民全社会数字素养和技能为宗旨，通过研究以数字形式表达的信息及其应用中的科学原理、思维方法、处理过程和工程实现，以数据、算法、网络、信息处理、信息安全、人工智能为课程逻辑主线，帮助全体学生学会数字时代的知识积累与创新方法，引导学生在使用信息科技解决问题的过程中遵守道德规范和科技伦理。它本质上也是一门科学，与科学三大领域密不可分，是科学的重要组成部分。

在"双减"的背景下，学校在践行"双新"过程中，关注内涵发展，以项目驱动管理、教育教学的变革，探索性地培育学校科创特色。

二、成都市青白江区实验小学科创特色培育与发展

（一）学校基本情况

成都市青白江区实验小学创建于1958年，前身为青白江区团结村学校。1981年4月15日，被省教育厅审定为首批办好的省重点小学。1994年7月，更名为成都市青白江区实验小学。

作为青白江区第一所以"实验"命名的学校，青白江区实验小学一直与时代发展同频共振。特别是近年来，学校深入挖掘成都国际铁路港开放、创新、国际化的区域文化基因以及自身校名文化基因和"敢于突破、勇于创新"的团队文化基因，构建新时代校园文化，确立"实验创新、通达未来"的办学理念，把学生的成长作为教育的起点和终点，秉承"每天前进一点点"校训，努力"培养通往未来世界的中国人"。

（二）科创特色培育举措

1. 重队伍建设，促专业成长

我校共有教职员工150余名，其中专职信息科技教师4名、专职科学教师6名，占比约6%。相比于传统的语数等学科，师资队伍并不算强大，但在"善合作、敢创新"的氛围中，教师积极投入工作，成为学校科普教育的主力军。

在学校的支持下，2019年至今，两大学科组的教师先后参与"基于AR/MR技术的小学科学中段课程资源建设与应用研究""成都市中小学创新课程的研究与开发""Scratch与学科融合项目式学习达成途径的研究""成都市基础教育课程资源研究与开发""基于学科融合的小学生计算思维培养实践探究"等多项课题研究。教师在研究中不断更新教育理念，指引着教育教学和活动的开展。

另外，学校支持教师主动学习，通过各级各类培训，突破自我，不断提高。教师先后参加了"四川省国培计划（2021）"中西部骨干项目——人工智能促进教师队伍转向发展项目培训、成都市骨干教师培训、"电子信息人才能力提升工程"等，分别获得了中国电子学会颁发的"青少年软件编程指导教师""青少年机器人创客指导教师"资格证书；参与了2021—2022年全国青少年电子信息智能创新大赛（西南赛区）监督管理工作，荣获"四川省2022年度中国电子学会青少年等级考试优秀测评师"等多项称号。

这只小小的队伍，秉持着"探索·创新"的理念，以培养学生综合素养为目标，坚持将科普教育融入日常教学工作中，充分发挥各自学科教育在科普中的主渠道作用。近三年来，组内教师克服学校功能室紧张、经费紧张等多重困难，在各级各类的微课、课例、案例和项目评比中都获得了不错的成绩，组织学生参加各级各类的比赛（含教育部白名单赛项），荣获国家级、省级、市级和区级优秀指导教师奖十余次。

2. 重实验探究，促格局变化

为激发学生科创的兴趣，培养学生动手实践和探究精神，点燃他们科创梦想，为他们搭建舞台，学校开展了系列"实验"的探究。

（1）增加科普教育时间、拓宽教育对象范围的"实验"探究。一是全体教师坚守科学和信息科技课堂教学主阵地，以生命生态安全、班团队、综合实践等为辅，开展全校普及教学。二是社团融入课后服务，开启选课走班的"实验"探究。每周一（低段）、周三（中高段）开设的社团中包含了机器人、图形化编程、Python、乐高、科创、电脑绘画等共多个科创类课程，500余名学生选择相关课程并在教师的指导下开展约2小时沉浸式科创探索。三是利用周末、假期托管开设与课后服务（社团）相同的课程并面向全区范围招生，为区内小学生提供科学探索的舞台。

（2）增加实施场地"实验"的探究。学校充分利用了3个学生机房和4个科学实验室，同时还开辟了学校会议室、食堂、普通教室、教师办公室等共十余个场所供科普教学和活动使用。未来，学校将进行改扩建工程，建设更多的科学坊，如木工坊、创客教室、STEAM探究室等，推动我校科普教育再上新台阶。

（3）打破科普教师学科边界的"实验"探究。传统科普教育是由科学和信息科技教师为主要承担者，我校鼓励有意跨界的教师将自身学科教学与科普教育相融合，现已有美术、数学、英语、语文等多门学科教师加入，科学学科兼职教师已有10人。

（4）探索科普实施途径的"实验"探究。除了课堂教学、课后服务（含社团）和托管以外，学校多方融合、合作，通过开放科学功能室、科普宣传栏展示、组织学生观看科普影片、进行科普阅读、开展科普讲座、组织科普知识竞赛、带领学生进行科普小实验，结合安全教育、品格教育，进行如防震减灾、科学用眼等教育，普及生活中的科学知识，全面提高学生的科学素养。

3. 重活动实践，促素养提升

学校教师坚持以发现为主，引导为辅；以启蒙激发为主，深入探究为辅；以过程体悟为主，生成结果为辅，开展多种活动，循序渐进指引学生进入科学大世界。

（1）积极引导学生爱科学、用科学。学校以每年科普月、每学期艺体节运动会为平台，开展科技小制作展示、科学小论文评比、创意比赛等活动，让学生爱科学、用科学。

（2）多方挖掘资源，开展科普交流与合作。组织学生听科普讲座，参观科普馆，参加社会实践，开阔学生视野，丰富学生科学知识。

（3）以赛促学促用。培养学生动手动脑能力，组织学生参加各级各类的比赛，让学生在比赛过程中锻炼心理素质，把理论应用于实践，提高学生的学习积极性和学习能力。

三、结语

在新课标的指引下，我们将着力在培养学生的科学创新意识和提高综合能力上下功夫，利用学科融合的特点，让学生在活动中，去发现问题、提出问题、分析问题、综合运用美术、数学、科学、信息科技等知识去解决问题，不断满足学生的好奇心，为孩子们探索世界打开一扇窗。同时利用学校改扩建的机会，建设更多的科学坊和功能室，让实小成为名副其实的"探究实验，辅导地方"的名校！

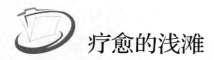

疗愈的浅滩

——当舞蹈美育遇见舞蹈治疗案例

□ 成都市青白江区实验小学　薛　原

一、前言

李宗芹主张，舞蹈应该注重人的健康，健康意味着身心能够和谐统一，构建一个完整的系统。如果身心不能达到平衡，就会出现不协调、不一致的情况。一个生命的完整性包含了各个部分的互动效应，人的身体对整个生命体产生影响，在动作过程中的变化也会直接影响到整个人的心理状态。人的身体构成了一个完整的个性，只要身体有所改变，内心的精神和外在的身体就会相互融合。无论是在生理还是心理方面，舞蹈疗法都扮演着极其关键的角色。

二、舞蹈治疗的概念

目前舞蹈治疗作为一种新型的治疗手段逐渐走进大众的视野。动作治疗，也被称为舞蹈治疗，是一门将心理学与舞蹈艺术紧密结合的新兴学科。它主张人的身体和肢体语言与心灵之间存在着紧密的联系并相互影响，可以通过舞蹈或即兴动作来解决心理问题。

三、帮助与作用

（一）激发生命关怀的创造力

据了解，中国目前对舞蹈编导的培养主要是通过高校或者剧场，大多是从做演员开始，到后面转为编导，因此在创造舞蹈作品的时候主观经验会主导创作思维，导致出现创作瓶颈，甚至可能放弃编导这条路。通过舞蹈治疗在舞蹈编导培养中的实施，舞蹈治疗的生命关怀特性会让舞蹈编导在学习过程中得到心灵上的慰藉，例如，在一堂编导课中，学生编了一个作品，但是始终不尽人意，一次次的尝试都没有好的结果呈现，导致学生出现灰心，丧失信心的情况，这时适当进行舞蹈治疗对全身心进行放松，引导学生用肢体宣泄情绪，用个体生命调动群体生命的共通，使其走出内心的困境，激发创造力，体味肢体带来的生命关怀，是真实可感的，是情真意切的。在经过舞蹈治疗的干预后，随着学习过程的进行，渐渐的舞蹈编导的学生会找到生命间的互通，将感同身受用外在的肢体表现出来，帮助自己走出创作瓶颈，周而复始，具有生命关怀的创造力便会不断被激发。

（二）培养情感体验的感知力

舞蹈编导还应具有敏锐的感知力，这种感知力应该伴随情感的体验，并将情感融入进艺术作品中。在舞蹈创作中，感知力往往会被创作的困难淡化，会出现很多编导为了完成任务而去创作舞蹈作品，情感的体验大打折扣，失去了本真的情感抒发。而舞蹈治疗关爱理念可以有效的帮助舞蹈编导应对这个问题，将情感贯穿到治疗，带入舞蹈编导的创作中，暂且跳出创作舒适圈，引导其走向正确的情感体验道路，长时间下来形成一种习惯，从而有效的提高作品的创作质量。舞蹈编导一直以来走在舞蹈编创的最前端，真正的将心沉下来，打开内心的大门，挖掘编导内心深处最真挚的情感，从而很好的培养出编导情感体验的感知力，为创作的艺术作品增加艺术感染力。

（三）增强群体经验的洞察力

艺术起源于生活，但又超越了生活。舞蹈作品是编导对生活细节的提炼，编导也在其中。因此，当个人经验与群体经验相互碰撞时，舞蹈编导可能会感到难以平衡，甚至可能与之分离。舞蹈治疗的包容性为舞蹈编导的人才培养提供了一条有效的途径。舞蹈编导的创作过程分为立意、选材、结构和编舞四个环节，由此可见选材是非常重要的环节。而取材的直接来源就是生活，舞蹈治疗的干预会使让编导更精准的把控群体经验，从而有效的从生活中提取素材，让创作出的舞蹈作品体现生活印记，符合舞蹈创作的导向。因此，舞蹈治疗发挥着关键的作用。

四、建议与措施

（一）培养者树立舞蹈治疗意识

在进行舞蹈编导人才的培养过程中，培养者要时刻把握培养动向，将舞蹈治疗的意识渗透，是为提高舞蹈编导人才质量保障的关键一步，舞蹈治疗不同于大众舞蹈的一点是舞蹈治疗具有较强的针对性，在针对舞蹈编导人才培养时，主要就对舞蹈编导进行一种正向引导，解决在培养过程中所遇到的突发问题及潜在的心理问题，当培养者树立舞蹈治疗的意识，会间接性的影响到被培养者，形成良性循环，到最后间接地作用到艺术作品上。那么，该如何树立舞蹈治疗意识，在如今舞蹈治疗发展相对落后的中国，这是一个比较难的问题，需要对舞蹈治疗涉及到的交叉学科进行深入的了解和学习，不断探索、积累，将其形成意识存在大脑。

（二）高校编导课堂落实舞蹈治疗方法

全国目前有近100所小学开设有舞蹈编导专业，但几乎所有的小学对舞蹈编导学生的培养都注重专业编舞上，对舞蹈治疗的运用少之又少，导致学编导的学生压力普遍大过其他舞蹈专业的学生，而舞蹈治疗的理念恰好有助于舞蹈编导专业的学生扩展身心，达到意想不到的效果，因此，在小学的编导课堂中，编导老师应该掌握舞蹈治疗的方法，落实到课堂中，在学生的学习过程中进行灵活运用。例如，在课堂的前十分钟进行身心放松的训练，让学生处在一个轻松的氛围接受舞蹈编导课程的学习，也是为今后学生的编创过程提供好的心理条件，从而保持住学生的创作欲望，为今后课程的开展打下良好的基础。舞蹈治疗的干预并不是短时性的而是具有长时效应的，掌握正确的舞蹈治疗方法，对学生的影响会是很深远的，甚至影响到生活。因此，在高校中落实舞蹈治疗的方法具有较好的可行性。

五、体育舞蹈疗愈社交恐惧的可行性

本文选择体育舞蹈作为舞蹈疗愈的载体来帮助缓解当代大学生的社交恐惧情绪。相较于其他舞种，体育舞蹈具有更大的优势：体育舞蹈作为双人舞，强调舞伴之间的交流与配合，在舞蹈的练习过程中，舞伴之间的支持与依赖能很好地刺激练习者走出自我，进行表达；体育舞蹈具有很多热情开放的动作，多加训练可以帮助练习者走出自卑、自怨自艾等情绪；其所传递出来的积极向上的能量，可以让练习者更好地认识自我，积极地投入生活——鉴于以上特点，加之运动过程本身对身心健康的促进，体育舞蹈非常适合作为对大学生社交恐惧进行干预治疗的载体。

六、体育舞蹈疗愈社交恐惧课程方案

体育舞蹈疗愈课程可含线上和线下两方面的体验疗愈：线上部分可通过多媒体方式发布了一系列疗愈动作的讲解和跟练视频，参与者可随时随地对自己进行舒缓训练，此外参与者也可以通过公众号平台来分享自己的焦虑或者是寻求相应的帮助，平台方面会有专门的负责人为其解答；线下部分是一套完整的疗愈方案，包含团队热身（preparing）、团队激发（stimulating）、团队体察（feeling）和团队分享（sharing），即PSFS疗法，共计8疗时，每一疗时为1小时，每周1疗时，疗愈方案历时连续的8周。

在线下疗愈的过程中，训练师可引导参与者将自己的注意力集中到舞蹈之中，运用自己的身体技巧，展现独特的个人表现方式和思考模式。训练师通过观察参与者的舞蹈动作，捕捉其传递出来的信息，加以指导，引导参与者走出自己的心灵世界。鼓励参与者利用肢体语言进行沟通，人的身体语言蕴藏着巨大的信息，通过学习舞蹈动作与技巧可以激发和满足参与者表达的欲望，增强参与者的表达能力，改善其在人际交流过程中的不足之处。利用特定的动作进行针对性疗愈，如圆圈会营造安全，被接受和主动接受的氛围，让参与者围成圆圈练习，练习过程中可引导其学习把握人与人之间的适度距离，学习观察他人并与他人建立连接，学习融入团体；双人练习可引导参与者体验两人的联系与合作，提高身体意识和自我意识。

七、结语

在治愈的海滩上，我们发现了舞蹈艺术的新可能性。舞蹈赋予我们敏感的身体触觉和丰富的情绪表达，使我们在观察和理解世界时有更多的角度和接触的途径。舞蹈的美学教育旨在培养审美感知、创新思维、人际理解和表达的需求，而当面对如创伤、痛苦、疾病等这些隐藏在生活阴影下的人生低谷时，我们还可以更深入地从教育到疗愈，去关注、倾听、安抚伤害和痛苦。

家校社携手共进，建构良好育人生态

□ 成都市青白江区大弯小学　杨　果

一、引言

家校社共育是一种强调家庭、学校、社会和政府之间合作的育人模式。它的目标是为孩子提供全面发展的机会，优化教育资源配置，促进教育质量提升，培养孩子的社会责任感，并实现教育公平和社会稳定发展。通过家庭、学校、社会和政府各方的有效合作，每个孩子都可以享受到良好的教育环境和资源，得到个性化的教育支持，实现他们的成长与发展。这种育人模式对于建立良好的育人生态和培养未来社会有能力、有道德的公民具有重要意义。

要扎实推进"双减"工作，仅仅依靠学校的力量还不够，需要家庭、学校、社会三方联动，共同构建学生幸福成长共同体。只有家校社紧密携手，形成"1+1+1>3"的育人合力，才能创造出充满真善美的家校社环境，才能让"双减"落地。

二、家校社共育措施

家校社共育是一种促进全面发展、提高教育质量、培养社会责任感、实现教育资源共享和促进社会稳定发展的重要教育模式。它需要家庭、学校、社会和政府各方的密切合作和共同努力，从而构建良好的育人生态，为学生的幸福成长之路做铺垫。

学校通过提供服务支持，缓解家长的教育焦虑；保障交流渠道，搭建互动沟通的平台；聚焦共育活动，探索别样的家长课堂；整合各方资源，推动形成家校社合力，有效地促进了家校共育的实施。这些做法有助于加强家校合作、提升家长与学校之间的互信和合作关系，为孩子们提供更全面、个性化的教育支持，从而构建一个良好的育人生态。

（一）提供服务支持，缓解家长的教育焦虑

如今，随着考试压力的减少，作业负担的减轻，以及各种考试、分班等教育制度的改革，许多人认为家长的教育焦虑应该得到缓解。然而，尽管这些改革措施确实在短期内减少了一些表面的压力和焦虑，但很难真正消解家长内心的教育焦虑。这种焦虑往往源于家长对子女教育成果的高度关注，从而导致"内卷"和"鸡娃"等现象的出现。

为了有效缓解家长的教育焦虑，学校特别成立了家庭教育指导服务中心。中心以学校和家庭、教师和家长互为主体的关系为基础，以学校教育为主导，以家庭教育为核心，力求实现学校教育科学地指导家庭教育，家庭教育有力地促进学校教育的相互整合的"合作型"关系。

中心通过一系列的信息化宣传、教育咨询指导、心理健康疏导等工作，为家庭教育提供全方位的支持。例如，我们定期发布有关家庭教育技巧和方法的宣传资料，为家长提供有关教育咨询的渠道，以及为家长和孩子提供心理健康疏导的服务。

通过这些措施的实施，我们帮助家长树立了正确的教育观，理性地规划孩子未来的发展方向，从而有效缓解了家长的焦虑情绪。同时，我们也成功地构建了一个以学校、家庭和社区为基础的，更加紧密的教育共同体，为孩子们提供了更加全面和有效的教育支持。

（二）保障交流渠道，搭建互动沟通的平台

学校通过建立家校评价卡、开展常规化家访活动、开放校长电子信箱、定期召开家长会、设立家长接待日等系列活动，确保了家校之间深入有效的沟通与交流。这些活动不仅促进了家长对学校教育的参与，还引导家长共同研究教育良方，使学校与家长之间形成了良好的合作关系。

基于学校的办学理念——以美育人，一以贯之，学校建立了至美少年综合素质评价系统。该系统从学业、才艺、管理、体锻、礼仪、环保、创美劳动、廉孝、公益九个方面，由班主任、科任老师通过家校评价卡，将近期学生的日常行为、课堂状态及时发送给家长。家长接到评价卡后扫码查看孩子的表现，再将孩子在家里的活动情况反馈给老师，从而实现了及时沟通、交流，发现问题立即解决。

这些举措有效地推进了家校共育的实施，构建了和谐的家校关系。通过家校间的合作，我们可以更好地了解孩子的内心世界，促进孩子的全面发展。同时，这些举措也体现了学校对家长参与学校教育的重视和支持，进一步增强了家长对学校的信任和满意度。

（三）聚焦共育活动，探索别样的家长课堂

家长的角色转换了，从日常的家庭角色转变为讲台上的老师，这无疑是一种令人新奇且兴奋的体验。学校特别开展了家长课堂活动，邀请了来自不同职业背景的家长走上讲台，分享他们的专业知识和技能。为了确保课程的质量和效果，这些家长们付出了巨大的努力和时间，进行了精心的准备，甚至多次试讲，力图将最好的内容呈现给孩子们。

家长课堂的活动内容丰富多样，包括亲子瑜伽、环保小物品制作、消防知识、烘焙料理、农事介绍、法律小咖之未来大律师课堂，等等。这些活动旨在拓宽孩子们的知识视野，同时也为他们提供了一节节别开生面的人生课堂。

家长课堂还通过心理团体辅导及主题讲座等形式，为家长提供了与孩子共同成长的机会。这些活动不仅加强了家长与孩子之间的沟通和理解，还为家长提供了与教师交流的平台，共同探讨如何更好地为孩子的成长保驾护航。

在孩子们居家学习期间，学校还特别推出了家长云课堂活动。这使得家长们有机会体验一把当老师同时做主播的感觉。从一开始的手忙脚乱、网络掉线，到后来的操作熟练、互动连线，家长们通过这个过程深刻地感受到了教师工作的不易。

通过家长课堂和家长云课堂，不仅让家长更加了解孩子在课堂上的状态，同时也为他们提供了一次成为孩子"实践老师"的机会。这种用孩子们喜闻乐见的形式进行的互动学习，无疑为孩子们带来了别样的课堂体验，同时也促进了学生、家长和教师之间的共同学习和成长。

（四）整合各方资源，推动形成家校社合力

在一次家长课堂中，一位在银行工作的家长带来了一堂财商课，使学校大受启发，我们正缺乏对学生财经素养能力的培养，何不借此机会，发挥家长的资源和优势，开发财经素养课程呢？于是，学校与家长所在银行携手合作，聚集资源，联合举办财经素养课程研讨活动。目前，我们已推出地摊经济、重大经济事件、小小银行家理财启蒙教育等多节课程，并开展"冰柠橙夏"创业挑战综合实践活动、小小银行家——暑期体验营、后浪练摊等活动。借由银行这个平台，我们联系到中国儿童少年基金会少年公益学院，一起举办了"益起同行爱心公益拍卖

会"，通过家庭公益传递爱心，在父母的启迪下培养学生对世界的认知感。经审批，我校成为区域内首个金融教育示范基地。

通过"财经素养"这个教育支点，撬起学生全面素质的提升，在满足学生共性发展的基础上实现个性特色发展，同时开创了家校社教育合作新局面。

三、结语

总之，在这个未来的教育生态中，学校将凝聚全体师生家长的智慧与力量，不断推进家校社协同育人的工作。通过打造一个开放、共享的教育生态，学校将为学生提供更优质的教育资源和成长环境，培养具有创新能力、社会责任感和全球视野的新一代人才，为国家的发展和进步贡献力量。

未来，学校将坚持为党育人的初心、为国育才的立场，不断优化家校社协同育人路径，完善家校社育人策略。学校将凝心聚力，积极打造一个更加开放和共享的教育生态，致力于构建高质量的协同育人体系。

"树人"文化的溯源与重构

□ 成都市青白江区巨人树幼儿园　罗　玲

　　成都市青白江区巨人树幼儿园始建于1960年，至2021年已发展为"一园七址"的集团化品牌幼儿园。着眼于历史沿革与未来蓝图，巨幼集团以"树人"文化为统领，全面重构"树人"文化集团顶层文化，围绕"儿童像巨人一样"核心理念，以"万木葱茏　美好之园"为办园愿景，秉承"以巨人之心　树幸福未来"的办园宗旨，将园训"美好园中护童真　巨人树下树巨人"融入各项工作，以此描绘独特的园所形象，树立园本文化自信，引领幼儿园未来更为长远的发展。

　　文化溯源，文化重构，文化引领。一所幼儿园的品质发展，关键是教育思想和理念，园所文化作为幼儿园发展的灵魂，是在长期教育实践中形成的特有的价值观念及承载这些价值观念的语言体系表达、活动形式、物质形态等，它是全体成员共同遵循的最高目标、价值标准、基本信念和行为规范，在潜移默化中发挥着引领、导向、传递的功能。

一、回望追光时刻，薪火相传守初心

　　成都市青白江区巨人树幼儿园（以下简称"巨幼"）始建于1960年，是青白江区教育局举办的公办园，2001年获评四川省示范性幼儿园、2002年获评成都市一级幼儿园。从始建时"一间教室、两名老师、十几名幼儿"逐步发展成为"一园七址"的集团化优质品牌幼儿园。虽然经历了几次迁建与更名，但不变的是巨幼人薪火相传的教育初心。秉持"爱润童心　以美育人"的办园理念，努力推进内涵品质提升、优质多元发展，进一步发挥优质资源的引领辐射作用，保障更多适龄儿童有机会接受公平有质量的学前教育。2015—2021年，集团园所由三所增至七所，建构了"名园+新建园+乡镇园+山区园"的紧凑型集团，实现了城区园高位优质发展，乡镇园和山区园优质普惠发展的良好态势，实现了"学有良教，品质卓越"的目标。站在新时代的历史发展起点，我们深知办好学前教育的重大责任，传承和创新重构园所顶层文化的重要性日益凸显，抬头仰望星空，回望这一路深深浅浅的脚印，让我们的教育初心与责任担当更加清晰地彰显在园本文化中，并使其传承下去。

二、文化溯源，赋予"立德树人"新的时代内涵

（一）对教育政策呼唤的回应

2012年，党的十八大报告把教育放在改善民生和加强社会建设之首，充分体现了党中央对教育事业的高度重视和优先发展教育的坚定决心。"把立德树人作为教育的根本任务"首次在党的全国代表大会报告中被提出，这是党的重大政治宣示。党的十八大报告还提出"让每个孩子都能成为有用之才"，这里关怀"每个"、培养"每个"，代表着党的教育人才质量观。我们的教育观与此相一致，即期望每个孩子都能成为"栋梁之材"。

"立德树人"要求我们必须坚持德育为先、促进孩子全面发展，当下我国正处于开放的国际环境与多元的文化背景之中，我们的孩子将处于一个世界观、人生观、价值观形成受诸多因素影响的时代，德育为先更具有必要性和紧迫性。在坚持德育为先的同时，全面加强和改进智育、体育、美育、劳育，增强幼儿综合素养，使之成为德智体美劳全面发展的社会主义建设者和接班人。

（二）对行业纲领精神的贯彻

近年来，国家密集出台一系列关于全面推进学前教育高质量发展的政策文件。以《幼儿园工作规程》《3—6岁儿童学习与发展指南》《幼儿园教育指导纲要》（以下分别简称《规程》《指南》《纲要》）为引领，相继出台《中共中央国务院关于学前教育深化改革规范发展的若干意见》《"十四五"学前教育发展提升行动计划》《幼儿园保育教育质量评估指南》等重要举措，强调"建立科学评估导向，促进幼儿园保教质量提升"，强调"尊重幼儿年龄特点和发展规律，坚持保育教育结合，以游戏为基本活动"，在掌握儿童发展规律的基础上开展保教工作；建立对幼儿发展的合理期望，实施科学的保育和教育，让幼儿度过快乐而有意义的童年。幼儿园创建具有儿童视角、丰富美好的环境，让幼儿在游戏中建构经验、学习发展。《指南》特别指出要重视幼儿的学习品质，在面对困难和挑战时表现出的积

极态度和良好行为倾向。因此，我们倡导充分尊重和保护幼儿的好奇心和学习兴趣，帮助幼儿逐步养成积极主动、认真专注、不怕困难、敢于探究和尝试、乐于想象和创造等良好学习品质。

（三）对区域发展导向的协同

2021年2月，中共成都市委、成都市人民政府发布了《关于实施幸福美好生活十大工程的意见》，强调"以最优供给满足市民、最好资源服务市民，更可期待……学有优教……幼有善育"。随着经开区、自贸区、综保区等多重战略优势叠加，陆港门户枢纽核心功能持续完善，青白江发展已按下快进键，现代化国际化成都北部中心正蓄势待发。城市快速发展对增强教育服务能力，发挥教育基础性先导性作用提出时代新要求。

巨人树幼儿园作为一所省级示范园，我们向市民生活作出郑重承诺，将为提供给幼儿幸福美好的童年生活、促进区域学前教育的发展努力奋斗。办创新型、集团化的高品质幼儿园，为每一个儿童的幸福美好未来奠基，不断扩大巨人树幼儿园品牌影响力，全力以赴在青白江教育改革中起到关键变量作用，推动我区学前教育走向更高的平台，助力国际品质生活区建设，实现"办人民满意的一流教育，建设现代化教育强区"的目标。

三、文化重构，儿童像巨人一样……

幼儿园的文化核心应该用什么来表达，这是令我们的管理团队困惑很久的问题。经过多轮商讨研究后，我们将目光落在了幼儿园的名称上。幼儿园名称是独属于幼儿园的符号，能承载幼儿园的某种特点。结合幼儿园历史实践以及作为区域学前教育先行者的责任实践，我们从幼儿园名称中提取"树人"，以"树人文化"作为园本文化。随后我们对树人文化的内在含义进行了研讨，对自己的园所文化特色有了更清晰的认识。从"树人"出发，全面构建幼儿园的文化理念体系，以此描绘巨人树幼儿园独特的园所形象，树立园本文化自信，引领未来长远的发展。

"树人"一词出自春秋时期政治家管仲《管子·权修》："一年之计，莫如树谷；十年之计，莫如树木；终身之计，莫如树人。"这句话表达了教育的长远价值，长期性和艰巨性。"树巨人"与习近平总书记提出的"培根铸魂 启智润心"的育人观不谋而合，具体而言，"巨人"是身体强壮、人格健全、内心强大的人，是全面发展的社会主义事业建设者和接班人。

（一）"树人"文化核心理念：儿童像巨人一样……

儿童像巨人一样……该理念句式的特殊性使"树人"文化在历时性上有了更大的延伸空间，也体现了园本文化的生成性。在文化生成的过程中，每一个人参与到这个过程中来，完善句子的补语。例如"儿童像巨人一样身强体健""儿童像巨人一样令人惊讶""儿童像巨人一样顶天立地""儿童像巨人一样勇敢无畏"，省略号的位置可以补充儿童所有的优秀品质。一方面，儿童将成长为身强体壮的生命体；另一方面，他们将成为人格健全、内心强大的中国人。

我们的儿童观是："儿童是巨人"。他们常常使我们惊讶不已，具有我们无法想象的生长潜能，就像童话中巨人带有的奇幻气息让我们惊叹那样。就师幼关系而言，孩子对于教育者是巨人般的存在，是"具有巨大影响和贡献的人物"。教育家蒙台梭利说："儿童是成人之父。"儿童所特有的能量以及对于成人重大而深远的意义。"儿童将会成为巨人"，儿童经过三年的幼儿园生活以及后续的教育，成长为身体健康、内心强大的巨人。根据皮格马利翁心理效应，儿童将朝着我们所期望的方向成长，我们要将每个儿童都看作某个集体、某个领域中"重要的人"，孩子也将形成要自我强大的意识，以"巨人"的心态对待生活。

我们的教育观是：尊重儿童，敬畏儿童。尊重儿童的各种合理需要，照顾他们的身心健康，尊重他们游戏的权利；在教育行为发生时要以敬畏的态度多加反思，增强行为的科学性和情感的传递，让儿童真正在爱中成长，把握儿童成长规律和教育规律，重视教育前的科学预判，重视教育中的科学操作，重视教育后的科学评估，实现全员育人、全程育人、全方位育人。

（二）"树人"文化办园宗旨：以巨人之心，树幸福未来

"巨人之心"，首先，对于教育者而言是能够对儿童成长产生积极影响，不忘人之初心、职业初心、教育事业的初心，集各方之力开展育人工作；其次，对于儿童而言，是指能够认识自我、他人与集体，练就强壮的身体素质、培养强大的心理素质和健全人格。最后，对整个幼儿园而言，我们要影响的不只是我园的儿童，还有所在片区其他幼儿园的儿童，以及我园作为青白江学前教育领航者，走出青白江，走向大成都、大四川，甚至作为中国一方幼教的典型走到国际中去，与国际对话，而这也恰好契合青白江区锚定打造现代化国际化成都北部中心的目标。巨人之心办教育，最终是为了实现"幸福未来"。幸福未来是什么？于幼儿园，是优质一流的办学成效；于孩子，是幸福美好的人生基础；于教师，是教书育人

的高获得感；于青白江区，是现代化国际化的成都北部中心打造；于中国，是中华民族伟大复兴梦的实现……只要"以巨人之心"办教育，"幸福未来"终将成章。

（三）"树人"文化办园愿景：万木葱茏 美好之园

"万木葱茏"，描绘了我园目前已呈现的物质环境，发挥自然生态、丰富多元的环境对儿童成长的重要作用，挖掘和生发出更多真实的教育资源，让园所"万木葱茏"，儿童在此茁壮成长。"万木葱茏"还指向各种特质的儿童成长的状态。如果以树木生长来比喻儿童成长的过程，我们希望能够让每个孩子都能成为有用之材，这里关怀"每一个"、培养"每一个"，与对"万木"的期待有着一致的教育观，期望每个孩子都能在原有的基础上得到发展，成长为"最好的自己"。

"美好之园"则指向整个园所的一种精神状态，我们对市民幸福美好生活的承诺，来自美好的园所环境，来自每一位注重工作之美、生活之美的教师，更多的美好来自教育本身，给予孩子们足够的空间和养分，守护最美好的童真。

（四）"树人"文化园训：美好园中护童真 巨人树下树巨人

在美好之园中，我们实现美好愿景的起点只能是儿童，而儿童身上拥有很多可贵的品质，天真、好奇心、想象力、行动力、感情外露等，我们要给予儿童足够的尊重、支持、守护最美好的童真。一代又一代的巨幼人，为儿童打造安全温馨的环境，提供适应儿童个性成长的教育支持，守护他们的成长。这一切都将回归我们的文化核心——树巨人，我们要培养身体与精神上都强大的"巨人"。

四、文化引领，助推高品质发展

近年来，在"树人"文化的引领下，围绕"树什么人""以何树人"两大中心问题。我们以"树顶天立地的中国儿童"为育人目标，通过"五位一体"的实施路径："树"制度、"树"环境、"树"课程、"树"队伍、"树"家长，形成集团内部多维合力，凝聚共识，走向优质。

（一）"树"制度：建立美好联动

我认为，集团发展不是简单意义上的复制和移植，"一园七址"的办园模式，应依托总园深厚的文化底蕴，优质的教育资源，建立以总园为基地的"管理共同体"和"发展共同体"。在集团制度文化建设中，采取"总园引领 园所自主 部门联动"的三级分层管理模式，建立"制度化、规范化、科学化"三化管理，从"集团制度+常规制度+创新制度"三方面建构集团制度版图。在明确的办园目标、宗旨、理念的统领下，以文化凝聚共识，汇聚力量，各园所逐步形成"美美与共，和而不同"的良好发展样态。

（二）"树"环境：浸润美好童心

瑞吉欧教育认为：环境是第三位老师。在"万木葱茏 美好之园"文化引领下，我们努力打造具有儿童视角、充满生命力的美好之园，这是巨幼集团品牌显性物质文化表达的顶层定位。七个园区在物质文化建设方面，以"自然生态、温馨舒适、童趣好玩"为空间设计和环境创设理念统领，把握"花、果、树""色、光、形"等元素，兼具适宜性、多元性、开放性，努力营造具有审美情趣，且具有教育价值的美好环境。

巨幼总园基于自然生态的环境基础，融入传统文化园本特色课程元素，打造"美好的森林之园"。"百草园""百果园""百花园"应运而生，园中栽种了60余种乔木、灌木和花卉，30余种中草药和20余种果树，一年四季花开不断、果实累累，逐步形成了"一院+三园+N个游戏区域"的环境格局。巨幼北区在集团环境文化引领下，把握和沿袭"自然、童趣、温馨"的内涵，基于欧式建筑的环境基础，打造"美好的童话之园"。以"小巨人"穿过麦田、跨越大海、翻过高山，与自然亲密接触的故事为线索。采用大面积的色块、丰富立体的画面，带来视觉的冲击和无限地遐想，支持幼儿与世界对话，与自我对话。人和分园基于农村园的区域特点，充分融入"泥""民间游戏"等元素，打造"美好的田野之园"。

（三）"树"课程：塑造美好生命

在集团制度引领下，园所品牌的深入持续发展，需要每个园的办园质量作为支撑，在"规范办园 打好底色"的基础上，更应努力追"特色办园 亮出特色"，鼓励各园努力打造"一园一品"的格局。我们在传承集团文化的基础上，立足于各园所实际，探索园所课程的新生长点、新设计思路以及新实施路径。并以此为逻辑起点，通过创造性的"三级课程"实施，形成了课程的共生、共进、共促，实现以课程"树"造生命的追求。例如：总园依托课题研究，深挖传统节庆文化的教育价值，开展了一系列具有仪式感、参与性和教育性的传统节庆活动，逐步形成了"共同性课程+走近节庆 玩转节庆""特色课程+个性化课程"的课程体系。各园区在总园传统节庆文化特色课程理念下，结合队伍优势、基于园所特色建构传统节庆文化下的特色课程，如南区传统节庆文化下的劳动教育特色课程、传统节庆文化下的食育特色课程、传统节庆文化下种植教育特色课程、传统节庆文化下户外民间游戏特色课程。

（四）"树"队伍：孵化美好团队

教育大计，教师为本。教师是立教之本、兴教之源，是教育发展的核心力量和第一资源。我园以激发幼儿教师职业认同、提升幼儿教师价值存在感、强化幼儿教师的职业幸福感为抓手。在"树人文化"引领下，以"两支队伍"建设为抓手，培养和锻造一批具有高尚师德修养、具备科学先进儿童观和教育观、知识视野宽、具有较高人文素养、掌握现代教育手段、具有较高保育和科研能力的高素质保教队伍。

以抓实做细园本教研；提高"新手型教师"的实践能力；加大"经验型教师"的培养力度；完善"骨干型教师"的培养制度；加大"青蓝工程"的实施力度；坚持"科研强园"的发展思路；实施"内培外引、异地研修"机制，实施"以赛代培""活动代培"机制；利用"专项培训"等方式助力教师格局提升、视野开阔和专业能力提升。

（五）"树"家长：传递美好精神

在万木葱茏的美好之园，家长也是"万木"生长，各有不同。由于地域、城乡差异大，巨幼集团各园所家长素养及文化背景有明显差距。我认为：必须处理好"一"和"多"的关系，才能真正实现"家园互动、同步教育"。首先，贯穿"一"种文化。这是集团内各园家长工作的共同路径，即通过亲子活动、家园联系等多种手段，将园所文化无形植入、渗透到家园交流中，用园所文化的力量唤醒家长的美好精神，促成教育观、儿童观、价值观的传递，潜移默化地优化家长的教育理念、提升家长的教育行为。

其次，激活"多"种形式。则是指根据不同园所家长情况的差异，有针对性地开展家长工作。城区3所幼儿园采取向家长"借力"的形式，积极调动家长资源，推进形成家园共育的合力及积极氛围。针对乡镇园、山区园普遍存在的家长教育理念落后的问题，采用为家长"助力"的形式，通过"个别追踪"、家访等，提升山区幼儿入园率，引导家长树立育儿观，调动家园合作的积极性。

园所文化是一种强大的号召力和凝聚力，我们期望每一位教职员工都能潜移默化地将园所文化传递的精神融入日常的工作和教育生活中。教育充满着独特的魅力，它拥有无限可能、无限憧憬、无限希望，我们也将通过更多的活动与课程将文化融入教育全过程中，最终实现文化育人。未来我们将在树人文化引领下，办创新型、集团化高品质幼儿园，为每一个儿童的幸福美好未来奠基。不断扩大园所品牌影响力，全力以赴在青白江区教育改革中起到关键变量作用，推动我区学前教育走向更高的平台！

爱如清泉　润泽童年

——清泉中心幼儿园办园思想与践行

□　成都市青白江区清泉中心幼儿园　　钟　倩

清泉中心幼儿园始创于1954年，曾隶属于清泉学校；2014年在集团化发展的背景下由青白江区城厢中心幼儿园领办，成为一所教办分园，2018年3月迁入由政府投资新建的标准化幼儿园，2021年成功创建为成都市一级幼儿园。园所共设置15个班，占地7160平方米，建筑面积5410平方米，优渥的空间环境和完善的硬件设施为幼儿园的优质发展提供了充分的保障。

近年来，伴随着国家整体教育改革，始终坚持科学、先进的办园思想，并在传承与创新中不断发展，提出了"爱如清泉　润泽童年"——以"自然教育"为核心价值的理念体系。

一、提出背景

（一）顺应学前教育发展要求

《国家中长期教育改革和发展规划纲要（2010—2020)》中明确提出：树立以提高质量为核心的教育发展观，注重教育内涵发展，鼓励学校办出特色、办出水平，出名师，育英才。办园思想是一所幼儿园的灵魂，是幼儿园的办园之道、教学之道、管理之道、发展之道。幼儿园的办园思想对办园目标和发展方向起着引导和规范的作用，能够使全体教职工形成正确的教育观念，对幼儿园的未来发展充满信心。

因此，清泉中心幼儿园全面贯彻《幼儿园教育指导纲要（试行）》（以下简称《纲要》）和《3—6岁儿童学习与发展指南》（以下简称《指南》）精神，努力遵循"以幼儿发展为本"的教育原则，致力于为幼儿一生的发展奠定良好的基础。在园所发展之路上，坚持依法办园、依法治教，以"优化办园水平　特色引领发展"

为工作重心，坚持"崇尚自然　坚持本真"育人原则。

（二）适应多元互动格局

清泉镇地处龙泉山脉，瓜果飘香，自然资源丰富，乡土气息浓郁，随着欧洲产业城的兴起、自然与现代的碰撞，给这座乡镇带来了机遇与活力。清泉中心幼儿园就坐落在这充满着发展机遇的乡镇繁华之地。"自然教育"课程的实施在客观条件上有一些特殊要求，即需要为幼儿提供多种亲近自然的场域。清泉镇悠久的历史及独特的地理环境和地域特色，为幼儿园的活动开展提供了多种可能，值得深度挖掘，以丰富课程资源。

（三）基于园本课程的实践探索

自2018年以来，幼儿园"亲自然"课程的探索与实践经历了两个阶段。

第一阶段（2018—2019年）：创设自然环境，提供有效支持

以环境打造作为突破口——致力于打造一所让孩子与自然相连、与自然互融的乐园。2018年幼儿园搬入新园，基于实地资源，我们开始了"亲自然"的环境打造。首先，摒弃塑料、泡沫等人工装饰品，将自然元素融入幼儿园的环境当中，让孩子们感受自然之美。其次，统筹设计室内外活动区域，拓展孩子们的活动空间，一是将公共区域与班级活动区进行整合、共享；二是将户外区域进行有效利用，基于周边自然环境特点，打造丰富多元的充满"自由、野趣"的游戏空间，增强与自然的互动。另外，利用门厅、楼道、墙面等作为幼儿的自然材料创意展示区，让孩子们在与自然相处互动中与自然对话，在自然中学习。

第二阶段（2020年至今）：基于资源优势，构建"亲自然"课程

2020年12月，幼儿园作为青白江区创"全国普及普惠县"的督导观摩园所，获得了专家和领导的指导，幼儿园"亲自然"环境初具雏形。2021年2月，幼儿园参与的区级课题"农村幼儿园泥工坊游戏指导策略实践研究"顺利结题，形成了一些研究成果。从2020年开始，幼儿园关注"自然教育"与园本课程的融合，大胆尝试，有益创新，对所选课程进行园本化改编，逐步构建幼儿与自我、幼儿与自然、幼儿与社会为基本内容的园本化课程。

二、办园思想

从2014年至今，幼儿园经历了从规范办园到精细保教再到优质发展之路。结合地域特点，经过不断的探索与积淀，结合对"自然教育"的理解和对"清泉"

二字的解读，将办园主张确定为："爱如清泉 润泽童年"。

爱，其解读是喜欢达到很深的程度，继而为人付出的感情。爱，是对工作的热爱、对孩子的关爱，是广博的教育之爱。

"清"，即纯净没有混杂物，亦有"青"，碧绿透彻之表意。《孟子》中有"沧浪之水清兮"，南宋诗人朱熹"问渠那得清如许？为有源头活水来"。"清泉"乃自然之物，意为清澈的泉水，细柔悠长，源源不断，充分展现着自然之美。

"润"，本义为"雨水下流，滋润万物。不干燥，湿燥适中"。《礼记·聘义》中有"温润而泽"；唐代大诗人杜甫在《春夜喜雨》中写道："随风潜入夜，润物细无声。"

教师对幼儿的爱犹如泉水般涓涓细流，纯粹、朴实，本着对教育事业的热情与追求，支持幼儿的成长与发展。教师对幼儿的爱是自然的，尊重自然规律，遵循幼儿身心发展特点，尊重幼儿个体差异。教师对幼儿的爱是润物无声的，给予孩子成长过程中所需的养分，让童年富有光泽。

三、文化体系

（一）办园目标

围绕"培养什么样的人""如何培养人""为谁培养人"的教育根本问题，在"爱如清泉 润泽童年"办园主张指导下，我们的办园目标如下：

办园目标：尊崇自然 坚持本真 奠定幸福童年

育人目标：自然 自主 自信

（二）办园理念

卢梭提出对儿童进行顺应自然发展规律的"自然教育"，就是"按照孩子的成长和身心发展规律而进行教育"。这就是说，在教育儿童时，应服从自然的永恒法则，遵循自然赋予他们的本性，考虑他们的年龄特征，顺应其身心自由发展。自然教育的方法是采用实物教学法和直观教学法，我们逐步梳理出了较为完善的理念体系："亲近自然 释放灵性 和合共生"。

亲近自然——大自然是"活教材"，儿童是天生的创造家。亲近自然应该追求顺应自然和回归自然，依托全息化的大自然教育场，让儿童走进真实的自然景物与情境中去体验和探索。亲近自然还应该追求呵护幼儿心灵的自然与自由，倡导顺应幼儿的天性，释放幼儿的探究欲望与好奇心，打开幼儿与环境之间的通道，让幼儿融入自然和回归自然。

释放灵性——幼儿是有意识和能动性的社会人，他们有自身的兴趣、需求、灵性和思考。我们既要遵循人性自然的理念，也要强调自然的秩序与规律，引领幼儿在回归自然、回归自我的过程中去体验和发现生命的内在情感，支持幼儿在自由且自主的活动中释放生命的自然灵性。我们应该呵护幼儿的这种天性，使其灵性得到释放，个性得到张扬，进而为其持久的生命注入无限的活力。

和合共生——"和""合"互通，是"相异相补、相辅相成、协调统一、和谐共进"的意思。就如《指南》中的五大领域，虽然它们是分别表述的，但并不是说各领域是彼此分离、各自为政的。相反，各领域都是相互联系、相互支撑的。因此，幼儿的学习与发展具有整体性，幼儿教育也需要高度的整合。在园本课程的实施中，我们应关注幼儿的全面发展，关注各领域的发展，关注各种教育途径的价值，关注家、园、社区三方面的教育合力，强调从幼儿发展的整体性出发，思考教育效果的整体性，从而促进幼儿全面和谐健康成长。

四、实践探索

（一）发挥环境的教育作用

环境是重要的教育资源，在幼儿教育中，教师、幼儿、环境是三个基本要素，从教师的教到幼儿的发展，都是以环境为中介，而自然环境更适宜幼儿的需要，更贴近幼儿的生活经验。清泉中心幼儿园是一所地处丘陵的农村幼儿园，我们将自然元素融入幼儿园的环境之中，让孩子们"尊自然之道　以自然为师"，同时也感受自然之美。

四季的风光体现在幼儿园的环境中。春天百花齐放，夏天绿树成荫，秋天瓜果累累，冬天枯枝黄叶，各有一番趣味。老师们充分运用树枝、树叶、竹子、野藤等自然材料来创设环境；植物角里充满着惊喜，蚯蚓、蜘蛛、菜青虫都是孩子们游戏中的玩伴；班级中随处可见自然之物，橡子、松果、玉米、竹片、树叶等都是孩子们最喜欢的玩具！自然之美渗透在孩子们的一日生活中，也给予孩子们更多想象的空间。

（二）加强资源的整合利用

1. 自然资源

课程是丰润办园思想的基础，在"自然教育"之路上，课程的生成基于丰富的自然资源。我园是一所充满了"野趣与生机"的幼儿园，园内植物种类丰富，形态不同，开花结果时节有别，种植方式各不相同，种植空间多样而开阔。无论是花草芬芳、树木茂密的小树林，还是花果飘香的果树园，抑或是充满果蔬芳香的魔法小农场、趣味十足的自然角，无一不是生动的课程资源。可以说，幼儿园就是一座自然的博物馆。而幼儿园周边地域形态各异，山地、丘陵、农田让清泉镇成了周边最大的农贸聚集地，也涌现出了桃花诗会、采摘节、登山节等活动。地形地貌的多样，让幼儿园附近蕴藏着不同颜色的泥土，如人和的红土、清泉的黄土等，都为幼儿园特色活动的开展提供了丰富的自然条件。丰富的自然资源，引领着儿童认识自然、适应自然、热爱自然、融入自然。

2. 社会资源

幼儿教育不仅仅是幼儿园教育，幼儿教育资源也不仅仅是幼儿园自身内部的资源。对课程资源应树立一种大教育的资源观，让幼儿园课程教育跨越幼儿园的围墙，让幼儿能够更多地看到、听到和接触到"外面精彩的世界"。而"自然教育"课程中的社会资源就是与幼儿的生活和主题活动相关联的一些园外的社会资源条件的集结。

清泉镇是一座传统与现代相融的乡野小镇，既有大家耳熟能详的古街小巷（如廖家场、邱玉巷）、农贸市场（清泉场镇）、农家小院，又毗邻不断创建中的欧洲产业城（东山公园、现代工厂、新建小区），社区资源的多元化带给幼儿不同的信息、感受，开阔了幼儿的眼界，丰富着幼儿的经验。另外，幼儿园也与周边的几个社区建立了长期的联系，如廖家场社区、花园社区、清泉学校等，借助社区和中小学校丰富的教育资源开展各项活动，这些也成为幼儿主动学习探究与社会实践的重要场所。

（三）指向自然教育的课程建设

课程从文本到实施的落实过程，是一个假设验证与调整完善的过程。我们经历分析问题、解决问题、反思调整的循环实践，从而逐步探索并形成了统整实施的总体策略，以主题统领、多途径渗透、多维建构相融合的方式，让幼儿在实践的过程中实现各种经验的整合、各领域活动的整合。课程实施遵循选择与创生、多元与全面、灵活与融合的原则，通过集体活动、游戏活动、日常活动、家园活动四种途径来实施。

"亲自然"课程的实施是"整合"，而不是拼凑，需要把相互间的东西联结起来，形成有机的系统。因此，教师通过梳理主题目标的实施路径来强化自己的课程整体观,让一日活动各环节的组织都紧密围绕着主题目标的实现,同时又发挥不同实施路径各自的作用。

1. 集体活动

集体活动是指教师有目的、有计划地组织班级幼儿参与的教育活动。它包括教师预成和生成的教育活动,单独的一次活动或围绕一个主题进行的系列活动,全班一起进行的或分小组同时进行的教育活动。

比如大班"探秘春天""玩在秋天"主题活动中,结合周边自然资源和环境开展了"春游"和"秋游"远足活动;另外,每年幼儿园都会结合班级新年主题活动开展"品味中国年"及"逛庙会"系列活动,让孩子们在丰富的体验活动中,感受传统文化的乐趣。

2. 游戏活动

以游戏为基本活动,在一日生活开展中充分考虑并提供充足的游戏时间,根据空间、功能(含材料)两个维度将游戏活动分为室内区域活动和户外区域活动。

(1)室内区域游戏

班级区域游戏:班级游戏区也是课程实施的重要形式,基于园所宽阔的走道环境,我们将创造性游戏区和学习性游戏区相对分隔,既保证了区域设置和材料投放的丰富性,也打破了班与班之间的界限,促进区域联动。在常态开展区域游戏的过程中,老师们观察并记录分析幼儿的游戏行为,也会根据幼儿的活动情况及时调整区域及游戏材料。

室内功能室:按照不同主题进行设计,分为泥工坊、美术室、阅览室。考虑到幼儿的年龄特点,我们对各功能室的材料进行分类摆放,制定相对固定的每周游戏时间表,满足不同能力层次幼儿的需要。

(2)户外区域游戏

根据不同场地和材料创设了十大户外活动区,其中表现性活动区四个(建筑天地、姑姑宴、涂鸦区、植艺坊),探索性活动区四个(沙水区、玩水区、拌泥吧、魔法小农场),运动性活动区两个(骑行区、阳光运动场)。结合我园教育理念,我们将乡土特色与自然元素融入游戏中,继续拓展游戏空间,创设了多种"自然、野趣"的游戏区,让游戏更贴近幼儿的生活,凸显农村园所特色。

姑姑宴游戏区是由灌木丛重新规划清理而来,幼儿可以在蜿蜒迂回的小径中游玩穿梭。增设帐篷屋、吊床、太阳伞、轮胎障碍、竹制小舞台等,让幼儿在亲近自然的同时创生更多的游戏情境。孩子们开起了火锅店、烧烤店,自编自导自演童话剧等，游戏内容更丰富。

"植艺坊"由灌木丛清理和改造而成，在这里，孩子们可以做叶子拼贴画、敲染、拓印、插花……孩子们变身小小艺术家，脸上绽放着由于内心的成就与喜悦而透出的光彩。

小黄车区不再仅仅是骑行，加油站、交通学习站、红绿灯等应运而生；沙池不再是单纯的玩沙，建构、引水让孩子们获得更多的科学经验；拌泥区增加了网筛、兑窝等，孩子们筛泥粉、做泥砖、修游泳池，游戏更开放、更多元。

3. 生活活动

生活活动是与幼儿日常生活直接联系，满足幼儿入园、离园、进餐、睡眠、如厕和盥洗等基本生活需要，旨在促进幼儿生长发育与身心健康，引导幼儿形成良好的生活卫生习惯的活动。生活活动是幼儿园课程实施的基本途径，这是由幼儿的年龄特点、身心发展需要和生活本身所蕴含的丰富教育价值共同决定的。生活活动不仅能够促进幼儿生活能力、自我服务能力的提高，而且具有多方面的课程价值。

我园的生活活动注重幼儿的亲身体验，让幼儿在不断重复的一日生活中自然习得经验，如从小班开始的自主喝水、自主取餐等。我们也将一些生活技能的习得与游戏结合起来，如小班的娃娃家、生活区，中大班的姑姑宴、表演区等，游戏化的方式更能激发幼儿参与的兴趣。在生活中，我们也注重幼儿劳动意识的培养，给予幼儿参与自己生活管理的机会，如班级的值日生活动、种植园活动、养殖区活动以及户外区域的收纳整理活动，丰富的体验、整合的经验让劳动意识浸染于心。

4. 家园活动

家园活动以促进孩子发展为共同目标，我们期望通过家园共同体的架构向家长和教师传递信任、尊重、平等、理解、包容、合作、依赖的信念，希望共同参与孩子的教育，为孩子的发展作出自己的努力，实现家庭与幼儿园之间的良性互动以及家庭与幼儿园教育效果的最大化。

（1）家园与课程

《纲要》中指出：幼儿园应与家庭、社会密切合作，与小学衔接，综合利用各种教育资源，共同为幼儿的发展创造良好的条件。由此可见，我国对幼儿园教育和家庭教育形成合力、共同发挥教育作用的重视。因此，幼儿园课程园本化的建设也需要家长的参与。

（2）家委会活动

不断探索有效促进幼儿园与家庭合作的家委会工作制度、流程、内容和方法，让家委会真正成为促进园所优质发展的得力助手和合作伙伴。

（3）家长开放日

家长开放日是幼儿园传统的家园活动，家长可以通过观摩幼儿在园生活，了解孩子在园情况，提高家长的教育能力，同时也帮助家长与教师达成观念共识。

（4）家长进课堂

该活动鼓励家长自愿报名，结合自身职业特点，发挥所长，为幼儿园的孩子们提供丰富的教育资源。活动调动了家长参与幼儿园教育的积极性，也增进了孩子们学习的主动性和趣味性，深受家长和孩子们的喜爱。

（5）家园沟通

家园的有效沟通对于家园共育工作有着重要的作用。家长和教师作为孩子的重要"他人"，双方的教育观念和行为举止对孩子的影响是潜移默化的。只有在双方教育观念一致的情况下，才能形成教育合力。幼儿园家长会是以教师和家长围绕特定目标开展的交流活动，是主要以面对面沟通形式为主的群体性活动，是家园共育的主要形式。基于园所的实际情况，我园还不定期邀请各级专家到园开展一些针对家长育儿观念转变的专题培训。

（6）亲子活动

亲子活动遵循幼儿身心发展的特点，举办丰富的在园"传统特色活动"和亲子体验活动。活动的目的和意义在于通过高质量的家长陪伴增进亲子关系，促进幼儿健康成长。主要包括节日体验活动、亲子运动会、家长志愿者活动等。

（四）以课程建设为抓手实现教师发展

幼儿园课程方案的制定，经历学习制定、讨论补充、实施调整以及不断优化调整的过程。建立全园参与学习内化，形成可操作性的教师需求文本；在管理过程中采取人性化操作，提高管理的灵活性和适应性，为教师的教育实践提供支持。

1. 注重园本研培，提升教师课程执行力

要高质量地实施园本课程需要教师不仅具备基本的职业素养，还要求教师必须具备坚定的课程信念，以及扎实的课程基本知识和行为能力。因此，我们以课程建设为平台，以课程实施问题为导向，开展主题式的园本研培，促进教师的课程意识的提升和课程执行能力的增强。

2. 注重一日活动的督导，保证课程的有效实施

园本课程是一个动态的开发、实施过程，是一个不断完善的过程，它需要一定的课程管理与运行机制加以保障，而保教日常的管理与指导就是其中的重要组成部分。我们以"3+3"模式（3位行政人员+3位年级组长）分工开展日常的活动督导，督导的内容主要包括各类计划督查（学期计划、月计划、周计划、日计划等）、活动观摩指导、过程性资料督导（观察记录、游戏案例等）以及班级环境督导。

3. 注重课程资源的精细化管理，确保课程的不断完善

坚持教师与家长、社区共建、共享课程资源的理念，充分挖掘园内外、家庭、社区等资源优势，因地制宜地开发与聚集课程资源。为保障资源的有效利用，安排专人负责各类资源的收集整理，资源丰富、齐全，并逐步建设完善的网上共享平台。

五、取得成绩

广大教职工以爱为基点，以滋养孩子的幸福童年为职业追求，成就职业幸福，成就孩子成长，成就幼儿园发展。现在，我园已基本实现了园务管理规范化、办园条件优质化、教师队伍专业化、保育教育科学化。在我区新建公办园年度考核中，连续两年荣获优秀，还被区教育局评为学前教育工作先进单位、疫情防控先进集体、全国学前教育普及普惠县创建工作突出贡献单位、保育员技能大赛优秀组织单位等。2020年12月，在我区创建"全国学前教育普及普惠县"工作中，作为点位园所承接来自全国学前教育人士的参观指导；2021年12月，顺利通过"成都市一级园"评定。"只要心中有一片沃土，必将造就一方绿洲"，清泉中心幼儿园以其独特风格和深厚底蕴赢得了社会的一致好评。

在下一步工作中，我们将制定更有针对性、实效性，满足不同能力发展需求的教师分层培养措施，优化队伍建设；不断丰富校园文化建设，为幼儿提供更自然、开放、挑战、富有教育意义的环境……继续夯实根基，尊崇自然，促优发展。只问耕耘，不问收获，清泉中心幼儿园将继续努力创造繁花似锦的成绩，迎接日新月异的变化，守望着教育，充满期待和幸福的梦想。

根植传统　多元体验

——城厢中心幼儿园办园思想的思考与实践

□ 成都市青白江区城厢中心幼儿园　康成凤　王　涛

一、提出背景

（一）传统与地域文化

成都市青白江区城厢中心幼儿园（以下简称"城幼"）位于具有"千年古镇、自在城厢"美誉之称的青白江区城厢镇。这里是成都平原唯一县治格局保留完整的古城，素有"小成都"之称。在悠久的历史长河中，城厢创造了灿烂的"书院文化""英雄文化"等。近年来，随着成都市乡村文化振兴步伐的加快，随着中欧班列的开通，城厢这座有着千年文化底蕴的璞玉逐渐走进大家的视野。2019年更是启动了城厢天府文化古镇项目，力求在保留其文化原真性的同时，通过产业导入、文化艺术引入等方式，重新焕发城厢千年古镇的活力。未来这里将会成为"中国古县治活态读本、青白江天府文化展示全本、成都人文院落商旅范本、成都轻度假体验样本"。

城幼始建于1928年，其前身为金堂县绣川女子小学校附设的幼稚班。在90多年的办园历程中，城幼立足于城厢本土，立足于千年的文化底蕴，立足于丝路新港的强大动能，在不断地积累与创新中迸发着教育的生机和活力。教育因城市而兴，城市因教育而盛。身处这样一个发展区域内的幼儿园，城幼也应当成为一个亮眼的文化符号，在传承与创新中书写出城幼的新时代表达，助力青白江区打造文旅新场景、乡镇更新范本。

（二）国家政策

党的十九大报告中提出，要全面贯彻党的教育方针，落实立德树人根本任务，发展素质教育，推进教育公平，培养德智体美劳全面发展的社会主义建设者和接班人。办好中国的教育，需要有中国特色。习近平总书记在全国教育大会上也明确指出，要坚持扎根中国大地办教育。作为一所公办幼儿园，城幼所承载的教育事业也必须紧跟国家步伐，扎根中国大地，融入时代进程，为实现中华民族伟大复兴的中国梦作出更大贡献。

对于城幼来说，扎根中国大地就是立足于城厢本土，立足于这里千年的文化底蕴，立足于丝路新港的强大动能，培养幼儿热爱家乡、热爱祖国的情怀，为以后他们成为建设家乡、建设祖国的新时代中国人奠基。

（三）现实基础

城厢这座千年古镇承载着几代城幼人的记忆，是城幼的根。回顾城幼园本课程发展历程，从1996年幼儿园便开始重视社区资源的利用，经常带幼儿走进城厢的田间地头、公园小巷等。随着时代的向前和课程的推进，近年来城幼多次组织全园教师探访城厢西街、家珍公园、寿佛寺、三清观、陈家祠堂、铁路港等，积极探索将本土资源融入园所环境与游戏活动的策略，梳理了园内和园外资源清单，并在幼儿园创设了"趣西街""投掷游戏区""民间游戏区"等特色户外游戏区域。

从幼儿园已有的教育实践中不难看出，城幼将城厢镇的整个自然生态与人文底蕴都作为助力幼儿成长的活教材，在幼儿园当下和未来的课程发展与实践中，注重本土化资源的应用。因此，城厢对于城幼而言，既是根，也是未来发展的重要资源库。

二、内涵解读——根植传统，多元体验

根植传统：做好中华优秀传统文化传承是实现中华民族伟大复兴中国梦的重要路径。作为有着千年历史传承的城幼人也应当立足于传统文化，将城厢所生长出来的优秀的"书院文化""英雄文化"等，以幼儿喜闻乐见的方式，以贴近幼儿生活的方式，在感知与体验中，将文化代代相传。

多元体验：指向两个方面，一是多元文化体验，促进幼儿认同自我，形成正确的价值观、人生观；二是多样态的游戏与活动体验，提升幼儿自身经验和动手操作能力，形成良好的学习习惯。

三、文化体系

(一)办园目标——生生不息的博趣小院

生生不息在这里有三层含义：第一层含义是指园子里的生活生生不息，充满生机与活力；第二层含义是指文化的传承与创新，生生不息；第三层含义是指教育资源的生生不息。

博是广博，是博物，是厚重的文化底蕴与多元的文化体验，是城幼所处地域的显性表达。因为整个城厢古镇就是一个博物馆，同时作为中欧班列的始发地，这里也是天府文化与欧洲文化交汇的地方，体现了园所广博的视野。

趣则是乐趣，是充满童真与美好的童年生活。

院则代表城厢特有的院落形态。

我们期望创设一个这样的园子，这里充满了活力，孩子们能在多元和幸福的体验中，呈现出生生不息的生命状态。

(二)育人目标——有家国情怀和世界眼光的未来儿童

我们培养的是未来社会的孩子，在人生百年的起始阶段，通过文化的滋养、课程的浸润，让他们学会热爱家乡、热爱祖国，能够以批判的态度欣赏自己及他人的文化、历史和传统，发展身份认同和跨文化理解。

(三)教师发展目标——具有融合意识和创新精神的智慧教师

面对厚重且多元的文化，我们的教师要有过硬的专业素养，通过自己的智慧将传统文化和平凡的一日生活变得鲜活，同时也要有创新创造的精神，善于发现教育的契机和价值，引领幼儿幸福成长，成就更好的自己。

四、实践探索

(一)了解传统　理解文化

要做好文化的传承，必须建立在教师认真学习和正确理解的基础上。幼儿园的学习有三条途径。一是文本学习。了解城厢历史文化，例如：传阅书籍《城厢地方志》，学习相关的国家政策、学前的优秀教育理念，思考如何将传统文化融入课程。二是实地参访。到城厢的各个名胜古迹、景点等去走一走、看一看，去寻找历史与现代的融合，去发现科学技术带来的进步。三是分析筛选。结合幼儿年龄特点、兴趣、学习与理解能力，从环境、人文等方面对本土资源进行分析、讨论、筛选，纳入课程资源。

（二）环境融入　浸润熏陶

幼儿园利用楼道、走廊、公共区域展示城厢风景名胜、人文、古建筑等图片，呈现教师、幼儿对它们的认识、理解及美好愿望。

幼儿园在户外创设大型游戏区"趣西街"，包括三大类：表现类游戏区、运动类游戏区、探究类游戏区。12个游戏区：阳光运动区、小院子、车区、木工坊、编织区、泥工坊、沙水区、建构区、涂鸦区、民间游戏区、投掷区、种植区。孩子们每天都可以入区游戏、自由探究、合作交往。

（三）课程落实　多元体验

"根植传统　多元体验"的办园理念要得以落实，关键载体是幼儿园的课程。城幼人在长期的课程实践与反思中，不断积累、生发，形成了源于生活、基于经验、整体视野的园本课程理念。

源于生活：秉持"教育要回归生活""一日生活皆课程"的理念，旨在通过课程，让幼儿在一个真正属于他们、能让他们的生命得到萌发的、现实的、感性的和真正能彰显主体性的环境中生活和学习。

基于经验：注重幼儿的经验，让幼儿在实践中获得知识和技能，注重幼儿在亲近自然、直接感知、实际操作和亲身体验中获取完整的经验和需要。

整体视野：关注幼儿的全面发展，关注全领域的发展，以促进幼儿身心全面和谐发展为目标，注重身心、生活、社会和学习几方面的有机融合和渗透。

课程整体框架由基础课程和拓展课程两个部分组成。在选择优质课程资源的基础上，通过优内容、析资源、研方法，将幼儿发展目标融合在一日活动中，促进幼儿全面和谐地发展。同时，利用和挖掘本土资源，开发"趣西街"拓展课程，将城厢的名胜风景、城厢美食、城厢名人、城厢民俗等融入课程，以节日、主题活动等形式落实到幼儿园课程开展中。例如：主题活动"我们的家珍公园"依托家珍公园开展游记、谈话、设计、搭建等系列活动；在"我的家乡——城厢"里，孩子们通过对家乡的方言、童谣、美食、名人等调查、收集，在交流、讨论、创作、展示等活动中逐渐了解家乡；在"六一"儿童节时，我们将城厢镇的传统习俗游戏，如板凳龙、打莲箫、踩高跷等融入，让节日更精彩，让幼儿更快乐。注重幼儿的体验，立足幼儿的生活和经验，追随幼儿的兴趣和需要，基于儿童的学习与发展，本着文化的传承和发扬，培养身心健康，和谐发展的儿童。

（四）制度完善　彰显温度

"美好的人性源自美好的制度"，幼儿园先后修改、完善了《城厢中心幼儿园考勤制度》《城厢中心幼儿园岗位聘用考核办法》《视频监控系统使用管理制度》《公务卡报销管理制度》《固定资产管理制度》等各类应急预案共12篇220个制度。"天下之事，不难于立法，而难于法之必行；不难于听言，而难于言之必效"。幼儿园制度的制定和执行，修改和完善，遵循"三个有利于"原则：一是有利于幼儿的健康成长；二是有利于教职工的专业提升；三是有利于幼儿园可持续发展。幼儿园适时更新的制度有效发挥了引领、激励、规范、约束的作用。

幼儿园就像一个大家庭，大家相互支持，彼此顾念。幼儿园工会组织慰问义务献血、生孩子、生病住院的教职工；为教职工办实事，组织体检，定制高低铺床，让教师、保育员能午休小憩，养精蓄锐；开展踏青赏花、趣味游戏、运动会；多类种植、体验式团建活动；邀请专家给教职工做团辅，中医入园为教师做肩颈腰理疗；疫情期间，幼儿园工会组织"食全食美、秀出风采"职工厨艺线上大比拼活动，以"美篇"形式推送，进行网上投票评选，居家防疫的日子也过得有滋有味、丰富多彩；教师节、重阳节、春节组织退休教师座谈会、慰问活动，让老同志感受到单位的温暖。

（五）教师引领　团队共进

教师是幼儿园教育中最重要、最基本的力量，是高品质幼儿园教育最主要、最直接的创造者。幼儿园把教师队伍建设放在非常重要的位置，为每个教职工营造"成功"的场域。幼儿园本着"园配+推荐"的原则，为教师购买专业书籍，并不断充实，现有专业书2635本。为新手教师、成熟教师、骨干教师、教研组长推荐不同层级的阅读书目。组织教师参与好书共读活动，先后组织保育员老师共读《幼儿园一日活动保教常规操作手册》，每个领域教研组选取"学前儿童××学习与发展核心经验"共读书目研读，全园教师选择了《师幼互动中的教师适宜应答策略研究》《给幼儿教师的101条建议·游戏指导》《学前儿童游戏》《〈3—6岁儿童学习与发展指南〉解读》开展共读活动。

"一个人可以走得很快，一群人可以走得很远"。幼儿园组建了各类教研组，在一个研训共同体里"向下扎根、向上生长"。其中，保育组以"理论学习+实操观摩"进行生活环节的研讨，力求从观念到实践，保教相互结合、相互渗透、相互融合；年级组进行间周一次的教研活动，落实好主题审议；领域组聚焦核心经验，一月一主题；项目组结合传统节庆活动、幼儿园的主题活动，做好大型活动的策划、统筹和分解落实任务。幼儿园的语言组、美术组、游戏组分别被区教培中心评为优秀教研组。保育员在青白江融创大赛中获最佳风采奖、最佳操作奖，个人荣获第二名。

五、取得成效

幼儿园有三名教师被青白江人民政府教育督导室聘为学前教育督学，负责督导区内15所幼儿园，其中督导的团结幼儿园、元迪怡城幼儿园、太阳语华逸幼儿园创建成为成都市一级园。集团成立名师工作室，王涛、康成凤名师工作室吸纳区内22所幼儿园的骨干教师成为专业成长共同体，每月进行巡研，带动和辐射每一所参研幼儿园园本教研机制建设。幼儿园先后领办清泉分园、彩虹分园、福馨分园、陆港第一幼儿园，派出8名优秀中层、骨干到分园负责管理。幼儿园先后接待了贵州遵义、宁夏银川、江苏盐城及成都兄弟区县25个县（市）375人普及普惠考察交流；接待了重庆万盛经开区南桐小学副校长、幼儿园园长王颖一周跟岗学习。

幼儿园先后获全国足球特色幼儿园、省园林单位、成都市家长示范学校、成都市法制示范园、成都市模范职工小家、市科研先进单位、市级园务公开A级达标、市职工书屋、区平安单位、区卫生保健先进单位、区防疫工作先进单位、区红十字救护技能团体一等奖、区三八红旗单位、十佳社区共建突出贡献单位、普及普惠突出贡献单位、资助工作先进单位等荣誉。

六、未来展望

古镇名人流沙河先生在《理想》中写道："理想开花，桃李要结甜果；理想抽芽，榆杨会有浓荫。请乘理想之马，挥鞭从此启程，路上春色正好，天上太阳正晴。"城幼在90余年的办园历史中，始终秉持着对教育信念的坚持，对教育理想的守望。作为新时代的城幼人，我们也将带着盎然兴致，追随孩子的脚步，通过"根植传统、多元体验"这一办园思想理念的实践，幸福美好的幼有优育发展愿景也正在开启。

蜀韵启蒙　慧悦童年

——能投润嘉蜀韵幼儿园办学理念诠释与实践

□ 成都市青白江区能投润嘉蜀韵幼儿园　刘　波

成都市能投润嘉蜀韵幼儿园创建于2017年2月，是青白江区第一批实行"管办评"创新管理体制，由川化润嘉幼稚园领办的公办幼儿园。幼儿园占地面积4670平方米，园所设计规模9个班，可容纳幼儿270人，于2021年获评成都市一级幼儿园。

一、提出背景

落其实者思其树，饮其流者怀其源。在全球化和现代化的发展背景下，让我们的孩子从小就在优秀的文化中熏陶、浸润中成长，春风化雨、润物无声使幼儿对自己的家乡文化乃至国家十分自然地产生认同感和归属感，是完全契合陈鹤琴先生提倡的中国幼儿教育的重要使命"做人，做中国人，做现代中国人"。"做人"就是为幼儿的一生奠基，让他们在幼儿期养成良好的行为习惯、个性品质和文明修养；"做中国人"就是塑造幼儿的国家认同和文化认同，激发幼儿热爱家乡、热爱祖国的情感，对自己的国家和文化产生归属感、自豪感；而"做现代中国人"则更进一步，幼儿教育要为培养既有国家意识、本土情怀，又具备现代文明理念、独立人格和科学素养的人奠基。基于以上的思考，在全面推进学前教育改革的进程中，蜀韵幼儿园牢牢把握立德树人的育人方向，深刻领会教育部印发的《完善中华优秀传统文化教育指导纲要》精神，将本土深厚的历史底蕴、传统文化基因不断丰富和融入幼儿园的办学主张、办园理念，以本土文化探究课程和本土民间游戏为抓手进行深入实践，本土文化教育特色逐渐凸显。

二、内涵解读

蜀韵幼儿园以儿童视觉、文化浸润的思路，回归教育"为谁培养人、培养什么人、怎么培养人"的价值追求，提出"童蒙养正　知行合一"的办学主张。之所以提出"童蒙养正　知行合一"的办学主张是基于对学前教育的深刻理解，优秀的文化融入学前教育要尊重幼儿的思维水平和心理发展特点，尊重学前教育的规律，要渗透到幼儿园教育教学活动中，切忌生硬灌输、知识导向，要用幼儿喜闻乐见的方式把优秀的文化融入幼儿园环境和材料中，融入幼儿的日常生活中，既体现对鲜活生命生长节律的尊重，也实现对优秀文化的传承启蒙教育，培养幼儿向真、向善、向美。

"功盖三分国，名成八阵图"。蜀韵幼儿园地处千年历史古镇弥牟，是一个可以追溯到后唐时期的集镇。它有历史文化遗产——三国八阵图、清真寺、诸葛桥等，也有哨响如筝的清真美食，更有享誉中外的"糖人吴"民间技艺。"童蒙养正　知行合一"办学主张的提出是丰富的本土地域文化传承和促进幼儿全面发展的内涵体现，怎样传承？如何促进？深挖本土文化的内涵和外延精神，凝练出"蜀韵启蒙　慧悦童年"的办园理念。"蜀"是幼儿喜闻乐见、能够感知理解、并能与之对话的优秀蜀文化，涵盖了"自然与人文"两个方面；"韵"是韵味，以蜀文化的精、气、神滋养儿童生命，浸润儿童灵魂，培养儿童对民族文化的认同感和归属感。以蜀韵启蒙就是贯彻习近平总书记倡导的"以文化人　以文育人"的教育思想，顺应儿童的自然发展，以蜀地人文滋养浸润儿童的成长，培养有文化根基的智慧快乐儿童。在"蜀韵启蒙　慧悦童年"的理念指导下，确立了"蜀趣健体、蜀典启智、蜀品养德、蜀艺怡情"的发展目标，希望每个孩子都能成为求真、向善、知礼、创美"的"蜀韵娃"。在对幼儿园未来发展的愿景上，我们期待把幼儿园办成一所以地方文化传承为特点的幼儿园，期望用蜀地、蜀人的优秀文化奠基幼儿一生的精神家园。

三、文化体系

办学主张：童蒙养正　知行合一
办园理念：蜀韵启蒙　慧悦童年

育人目标：顺应儿童的自然发展，培养求真、向善、知礼、创美的智慧快乐儿童。

一训三风：

园训——以爱育爱，以智启智，以美促美

园风——固本铸魂，和合共生

教风——呵护童蒙，启迪心智

学风——尚真尚趣，乐善乐美

四、实践探索及成效

（一）优化幼儿园环境，营造幸福小院子

陈鹤琴先生曾说过："怎样的环境，就得到怎样的印象。"基于我园的办园理念，我们一直致力于打造一个充满"童趣、生态、自由、和谐"的幸福童年院子。

1. 因地制宜，打造丰富户外环境

幼儿园整体比较小巧，户外活动场地相对比较有限。为更好地满足儿童对游戏的不同需求，我们规划改良了空间环境，把每一寸场地都利用起来。利用园区内户外比较单纯的绿化带和单调的围墙边，创设了以三国文化和经典文辞为线索的户外游戏区域（如初出茅庐诸葛地雷钻爬区、步步为营平衡区、百步穿杨投掷区、聚沙成塔沙水区、初出茅庐户外娃娃家等），同时将二楼平台改造具有蜀文化特色的"竹趣"主题户外体能游戏区，拓展更多的空间满足孩子们多样化的游戏活动需求。

2. 根植本土，润养园所环境文化

幼儿园地处千年历史古镇——弥牟，在园所文化的外显表达上，我们力求以儿童的视觉去感知和欣赏，并与课程建立衔接。廊道选取了孩子们生活中易感知和理解弥牟古镇文化元素，师幼共创了寻游古镇、戏说三国、寻味八阵巷等浓郁的课程文化环境，一步一景无不渗透着浓浓的古镇文化特色。楼道则围绕"蜀地人文""蜀地自然"两个主题进行了环境创设，师幼共同打造了兼具艺术欣赏和回归儿童价值的校园文化环境，让文化可以看得见、能触摸、能感受、易理解。

3. 有效利用，拓展公共游戏空间

幼儿园三层楼的走廊和楼梯间都比较宽敞，我们尽可能把更多的空间创设为幼儿的游戏区域。巧妙地利用楼梯间的空间特点，创设了"青江上院"茶坊、

"皮影小剧场"，三层楼宽敞的走廊环境打造了一楼以"蜀趣"为主题，贴合小班幼儿年龄特点的萌宠乐园和糖果屋；二楼以"蜀乐"为主题"八阵巷"的弥牟本土美食角色游戏区；三楼以"蜀艺"为主题的民间艺术创作游戏区域，多形式的环境创设便于幼儿活动、游戏。

4. 游戏为本，创设多样班级环境

在班级环境创设中，坚持以游戏为基本活动的教育理念，各班根据活动室的特点、幼儿活动开展的需要，抓取适宜本土文化元素融入区域游戏环境，创设了8~12个游戏区域，提供丰富的游戏材料，满足幼儿的自由选择、自主探究。

5. 多元满足，增设多功能活动室

为充分丰富幼儿的活动环境，为幼儿创造更多的探索、学习机会，我们创设了美劳室、绘本室、水墨轩、建构室等功能室环境，使幼儿在良好的环境中获得发展。

（二）规范管理夯基础，创新思路促发展

1. 坚持党建引领，明晰方向聚合力

在集团总园党支部的带领下，我园始终坚持以党建带群建，切实履行党组织领导下的园长负责制，充分发挥党员先锋模范作用，努力营造积极向上、和谐共生的工作氛围。通过"三会一课"、党团志愿者服务活动、党风廉政宣传月、党史学习教育等活动，不断提升党员干部、教职工的思想政治素养，引领团队成员爱岗敬业，持续提升蜀韵幼儿园保教工作质量。五年来，我园有三名党员分别荣获优秀共产党员荣誉称号，业务园长范慧被授予"党员先锋模范示范岗"，数名青年被评为优秀共青团干部、优秀团员等荣誉称号。

2. 践行依法办园，优化制度强管理

依法办园是幼儿园的管理根本，制度建设则是依法办园的有效途径。为使幼儿园管理工作规范化、科学化发展，在沿用集团管理制度体系的基础之上，结合我园制度管理的实施情况，通过广泛征求全园教职工意见，民主决策对绩效考核、疫情期间家园工作、园本教研、课程审议等20余项制度，进行了园本优化和调整，建立了我园良好的管理工作秩序。

3. 筑牢安全保障，强化措施促成长

我园始终坚持安全第一、预防为主的指导方针，紧紧围绕维护良好的保教工作秩序、保障师幼人身财产安全这一中心，为师幼营造了安全舒适的工作、成长环境。一是压实"一岗双责"，强化责任担当。二是保障安全经费，及时消除安全隐患。三是创新安全管理，编制安全工作行事历，确保安全工作有效闭环。四是抓实安全培训，提升教职工的安全防护能力。五是细化卫生保健，抓实食品卫生，针对重点岗位建立岗位清单，不断提升疾病预防、膳食管理、保育管理的工作质量。幼儿园连续几年获评区安全稳定信访工作先进单位、食品安全管理先进单位、卫生工作先进单位、消防安全宣传教育先进单位、新冠疫情防控先进单位等荣誉称号。

4. 做优家园共育，构建教育共同体

我园成立了家长学校和家长委员会，定期召开家长会、家长开放日、举办专题讲座，多形式多途径推动家园共育。在疫情防控阶段，尝试创新家长工作方式，如：期初期末云端家长会，汇报交流幼儿园和班级工作情况；开展自主"约谈"，设置每周四的"家长入园约谈日"，家长自主选择约谈主题和日期，分期分批入园约谈，拉进家园距离；半日活动"直播"，让家长深入了解孩子在园的情况。丰富多元"交流"，借助微信、智慧树家园App等沟通平台，定期向家长推送科学的育儿知识、活动照片、视频等，让疫情常态化防控下的家园互动更加密切。

在每学期"家长满意度问卷调查"中，家长满意度逐年上升，均达到90%以上。我园也及时针对家长问卷反馈的意见进行调整、反馈，构建了和谐的家园关系，共同促进幼儿健康成长。

（三）多元推进强引领，提升教育软实力

1. 加强师德建设，提高思想素质

我园坚持政治学习和业务学习并重的原则，组织教师认真学习党中央的各项重要思想，学习时事政治，学习《幼儿教师专业标准》《新时代幼儿园教师职业行为十项准则》，学习全国优秀教师的先进事迹，努力培养教职员工对幼教事业的执着、对孩子的爱心和对工作的热情。此外，着力建设师德考核机制，创新师德教育形式，通过参观红色教育基地、师德演讲等，不断规范教师的从教行为。随着我园教职工思想素质的不断提高，我园逐渐形成了一个团结进取、爱岗敬业的学习型组织。

2. 加强专业提升，锻造优良师资

我园教师队伍年轻，结合实际情况和发展规划，采取"321"培养模式，运用多维策略，分层培养促进教师专业能力提升。

（1）三级课堂展示风采，获得自信，提升专业能力

我们通过年轻教师亮相课、骨干教师展示课、业务园长指导课，以竞赛的形

式提高教师教育教学能力，检验教师成长，提升教师的业务素质，为教师提供自我展示的平台。

（2）两种帮扶结对助力，双向融合，提升专业能力

集团名师帮带我园骨干教师，重点侧重课程研发和教科研工作，促进理念、技能、方法等全面提升；园内骨干帮带新教师，手把手指导新教师一日活动，提升新教师班级活动组织能力，为新教师寻找更多成长助力。

（3）一种机制精准施策，研培合力，提升专业能力

我们坚持研培合一的队伍培养机制。一方面，实施分层园本培训，推进教师培养工作。针对新教师"规范入格"的岗前培训、家长工作、环节组织技巧培训；针对骨干教师"历练提升"的游戏观察与指导、材料投放策略等专题培训，让教师的目光从儿童中来到儿童中去；并且通过"引进来，走出去"教师培养模式，拓展教师专业视野。定期聘请专家入园指导、开展讲座，帮助教师深入领会《指南》精神。同时结合教科研工作需求，选派骨干参加教科研能力提升和课程建设的针对性外培，并购置优质的网络培训资源集体共学，满足教师专业提升的需求。

另一方面，通过分级教研，幼儿园扎实推进大、小教研组的教研工作。年级组小教研重点围绕日常活动中的实际问题和主题课程审议展开，帮助提升研究的意识与能力。园级大教研以园级教科研课题"挖掘本土文化资源融入幼儿游戏活动的实践研究"为依托，分别对游戏中教师的观察与记录、游戏材料投放的策略进行了研讨，着力帮助教师解决游戏中的真实问题，深入推进课题研究，助力园本课程建构。

四年来，我园多名教师分别被授予市区骨干教师、教坛新秀等荣誉称号，在各类教学比武、论文大赛中都取得了较好的成绩。在区保育员技能大赛中，我园多次荣获二、三等奖，多名保育员荣获个人单项奖。

（四）以儿童发展为本，构建课程重实践

1. 立足基础，从借鉴模仿到改造创新

我园认真解读《成都市幼儿园课程建设与管理指导意见》，选用基础性课程选用浙江省审定的《幼儿园完整儿童活动课程》、山西省审定的《生活·活动·经验》课程资源，采用主题的形式组织课程，凸显以儿童的生活为根基的整体性和生活的意义，根据儿童的年龄、主要兴趣、重要生活事件、季节、重大社会活动等确定主题，显现生活的意味、兴趣的指向及经验的逻辑，促进儿童不同领域有序的发展。在实施过程中，我们对课程进行园本化审议，在审议中思考《指南》及园

本资源两大因素，"因人制宜"及"因地制宜"地考虑课程内容。参考课程资源中的主题活动以及基于幼儿成长发展需求、兴趣方向、问题情境，通过积极挖掘、筛选、利用幼儿园周边资源，经过重组、删减、整合、改编、生发，灵活调整基础课程内容，实现基础性课程园本化。

2. 依托课题，推进园本课程建设

在建园之初，我们深刻认识到：课题研究是贯穿整个发展的强韧主线，也是课程建设的聚焦点。自开园以来，我园就立足千年古镇弥牟的本土文化开展园本课题研究，2018年挖掘"三国"历史文化资源——"八阵图"，开发研制的玩教具"八阵寻宝"获得了省、市一等奖；2019年的区级课题"挖掘本土文化资源融入幼儿游戏活动的实践研究"开题；2020年区级特色项目"探寻千年弥牟，创玩区域游戏"立项，成都市智慧课程发展联盟学校成功申报，持续、深入的课题研究促成了我园环境文化、课程文化、园所文化的特有发展。2021年，我园在区级特色项目中期评估中荣获区二等奖。

3. 根植文化，推进课程创生与积累

在统整幼儿园课程发展方向上，我们多次开展全园课程讨论会，围绕"蜀韵启蒙　慧悦童年"办园理念的内涵表达，顺应儿童的自然发展，以蜀地人文滋养浸润儿童的成长，培养有文化根基的智慧快乐儿童。几年来，我们从幼儿园实际出发，采取小步递进、逐层推进的实施方法，将本土主题探究活动课程化，初步构建了以探"弥"之秘、品"弥"之美、享"弥"之趣三大板块为主题的寻"弥"课程系列活动。我们努力追随幼儿，关注幼儿的生活，立足本土文化，打造园本课程。

探"弥"之秘，寻古镇之韵

几年来，依托古镇资源，采用两步走的方式，即小班孩子与家长亲子同游和中大班孩子同教师参加班级寻访两种方式，深入了解这些古迹的来源。通过参观八阵巷、清真古寺、八阵图、诸葛井、马棚堰、温家寨子等，活动前进行细致的安排，在边走边看、边看边聊的过程中，让幼儿不仅"知其然"更"知其所以然"，力争将每一处的古迹都生动具体地再现于孩子们面前，让幼儿身临其境，从而丰富其生活经验，视野得到了开拓，同时对弥牟镇本土文化有了更深入的了解。

探秘老街：我园地处千年古镇——弥牟，有着深厚的民间文化底蕴和悠久的历史积淀。为了让幼儿进一步了解弥牟的古镇文化，结合本园特色项目研究，中大班孩子在教师的带领下以古镇探秘，以小组自由组合的方式，怀着愉悦的心情

走进了弥牟老街，了解古建筑的古文化，亲身感受曲折甬道的朴素美、亭台楼阁的精致美、黑瓦红墙的古朴美、飞檐峭壁的古韵美、石雕牌坊的恢宏美，从孩子的视觉挖掘古镇的艺术文化。孩子们在实践中，不仅零距离了解了弥牟本土文化，同时还激发了幼儿热爱家乡、热爱祖国的美好情感。

品"弥"之美，寻古镇之"味"；品艺术之美，寻创意之雅

三国文化十分丰富，众多的经典故事成了重要的教育资源。我们尝试将三国耳熟能详的经典故事与幼儿的戏剧表演相结合，让幼儿在表达表现经典故事的过程中感受古人的智慧，让幼儿从文化亲身体验的认知角度整体感知，在循序渐进中探知，让经典三国故事通过戏剧表演的方式，与各领域有机结合，增进幼儿发现美、创造美的能力提升。我们以八阵巷寻访活动为载体，幼儿近距离与三国文化接触，在寻访中孩子们看到八阵巷地面雕刻的三国故事，从解读雕刻画面的内容，到教师根据幼儿的兴趣提供三国故事书籍供幼儿阅读，美工区提供材料供幼儿制作三国人偶、三国服饰，到最后舞台戏剧的演绎，支持幼儿层层递进的发展需求。目前，我园已经进行了"桃园结义""三顾茅庐"两个经典故事的戏剧表演探究活动。

基于蜀文化和三国文化，我们收集了大量的资料，在前期的收集和积累中让幼儿感受到三国文化的魅力；构建"五坊一区"手工艺活动，即扎染坊、彩绘坊、刺绣坊、剪纸坊、编织坊、皮影区。通过每日一次班级区域活动、每周一次平行跨班活动、每半月一次混龄游戏活动，遵从孩子的意愿，从孩子兴趣出发，支持孩子的创造行为，让幼儿感受、了解与传统又贴近生活的民间文化亲密接触。同时实践中我们利用商圈资源，引导幼儿实际感受民间文化的丰富和优秀，激发幼儿初步感受美和表现美。

品佳肴之美，寻味觉之根

孩子都是天生的"吃货"，弥牟镇既有成都特色小吃，也有丰富的清真美食，那么怎样将我们的美食资源与课程相结合，让孩子在课程体验中做到"从生活中来、到生活中去"呢？对于美食的兴趣，属于身体本能活动的兴趣，出于对这种兴趣的需要，孩子们会产生一些努力的行为，这会演变成他们自发做一些事情的动力，也会成为课程体系中不可或缺的一部分。

我们和孩子们一起来到了弥牟古镇的特色小吃聚集地——八阵巷、鸡市巷……让孩子们每人带了20元钱购买自己心仪的小吃进行品尝；我们利用家长资源，邀请糖画传承人来班上给孩子们演示糖画制作方法，并带孩子们一起制作、品尝；

等等。孩子们在丰富的活动中对弥牟留下了"好吃"的印象，加上对其他元素的了解，孩子们对弥牟古镇的印象很直接，而且非常接地气：好吃、好玩、好看、喜欢。

享传统之趣，寻游戏之乐

在游戏内容的选择中，充分发挥教师、家长、社会的作用，拓展幼儿身边具有民族特色以及地域特色的资源，尽显本土文化的精髓，保证游戏材料的本土化和多元化。

在创设区游戏的环境中，教师有目的地投放材料工具，方便幼儿选择和使用。材料的收集既考虑材料的目的性和耐用性，也要考虑材料的丰富性和层次性，提倡废物利用、一物多用。除了幼儿园和教师平时注重收集材料以外，也充分利用家长和社区资源，为幼儿准备废旧材料制成半成品，以及开放性的原材料，收集纸片、塑料瓶、纸箱、木板、包装纸、绳、簸箕、竹篓等作为幼儿游戏的基本材料，满足幼儿游戏需求。例如：在"温锅盔"游戏活动中，为幼儿提供了圆形纸板、粘扣、彩色纸条、夹子等，让幼儿完成"打锅盔"的加工程序。在游戏活动中，我们以具有弥牟地方特色的主题游戏活动为载体，利用"八阵巷"和老街独具代表性的店铺，形成了主题游戏活动，如"牛杂火锅""转糖人""温锅盔"等角色游戏。

孩子们在相对宽松的环境中，利用开放性、低结构以及半成品游戏材料进行操作和探索。例如："八阵寻宝"户外迷宫游戏，结合孩子天性喜欢探索的特点，用多个相同大小的纸箱拼在一起，纸箱内部分区域镂刻成高低不同的圆形、正方形、拱形，通过钻、爬、跨、跳、翻越进行迷宫游戏。按照小、中、大班的孩子的年龄特点，调整纸箱的个数和障碍设置，进行集体、小组活动。

在实施传统文化教育中开展"家园亲子传统节日活动""民俗文化周""美食文化节""民间游戏运动会"等系列活动，让每个孩子都亲身体验到传统文化的意蕴，在活动中展现自我、张扬个性、获得发展。通过自主选择、动手操作、亲身感受与体验，深入了解家乡文化，主动探索发现和解决问题，构建新经验。

（五）多维辐射增效益，助力教育优发展

1. 推进区域教研，抱团专业成长

我园作为区音乐教研联组的组长单位，几年来引领区内7所幼儿园围绕"游戏化音乐活动组织的策略"深入进行研讨，促进了联组成员幼儿园音乐教育活动质量的提升，实现抱团成长。

2. 对口结对帮扶，常态示范引领

我园结对区内薄弱园所如意幼儿园，针对性开展入园指导和培训，促进了如意幼儿园游戏活动质量的提升，该园多次荣获区级先进单位，承办了区级游戏教研活动。

3. 以督导促提升，助力教育公平

我园积极发挥责任督学所在幼儿园的辐射带动作用，对青白江区最偏远的五所农村园所开展督学工作，以"经常性随访督导+专项辅导"的方式深入园所，着力提升督导园的保教质量。督导园所先后荣获区学前教育先进单位等荣誉称号，一所幼儿园立足乡土文化，成功立项区级课题。

2020年，我园作为青白江区优质园所接受了全国普及普惠督导评估。教育部基础教育司一级巡视员姜瑾，教育部督导局局长、国务院教育督导委员会办公室田祖荫，以及来自全国各省、自治区、直辖市教育行政部门以及督导部门领导进行现场考察，对我园的工作给予了高度评价。2021年，我园成功创建成都市一级幼儿园。

我们将坚持以创促建、以建促优的思路，站在新的起点上，胸怀匠人之心，研磨"蜀韵"园的童年韵味，精心呵护每一颗童心。

后 记

　　为深入学习贯彻习近平总书记关于教育的重要论述，落实《中共中央国务院关于全面深化新时代教师队伍建设改革的意见》和《新时代基础教育强师计划》，着力建设高素质专业化创新型教师、校长队伍。2021年春青白江"三名（名学校、名校长、名教师）工程"正式启动，该项目是青白江区重大的教育惠民工程。项目的实施，旨在全面落实立德树人根本任务、推动加快构建高质量教育体系，培养造就一批具有成熟教学模式和鲜明教育理念、引领基础教育改革发展的名师和名校（园）长，培养为学、为事、为人示范的新时代"大先生"，彰显以人民为中心发展教育的价值追求，为青白江区教育持续快速健康发展提供人才支撑。

　　"名校（园）长"建设是"三名工程"的重要组成部分，让青白江区部分校（园）长在省内外专家学者的引领下，凝练教育思想，提高办学治校能力，提升教育教学质量，成为引领基础教育改革发展的教育家型校（园）长，使他们肩负起"办学为民、育人为本"的初心使命和"为党育人、为国育才"的历史重任。

　　这本《我们这样做教育》，就是青白江区部分校（园）长在"项目"实施中的实践总结和成果汇集。他们从多角度阐述了自己对教育这一崇高事业的理解和追求，内容翔实，观点新颖，闪烁着教育思想的火花，充盈着创造灵性和生命的活力，透视出教育的智慧，表现出崇高的敬业精神、创新勇气和胆略，再现了青白江区名校（园）长队伍良好的精神风貌和思想境界，不乏真知灼见，渗透着教育的灵光。有些文章或许还有值得商榷的地方，但可以肯定的是，它记录着青白江名校（园）长专业发展的足迹。透过字里行间，我们真切感受到"三名工程"项目的有效实施，持续推进青白江区教育优教、均衡、高质量发展。

当这本《我们这样做教育》面世之时，我们要衷心感谢青白江区党委、政府和教育主管部门领导对青白江"三名工程"项目工作高屋建瓴的决策、关心和支持；感谢省内外众多专家学者提供的理论支撑和专业引领；感谢四川西部教育研究院领导对青白江"三名工程"项目实施的精心策划和指导；更要感谢名校（园）长全体学员的辛勤和努力付出！同时，要感谢西部教育研究院何宝章书记、赵华坤主任对本书在论文遴选、修改、编印等方面付出的辛劳和汗水。

世界百年未有之大变局加速演进，中华民族伟大复兴进入不可逆转的历史进程。党的二十大报告对新时代中国式现代化教育作出了重大部署，强国必先强教。我们坚信，青白江区名校（园）长一定能抓住新的机遇，迎接新的挑战，以教育高质量发展为主线，以深化教育改革为动力，以造福人民为目标，健全学校、家庭、社会共育机制，凝聚力量、开发资源，继续努力办好人民满意的教育，为培养德智体美劳全面发展的社会主义建设者和接班人作出更大贡献。

编委会

2023年9月